창의 쑥쑥!

유아생태놀이와 함께하는

스마트 가드닝 프로젝트

김혜림

양서원

미래를 맞이할 어린이, 창의융합에 눈뜨다.

온실에서 펼쳐지는 생태놀이와 과학과 예술을 접목한 스마트 가드닝 프로젝트!

식물이 쑥쑥, 창의력도 쑥쑥. 우리가 건설한 미래형 스마트 가든 어떤가요?

머리말

어린 영아부터 학령 전 유아 그리고 초등학교 저학년까지를 아울러 흔히들 일컫는 '어린이'라고 칭해보겠습니다. 어린이를 만나는 교사는 학습자의 흥미에 부합하며, 그들이 충분히 몰입할 수 있을 만한 수업 주제를 제공해야 할 의무가 있습니다. 다시 말해서 어린이의 성장 과정 및 그들의 인지체계에 발달적으로 적합하며, 어린이의 관심사에 부합하는 통합적 수업이 필요한 것입니다. 이와 더불어 어린이가 살아가는 시대적 흐름과 미래 사회가 요구하는 핵심 역량을 반영하는 것 또한 필수적입니다.

유아와 함께 하는 생태놀이, 그리고 어린이와 함께 하는 스마트 가드닝 작업은 그런 면에서 교육적으로 매우 유의미한 프로젝트였습니다. 놀이 과정을 포함한 융합형 예술 활동은 아이들이 일상에서 표출하는 자연에 대한 관심과 흥미 그리고 그들의 발달 과정에 부합하는 탐구 정신 및 심미적 표현의 요구에 응답하고 있습니다. 생태놀이는 아이들에게 친숙한 자연물을 탐색하는 과정에서 감각적 즐거움을 추구함으로써 교육과 놀이의 경계를 허물고 있습니다. 또한 융합형 예술 활동은 과학과 미술이 접목된 학습 과정을 통해 교과 간의 통합을 가능케 함과 더불어서 코딩 · 아두이노 · IoT · 3D프린팅과 같은 미래 과학기술 및 지속가능한 발전과 관련된 시대적 흐름을 반영하고 있습니다.

2019 개정 누리과정은 유아교육 현장에서 놀이의 중요성과 교사의 자율성을 보장하는 것을 우선적으로 고려하고 있습니다. 새롭게 재단장한 국가 수준의 유치원 교육과정은 '놀이하며 배우는 유능한 유아'를 강조합니다. 아이들은 놀이를 통해 몸을 움직이고, 하고 싶은 것을 스스로 탐색하기 위해 크고 작은 도전을 합니다. 또한 놀이의 과정 속에서

창의적으로 상상하는 재미를 느끼며 주변의 다양한 존재들과 관계를 맺습니다. 그러므로 교사는 놀이 중심의 교육과정을 운영하고 놀이를 통한 배움을 모색할 의무가 있습니다.

그러나 현장의 많은 교사들은 놀이를 통한 배움을 어떻게 계획하고 어떻게 진행하며, 어떻게 평가해야 할지에 대해 혼란스러워합니다. 이때 가장 근본적인 의구심은 놀이의 의미에 대한 깊은 성찰에서부터 시작되기도 합니다. 놀이는 그 자체로 존중받으면서 별도의 목적과 방법 없이도 물 흐르듯 자연스럽게 진행되어야 진정한 재미가 보장되는 것이지, 교육을 위한 설계는 어린이의 놀이에 대한 몰입을 저해한다는 것입니다. 그럼에도 불구하고 교사들은 가르쳐야 한다는 사명감 아래에서 놀이와 교육 간에 나름의 타협점을 찾았고 '교육적 놀이'라는 새로운 개념을 제시하였습니다.

놀이의 맥락 내에서 이뤄지는 'teachable moment(가르칠 거리)'를 포착하고 이와 관련된 발현적인 교육 활동을 순차적으로 진행하거나, 혹은 탐구와 배움의 과정을 놀이 속으로 포함시키는 등의 방안을 구상한 것입니다. 본문에 나오는 다양한 생태놀이는 이와 같은 놀이와 교육의 만남을 추구한 결과물입니다. 주어진 환경과 재료를 활용하여 할 수 있는 크고 작은 규모의 활동을 통해 아이들은 농원에서 다양한 자연물을 관찰하고 탐구하며 생명과학적인 지식과 과학적 태도를 증진시킬 수 있었습니다. 또한 궁극적으로는 자연과 교감하며 정서적인 안정 및 오감의 자극과 같은 긍정적인 감정을 경험할 수도 있었습니다.

놀이 외에 요즘 유아교육 현장에서 중시하는 것 중 하나는 바로 창의융합형 인재를 양성하는 것입니다. 이를 위한 새로운 교육적 시도로 인공지능과 코딩 및 IoT(사물인터넷)와 같은 미래 기술을 아이들에게 노출시키는 것을 언급할 수 있습니다. '유엔미래보고서 2050'에 따르면, 지금 태어난 아이들의 상당수가 현재는 존재하지 않는 새로운 일을 하게 된다고 합니다. 여기서 말하는 '새로운 일'이란 예측 가능하기도 하지만 한편으로는 예측 불가능하기도 합니다. 이 때문에 우리 아이들이 현대에서 통용되는 지식과 개념을 수동적으로 배우는 것에만 그쳐서는 안 된다는 견해가 지배적입니다. 도래하는 미래에는 창의적인 아이디어를 토대로 과학기술과 관련된 문제의식을 제기하고, 보다 통합적인 해결안을 모색할 줄 아는 인재가 필요합니다. 이러한 통합적인 사고는 어린이 시기부터 길러져야 합니다. 교육 현장에서의 아이들은 4차 산업혁명 시대가 요구하는 핵심 역량을 기를 수 있는 기회를 제공받고, 다양한 공학 기술에 노출될 권리가 있습니다.

그러나 유치원을 비롯한 유아교육 현장의 많은 교사들은 미래 과학기술을 활용한 놀이와 활동을 계획하는 데 많은 어려움을 토로합니다. 이는 공학 기술과 관련된 유아교사의 전공 지식이 부족함과 더불어서, 유아교육 현장 내에서 접할 수 있는 공학 자원이 제한적인 현실에서 비롯된 결과입니다. 이를 위해 본문에서는 과학과 예술의 융합형 활동을 토대로 한 스마트 가드닝 프로젝트를 사례로 제시하고 있습니다. 그리고 이 과정에 농원 안에서 시도할 수 있는 자연에서의 크고 작은 생태놀이를 포함시키고자 했습니다. '과학기술을 활용한 스마트 가드닝 프로젝트'는 다양한 공학 기술과 예술을 접목함으로써 자동급수시스템, 식물성장 LED 조명장치, 아두이노 스피커, 태양광 패널을 활용한 자동광합성 화분, 실내 온습도표시계 등을 구현해보았습니다. 이러한 활동은 과학기술과 관련된 인공적인 힘만으로 농원 속 생태계가 유지될 수 있는 가능성을 엿볼 수 있게 해줍니다. 더불어서 우리 사회에서 새롭게 대두하고 있는 개념인 '지속가능발전'과 관련하여 순환형 농업기술인 아쿠아포닉스를 현실화시켜 보는 등 아이들의 융합적 사고력과 탐구력을 향상시킬 수 있는 다양한 사례를 공유하고자 합니다.

이 책을 읽기 전에

창의 쑥쑥! 생태놀이와 융합형 예술 활동이 함께 하는 '유아 스마트 가드닝 프로젝트'는 이렇게 시작되었습니다. 저자는 예술교육을 실시하는 교육 현장 내에 아이들의 생태적 감수성을 증진시키기 위한 환경을 조성하고, 다양한 식물을 길러내기 위해 실내 온실을 설치했습니다. 해당 온실은 폴리카보네이트라는 특수 소재와 철제 프레임을 기반으로 한 간이 농원이었고, 어느 정도 기온 유지에 적합하여 식물을 기르기에 편리한 공간이었습니다. 실내 온실을 설치한 이후, 아이들과 함께 구체적으로 어떤 식물을 기를지를 의논하던 중 우리는 다음과 같은 딜레마에 빠졌습니다.

> "추운 겨울 날 연구소에 아무도 없는 밤을 떠올려보면…
> 사람이 없을 때에는 히터가 작동하지 않을 텐데…
> 그때에도 온실이 따뜻하게 유지될까요? 만약 그렇지 않다면…
> 기르고 싶은 식물보다는 추운 곳에서도 잘 자랄 수 있는 식물을 심어야 하지 않을까요?
> 그렇지만 열매를 맺을 수 있는 식물을 길러보고 싶어요.
> 토마토나 강낭콩같이요. 옥수수는 안 되겠죠?"

"온실에서는 꼭 식물만 기를 수 있을까요? 곤충이나 다른 생명들도 기르고 싶은데… 식물에게 물을 주는 것만 할 수 있는 농원 말고 더 재미있는 농원을 만들고 싶어요. 곤충도 기르고 흙놀이나 물놀이도 할 수 있는 그런 온실을 만들어보고 싶어요."

생태놀이와 융합형 예술 활동을 토대로 한 '스마트 가드닝 프로젝트'는 이렇게 시작되었습니다. 우리가 만들고 우리가 가꾸어 낸 온실은 아이들이 원하는 대로 다양한 놀이가 이뤄지고 한 겨울에도 여러 가지 작물이 자랄 수 있는, 진짜 살아 있는 작은 자연 그 자체였습니다.

차 례

Part 2 프로젝트의 실제

Part

1

프로젝트 전개를 위한 이론적 배경

Chapter

1

활동 구성을 위한 고려 사항

1. 자연과 함께 하는 생태놀이

유아기는 끊임없이 변화하고 성장하는 시기이다. '아이들은 놀면서 배운다'는 슬로건은 유아교육학을 전공한 이들에게 있어 너무나 자명하고도 유의미한 명제이다. 이 중에서도 자연에서의 놀이는 아이들에게 있어서 최고의 학습이다. 자연과 함께 하는 놀이는 호기심과 탐구력을 자극하며 오감을 만족시키는 놀이를 가능케 한다. 물, 흙, 곤충, 식물을 비롯한 자연물과 상호작용하는 경험은 환경과 생명을 소중히 여길 수 있는 자연친화적 태도 형성은 물론, 자연과의 교감을 가능케 하고 과학적 탐구력을 제고시킬 수 있는 기회를 제공한다. 창의융합형 생태놀이는 아이들로 하여금 자연을 일상에서의 놀이 주제로 여기도록 유도한다. 자연물을 이용한 생태놀이는 대상을 '탐색'하고 '관찰'하며 '표현'하고 '활용'하는 네 가지 방식의 활동을 제시한다. 유아들에게 자연을 보여주는 것 자체가 과학교육인 것처럼(Holt, 1993), 자연 탐색을 통한 생태놀이는 아이들에게 온실 속 생태 환경과 관련한 생생한 과학교육의 지침이 되어주었다.

2. 융합 STEAM 교육을 통한 스마트 가드닝 프로젝트

세계적으로 저명한 미래학자 클라우스 슈밥(Klaus Schwab)은 2016년 스위스 다보스에서 열린 세계경제포럼을 통해 앞으로 도래할 미래 사회가 4차 산업혁명 시대임을 공식적으로 발표했다. 교육은 우리에게 닥칠 미래 사회의 변화를 예측하여 모든 아이들이 그 변화에 능동적으로 대처하고 인간다운 삶을 영위할 수 있도록 필요한 능력을 길러주어야 한다. 이와 관련하여 4차 산업혁명 시대라 일컬어지는 미래 사회에서 강조하는 교육의 핵심 키워드가 바로 '창의'와 '융합'이다.

2011년 교육부에서 과학기술 인재 육성을 위해 초·중등학교 STEAM 교육 강화 정책을 발표한 이후, 학교 현장에서 이를 중시하는 움직임이 거세졌다. 그 연령 또한 영유아 시기까지 내려왔다. 다보스 포럼에서 언급된 4차 산업혁명을 견인할 5대 기술은 사물인터넷, 로봇공학, 3D프린팅, 빅데이터, 인공지능이며(WEF,

2016), 이러한 기술은 주로 ICT 관련 기술이나 물리학, 생물학과 융합된다는 점에서 스마트 가드닝 프로젝트는 효과적인 창의융합 교육의 주제라 할 수 있다.

STEAM 교육이란 정보화 및 첨단과학기술 사회에서 요구되는 창의적 융합인재 양성을 목적으로 과학(S), 기술(T), 공학(E), 예술(A), 수학(M)의 교과를 통합하는 교육 프로그램이다. STEAM 교육의 궁극적인 목적은 아이들이 어떠한 개념과 지식을 습득하는 것에 국한되지 않고, 배운 것을 실생활에 적용하고 활용하는 가운데 문제해결능력을 높이고자 하는 것이다(한국과학창의재단, 2012). 스마트 가드닝 프로젝트는 온실의 기능을 유지시키기 위한 다양한 문제를 제시하고 이를 과학기술을 통해 해결하도록 한다. 그리고 이 과정에서 공학, 기술, 과학, 수학, 예술 등의 핵심 개념이 융합된 탐구와 창조의 기회를 제공한다. 이러한 통합적 사고 과정은 아이들이 수준 높은 몰입도와 학습 동기를 바탕으로 직면하고 있는 문제를 지혜롭게 해결할 수 있게 돕는 효율적인 학습전략이 될 것이다.

3. 미래 사회의 핵심 역량을 기르기 위한 교육적 시도

이 책에서 제시되는 스마트 가드닝 프로젝트는 다음과 같은 방향성을 갖고 설계 및 전개되었다.

첫째, 국제미래학회와 한국교육학술정보원(2017)이 제시하는 미래의 인재상 관련 역량을 기반으로 기획되었다. 미래 인재 4대 핵심 기반 역량을 살펴보면, 표 1-1 과 같다.

표 1-1 미래 인재 4대 핵심 기반 역량

역량	내용
창의로운 인지 역량	창의성, 문제 해결 사고력, 미래 도전력, 인문학적 소양
인성을 갖춘 정서 역량	인성 및 윤리의식, 문화예술 소양, 자아 긍정 관리, 협업 리더십
협력하는 사회 역량	소통과 협업 능력, 사회적 자본 이해, 글로벌 시민 의식, 스포츠 및 체력
생애주기 학습 역량	자기주도 학습능력, 과학기술 변화 이해, New ICT 활용 능력, 평생학습능력

출처: 국제미래학회, 한국교육학술정보원(2017).

본 프로젝트는 이를 바탕으로 각 역량별로 아이들이 추구해야 하는 것과 이뤄야 하는 학습 목표 등을 설정하였고, 다음에서 제시되는 자전적인 질문을 토대로 스마트 가드닝 활동이 계획 및 평가되었다. 미래 핵심 역량별 스마트 가드닝 활동을 구성하기 위한 자전적 질문표는 그림 1-1 과 같다.

그림 1-1 스마트 가드닝 프로젝트 활동 구성 및 계획을 위한 자전적 질문표

융합 예술 교육을 통한
스마트 가드닝 프로젝트

미래 인재 4대
핵심 기반 역량

역량	세부 역량	시도	자전적 질문
창의로운 인지 역량	창의성	융합 예술 관련 시도	과학과 미술의 융합을 통한 결과물은 무엇인가?
	문제 해결 사고력	식물의 생장과 관련된 문제 해결 시도	식물이 살아가기 위해 고려해야 하는 요소는 무엇이고 어떻게 적용시킬 것인가?
	미래 도전력	미래의 농업형태와 관련된 기술 실현 시도	스마트 가드닝과 관련된 미래지향적 기술은 무엇이며 어떻게 현실화할 수 있는가?
	인문학적 소양	–	
인성을 갖춘 정서 역량	인성 및 윤리의식	–	
	문화예술 소양	예술적 표현 및 자연에 대한 심미적 감상 시도	창의적인 표현을 시도하는 것과 자연물 및 예술적 공간이 주는 심미적 의미는 무엇인가?
	자아 긍정 관리	계획과 실현에 대한 성취 시도	스마트 가드닝 관련 장치를 개발하기 위한 기재는 무엇이며 발명한 결과물은 정상적으로 구동되는가?
	협업 리더십	–	
협력하는 사회 역량	소통과 협업 능력	친구와 함께 하는 협동 작업 시도	공동구성원이 추구하는 목표와 결과물은 무엇이고 개인이 맡은 역할은 어떠한가?
	사회적 자본 이해	–	
	글로벌 시민 의식	환경친화적 태도 및 국제사회에서의 시민 의식 함양 시도	환경친화적인 농업방식은 무엇이며 국제기구(UN)의 개발의제인 지속가능에 너지는 무엇인가?
	스포츠 및 체력	–	
생애주기 학습 역량	자기주도 학습능력	학습자 중심의 참여형 수업방식 시도	학습자가 주도하는 활동은 어떻게 진행되며 학습자의 역할은 무엇인가?
	과학기술 변화 이해	전통적 방식에서 스마트 가드닝으로의 변화 시도	스마트 온실을 구성하는 데 있어서 아두이노 · 코딩 · IoT · 3D프린팅 기술이 활용되는 방식은 무엇인가?
	New ICT 활용 능력	주제와 관련된 정보 수입 및 활용 시도	새로운 기술을 활용하기 위한 정보 처리 능력은 어떻게 습득될 것인가?
	평생 학습 능력	–	

둘째, 한국과학창의재단(2012)이 제시하는 STEAM 학습 준거 틀을 바탕으로 활동이 계획되었다. STEAM 교육의 학습 준거에 따르면 한 가지 수업은 상황제시, 창의적 설계, 감성적 체험이라는 하위 단계로 구분 · 제시된다. 3가지 하위 단계를 바탕으로 학생들은 '실패를 통한 학습'과 '성공의 경험'을 통해 새롭게 직면하는 문제에 도전할 수 있게 되고, 미래 과학기술 분야에 대한 관심을 제고시킬 수 있다.

이 책에서 언급되는 '상황제시'는 '한 차시 수업의 도입' 혹은 '여러 차시 수업의 1차시 수업' 단계를 말한다. 이는 학생들에게 주어진 실생활에서의 문제를 수업 안으로 끌어들여, 스스로 해결해야 할 문제로 인식하도록 함으로써 학습에 동기를 부여하는 과정이다. 스마트 가드닝 프로젝트에서는 농원에서 식물을 기르기 위해 필요한 조건(예: 온도 설정의 필요성)을 이해하는 과정이 이에 해당한다.

'창의적 설계'는 주어진 자원을 활용하여 필요한 기술을 구현해내는 과정이다. 즉, 학습자가 주도하여 창의적인 문제해결력을 토대로 시스템, 요소, 프로세스를 고안하는 것이다(김진수, 김방희, 김진옥, 2021). 스마트 가드닝 프로젝트에서는 온습도표시계를 제작하는 과정에서 아두이노와 코딩, 3D프린팅 기술 등을 탐구한 것이 이에 해당한다.

'감성적 체험'은 창의적 설계와 성공의 경험을 통해 새롭게 직면하는 문제에 도전할 수 있는 용기를 함양시키는 것이다. 상황제시를 통해 아이들은 우리 사회가 안고 있는 특정 문제를 교실 속 자신의 삶으로 끌어오게 된다. 그리고 창의적 설계를 토대로 직면한 문제를 해결하게 되면 학생들이 '성공의 경험'을 하게 되고, 이를 바탕으로 또 다른 문제에 도전하도록 하는 계기가 마련된다. 스마트 가드닝에서는 아이들이 식물에게 적합한 온습도를 조사해보고(상황제시) 이를 아두이노와 3D프로그램의 구현을 통해 설계한 뒤(창의적 설계), 온습도표시계를 완성해낸 것(성공의 경험)까지를 일컫는 모든 일련의 과정이 '감성적 체험'이 되는 셈이다. 그리고 이러한 감성적 체험은 또 다른 새로운 탐구거리와 문제제기를 발현시키기 마련이다. 예컨대, 온습도표시계를 완성시킨 아이들이 온실의 상태를 파악하는 것에 그치지 않고 습도가 부족할 경우를 대비해 자동급수시스템을 실현시킬 필요성을 인지하는 것까지가 감성적 체험이 되는 것이다.

상황제시와 창의적 설계, 성공의 경험 등의 감성적 체험 내용은 그림 1-2 와 같다.

그림 1-2 STEAM 교육 학습 준거 틀

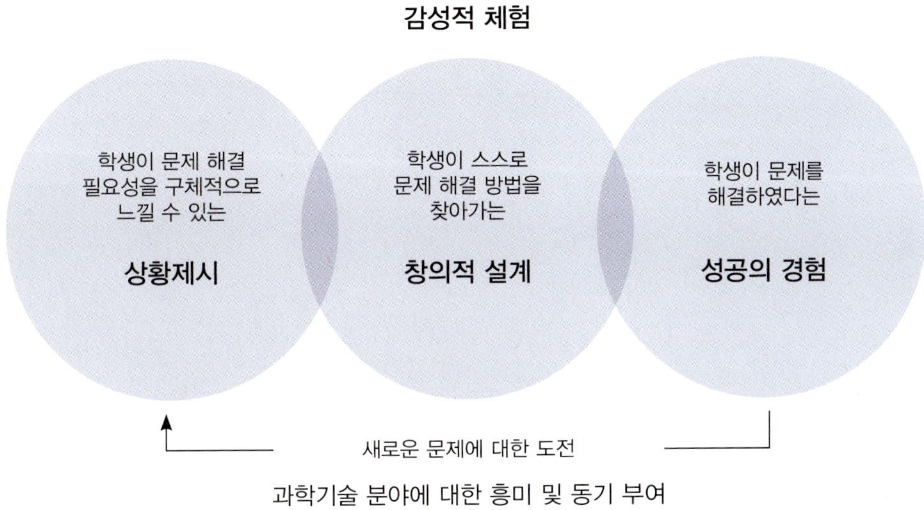

출처: 한국창의과학재단(2012).

Chapter

2

생태놀이 및 융합 교육과 관련된 학문적 근거

1. 생태놀이의 이해

1) 생태놀이의 개념 및 교육적 의의

근래에는 지속가능한 발전의 중요성과 더불어서 인간과 자연의 공존 및 상생에 대한 중요성이 강조되고 있다. 인간의 삶을 대하는 가치관에 있어서도 인간 중심적인 환경관보다는 생태 중심적인 환경관을 지향하는 움직임이 활발하다(정은우, 2013). 이에 따라 교육 현장에서도 환경교육에 대한 시사가 중시되고 있고, 유아교육 시기부터 다양한 생태놀이가 이뤄지고 있는 추세이다.

생태놀이는 교육 현장에서 매우 폭넓게 사용되는 만큼 다양하게 정의되고 있다. 생태놀이에 대한 정의는 생태놀이의 교육적 효과를 어디에 두느냐에 따라서 상이하게 다뤄진다. 예를 들어, 생태놀이의 교육적 효과를 자연친화적인 관점에서 찾으면 이에 대한 정의는 보다 생태학적 또는 윤리적 관점에서 파악될 것이다. 일례로 안증애(2006)는 생태교육을 살아 있는 생명을 탐색하고 기르는 과정을 통해서 자연과 함께 살아가는 즐거움을 느낄 수 있는 체험교육이라고 말하며 윤리적 차원에서의 정의를 강조했다. 정혜란(2001)은 유아가 자연을 공존의 대상으로 받아들이도록 하기 위해서 자연에 노출되고 자연적 요소에 접촉하도록 하는 기회를 제공하는 교육을 자연친화교육 즉, 생태교육이라고 하였다.

생태놀이의 교육적 효과를 영유아 놀이의 중요성과 연관 지어 이야기하면 또 다른 정의를 내릴 수 있다. 즉, 수많은 교육학자들이 언급하는 자연놀이, 체험놀이, 플로러닝, 자연친화교육 등의 명칭을 통합하여 놀이로서의 생태놀이를 재정의하면 '자연을 오감으로 체험하고 느끼며 교감하는 다양한 형태의 놀이'인 셈이다(정은우, 2013).

생태놀이의 효과를 인간 본연의 존재와 생존의 측면 즉, 인류사회적 관점에서 바라볼 수도 있다. 이때의 생태놀이의 정의 및 필요성은 보다 근본적인 차원에서 제시될 수 있다. 인간은 자연이라는 거대한 차원에서 살아가며, 유아가 자연생태계에서 잘 적응하기 위해서는 말 그대로 자연의 요소들과 더불어 살아가는 생존 방식을 유지해나갈 수 있어야 한다. 이를 위해서는 자연치유력, 원기 및 면역력을 증진시키는 것이 필수적이며, 이런 일들을 해낼 수 있게 하는 힘을 키우는 것이 바로 유아생태교육이라고 정의할 수 있다(임재택 외, 2016; 정우란, 2021에서 재인용).

유아교육 현장에서 생태놀이는 생태교육, 생태유아교육, 유아대상 자연체험 교육 등과 동일한 용어로 인식되곤 한다(정은우, 2013). 생태놀이는 영유아가 오감을 통해 자연에서의 요소를 체감하고, 이를 통해 심미적이고 생태적인 감수성을 증진시킬 수 있기에 유아교육 현장에서 중요한 교수 방법이라 할 수 있다(최석진, 2003). 생태놀이는 영유아가 자연에 대해 긍정적인 감정과 애착을 느끼고, 생명을 존중하며 나아가서는 자연에서 살아가는 모든 존재가 소중한 존재라는 것을 인식할 수 있도록 한다. 이를 통해 자연의 요소에 공감하고 이들과 공존해 나가면서 상생하는 삶의 방식을 체득하고 실천해 나가는 교육인 것이다(이성희, 2010).

2) 생태놀이의 교육적 효과

안드레아 에르케르트(Erkert, 2004)는 현대 사회의 많은 아이들이 행하는 놀이의 실태를 지적한다. 즉, 현대를 살아가는 대다수의 아이들이 능동적으로 무언가를 시도하고 탐색하는 체험주의적 놀이보다는 미디어 매체를 통해 전달되는 시각적인 자극에만 의존하는 여가 시간을 보낸다는 것이다. 그는 수동적 형태의 놀이 행태뿐만 아니라 아이들이 활용하는 놀잇감에 대해서도 문제를 제기한다. 획일적으로 생산된 구조적 형태의 장난감이 아이들의 주도적이며 창의적인 놀이를 방해한다는 것이다. 그러면서 자연물과 같이 자연에서 구한 가공되지 않은 형태의 자원을 놀이의 수단으로 제공해주고, 아이들이 이를 탐색하고 응용하여 스스로 새로운 놀이 방법을 고안해야 창의성이 길러진다는 사실을 강조한다.

이러한 맥락에서 생태놀이는 자연이라는 거대한 공간에서 비구조적인 매체를 활용하여 다양한 체험을 시도해볼 수 있다는 점에서 매우 효과적인 놀이이다. 생태놀이는 아이들이 심신의 안정과 긍정적인 정서를 함양하고, 사회성을 증진시키며 신체적 건강을 도모하고 집중력과 창의력을 향상시키는 데에 필수적이다. 또한 영유아의 호기심을 자극하고, 자연의 원리 및 특성을 이해하며 인간과 자연환경과의 관계를 주체적으로 발견하고 정립할 수 있도록 돕는다(남효창, 2006). 이와 더불어서 아이들은 생태놀이를 통해 모든 감각기능을 사용하여 자연을 경험하는 기회를 보장받을 수 있다.

윌슨(Wilson, 1996)은 숲 체험 활동의 중요성 및 교육적 효과를 다음과 같이 정의하였다(강영식, 2009에서 재인용).

첫째, 생태 활동은 구조화된 상황에서 익힌 기술을 자연 환경 속에서 상황에 맞게 활용하게 하고 동시에 더욱 익숙하게 익히도록 하여 영유아가 스스로 자신이 속해 있는 사회적 환경에 적응하는 것을 도울 수 있다.

둘째, 생태 활동은 자연에서의 체험을 통해 영유아의 심미감을 발달시킬 수 있다.

셋째, 자연에서 발견할 수 있는 특정한 모양이나 환경적 요인을 조작하고 탐색하는 과정에서 영유아의 인지 발달을 촉진할 수 있다.

넷째, 자연 속에서의 경험을 비롯하여 영유아들이 교류할 수 있는 이야깃거리를 제공해줌으로써 영유아의 생각을 확장시키고 이를 언어적으로 소통하도록 자극할 수 있다.

다섯째, 오감을 활용하고 다양한 체험을 하면서 듣고 보는 것 등을 통해 외부의 자극을 인지하고 반응하는 운동 능력을 촉진시킬 수 있다.

마지막으로, 자연 속에서 생명이 있는 것들을 대하면서 사회정서 발달에 긍정적인 영향을 미칠 수 있다.

생태교육을 통해 아이들은 식물을 만지고 흙을 밟고 자연의 소리를 듣고 각종 꽃과 풀줄기의 향기에 취해보는 등 다양한 감각적 체험을 겪을 수 있다. 이 과정에서 유아들은 자연을 대하는 인간의 방식에 대해 고민해볼 수 있고, 다양한 생명체가 공생하는 것에 대한 성찰을 시도할 수 있다. 또한 여러 가지 체험 활동을 통해 창의력을 증진시킬 수 있고 시공간의 변화를 주의 깊게 관찰하는 자세를 함양할 수 있다.

3) 생태놀이의 내용

일반적으로 자연의 요소를 관찰하는 탐구 활동, 자연 환경을 거닐며 탐색하는 산책 활동, 자연물을 수집하여 조형 활동에 활용하는 공작 활동, 자연을 소재로 하는 극놀이 · 글짓기 · 그림 그리기와 같은 예술 활동, 구성원과 함께 하는 게임 및 놀이 활동, 자연에서의 명상 활동, 자연에서 수확한 식재료로 만드는 요리 활동, 식물 기르기와 같은 원예 활동 등 활동의 유형에 따라 이루어지는 각각의 교육과정 및 주제가 생태놀이의 내용이라고 할 수 있다(최석진, 2001).

생태놀이의 내용을 자연과학 및 도덕과 윤리 등의 교과 개념과 관련하여 제시하는 견해도 있다. 이와 관련하여 생태놀이 혹은 생태교육보다는 자연친화교육이라고 명명한 최미현(2000)의 교육 내용을 살펴볼 수 있다. 그는 생태교육의 내용을 하위 영역별로 제시하고 있는데, 먼저 '환경 영역'은 동식물의 생존 방식 및 자연 파괴와 기후 변화 등의 내용을 포함한다. '인간 노력 영역'은 자연에서 얻는 생산물과 이와 관련된 인간의 생산 활동 및 자연을 조성하기 위한 활동 내용 등을 다룬다. 이 외에도 동식물과 인간의 만남 및 다른 생물체와의 공존에 대한 내용을 포함하는 '놀이 영역', 자연에 대한 인간의 윤리 및 가치에 관한 내용을 다루는 '사람의 도리 영역' 등이 있다.

생태교육의 내용을 놀이와 인간 본성과 관련지어 제시하는 학자도 있다. 임재택(2005)은 인간의 본성을 '아이다움'에 초점을 맞추어 파악하며 자연주의적 견해에 따라 생태교육의 본질과 필요성 및 교육 내용 등을 제시한다. 또한 임재택은 생태유아교육과정의 교육 내용은 '신명 나는 아이'로 키우고, '신명 나는 세상'을 만드는 것과 관련되는 것이어야 한다고 주장했다. 이를 위해서 생명 원리에 따른 교육 내용, 활동과 삶, 실천으로 풀어지는 교육 내용을 선정해야 한다고 말하며, 삶, 감각, 땀, 관계, 앎, 감성, 영성 등의 교육 주제를 제시하기도 했다. 그리고 이러한 교육 내용을 실천하기 위한 구체적인 실제로 바깥놀이, 산책, 텃밭 가꾸기, 노인 · 아동 상호작용, 세시풍속, 명상, 절제 · 절약, 먹을거리, 도시 · 농촌 교류, 손끝놀이, 몸짓놀이, 생태미술 활동을 현장에서 운영하고 있다(임재택, 2005).

4) 생태놀이의 유형 및 방법

생태놀이의 방법은 놀이의 유형에 따라 다양하게 거론될 수 있다. 생태놀이의 활동 분류, 즉 유형으로는 산책하기, 숲 체험, 식물 관찰, 식물 기르기, 수확하기, 음식 만들기, 동물 관찰, 동물 기르기, 신체표현, 이야기 나누기, 음악 활동 등이 있다(서울특별시교육청, 2022). 이와 관련한 생태놀이의 방법을 살펴보면 첫째, 자연물 및 자연의 요소를 체험하거나 느끼는 데 있어서 오감을 활용하는 감각 활동인 오감 체험이 있다. 둘째, 동식물의 분류 기준이나 특성, 가치, 이름의 유래, 생존 및 번식 방식, 생김새의 특징 등을 언어로 표현하는 설명의 방법도 생태놀이의 유형 중 하나이다. 셋째, 자연 현상 및 자연과 관련된 물리적 환경의 시공간적 특성, 생태계의 변화, 특정 자연물의 특성 등을 관찰 도구를 활용하여 탐색하고 기록하는 관찰이 있다. 넷째, 실험 집기를 활용하여 자연 현상을 탐구하고 변인에 따른 통제와 반응을 탐색하는 실험 역시 생태놀이 방법에 속한다. 다섯째, 자연과 관련된 특정 주제에 대해 구성원 간 의견을 교환하는 토론이 있다. 여섯째, 놀이나 게임의 형식에 착안하여 자연의 요소를 체험하는 놀이 위주의 방법이 있다. 일곱째, 자연물을 활용한 공작 활동으로 창의력과 심미적 감각을 증진시키는 만들기가 해당한다. 마지막으로, 사회 구성원 간의 공동체 의식을 함양하고 동식물을 비롯한 인간 외의 자연 속 생명체에 자신을 투영해보면서 이를 토대로 다시금 스스로를 성찰해보는 되어보기와 연극 활동이 있다.

이 외에도 활동 분류보다는 보편적인 인간의 특성에 따라 생태놀이의 활동 전개 과정을 단계화시키는 교육 방법을 제시한 학자도 있다. 자연주의를 지향하며 자연체험가로 살아온 조셉 코넬(J. B. Cornell) 박사는 장기간의 연구를 통해 인간의 성별, 언어, 나이, 문화 등의 변인과 무관하게 특정 활동에 대한 참여도를 이끌어내는 놀이의 법칙과 활동 순서가 존재한다는 가설을 입증했다. 이를 바탕으로 인간 본성을 기초로 한 자연 체험 교육 방식을 개발하고 '플로러닝(Flow Learning)'이라 명명했다. 플로러닝은 자연 체험 활동을 진행할 때 인간이 느끼는 감정의 인식에 따라 자연스럽게 활동이 진행되도록 고안된 생태놀이 방법을 의미하는데,

'열의 깨우기', '주의 집중하기', '자연 체험하기', '감동 나누기'의 단계를 따르고 있다.

2. 융합 STEAM 교육의 이해

1) STEAM 교육의 개념 및 교육적 의의

STEAM 교육은 Science(과학), Technology(기술), Engineering(공학), Arts(예술), Mathematics(수학)가 융합되어 여러 교과를 통합하여 접근하는 교육을 말하는 용어의 약자이다. 현재 교육 현장에서는 STEAM 교육이라는 용어가 어느 정도 보편화되었으나, 사실 STEAM 교육의 시작은 STEM이라는 어원으로부터 시작되었다. 해당 용어의 어원을 살펴보면, 1990년대 미국과학재단 NSF(National Science Foundation)에서 'SMET(Science, Mathematics, Engineering, Technology)'이라는 용어를 사용한 것이 그 근원이다. 1990년대 후반 미국은 PISA(Program for International Student Assessment)에서 측정한 미국 학생들의 수학과 과학 분야의 성취 수준이 저조하게 평가되자 미래 과학기술력과 국가의 경쟁력 향상을 위해 STEM 교육에 대한 지원을 확대했다(이세진, 2021). 특히 2011년 미국 오바마 대통령이 'Educate to Innovate'를 통해 STEM 분야를 강조하며 관련 전시회 및 교사 워크숍 등의 행사를 추진하고, 주요 도시에 STEM 학교를 설립하는 과정에서 STEM 교육의 의미와 필요성이 더욱 강조되었다.

뿐만 아니라 급변하는 현대 사회에서 제시하는 인재상과 관련해서도 STEM 교육의 중요성은 더욱 주목받게 되었다. 그러나 미래 사회에서 요구하는 핵심 역량 중 하나인 '창의성'이 STEM 교육에서 결여되어 있다는 지적이 대두하면서 감성과 상상력을 포함하는 예술(Art)을 내포한 'STEAM'이라는 용어가 사용되기 시작하였다. 이후 우리나라에서도 STEAM형 융합 교육의 중요성이 인정되면서 교육과학기술부(2011)에서는 STEAM 교육을 '융합인재교육'으로 명명하며 '과학기술에 대한 학생들의 흥미도와 이해도를 증진시키고 과학기술을 바탕으로 한 융합적 사고

(STEAM Literacy)와 문제해결력을 양성하는 교육이다.'라고 정의하였다.

이처럼 STEAM 교육은 과학, 기술, 공학, 예술, 수학의 개념을 한 활동에 융합하여 주변 환경을 탐구하는 과정을 토대로 호기심, 창의성, 협동, 비판적 사고를 길러준다는 측면에서 유아 발달에 적합한 교수 방법이라고 할 수 있다(Chesloff, 2013). 즉, STEAM 교육은 실생활과 연계된 문제를 해결하는 과정을 통해 보다 능동적이며 창의적이고 융합적으로 사고하는 능력을 기르는 것을 목표로 두고 있다는 점에서 교육적이다(백윤수 외, 2012). STEAM 교육은 아이들의 잠재되어 있는 과학적 탐구 능력을 이끌어주고 아이들이 창의적으로 사고하도록 돕는다. 또한 아이들이 주어진 문제를 혁신적으로 해결하기 위해 융합적 시도를 경험한다는 점에서 그 의의가 크다.

근래에는 STEAM 교육에서 '소통(Communication)'의 과정을 강조하는 움직임이 강하다. 여기에서 말하는 소통은 그 의미가 언어적 대화에만 국한되지 않고 소통에 대한 긍정적 태도까지를 모두 포괄한다. 소통을 강조하는 STEAM 교육은 다양한 문제 상황에서 타인과 협력하는 경험을 토대로 미래 사회에서 요구하는 인재상을 양성할 수 있다(이세진, 2021).

소통뿐만 아니라 '문제해결 과정'을 STEAM 교육과정 내에 제시하여 분야별 지식을 이해하고 문제해결에 필요한 설계 및 탐구 과정과 적용을 요구할 수도 있다. 이와 관련하여 STEAM 교육의 의의를 보다 자세히 살펴보면, 백윤수 외(2012)는 배려, 창의성, 소통, 융합을 핵심 역량으로 강조하면서 STEAM 교육을 통해 융합적 소양을 갖춘 인재를 육성할 수 있다고 제시하였다. STEAM 교육과정이 전개되는 동안 유아는 주어진 문제 상황에 대해 타인과 소통하고 협업하며 효과적인 의사소통능력을 함양하고, 나와 다른 타인의 견해를 경청하고 존중하는 인성적 자질을 향상시킬 수 있다. 또한 보다 창의적인 문제해결능력을 향상시킬 수 있고, 기존의 지식과 새롭게 익힌 지식을 비롯한 다양한 교과별 지식을 통합하여 적용해보는 '융합적인 지식 활용의 기회'를 가질 수 있다(이세진, 2021).

이뿐만 아니라, STEAM 교육의 의의는 유아교육의 특성인 전인적 인재 양성이라는 목표 정신과 연관 지어 파악하기에도 적합하다. 교육과학기술부(2010)는 유아교육과정에서의 '통합'이란 아동 중심적 교육관에 근거하여 유아가 전인적 인격체로서 성장하도록 학습자의 흥미, 경험 및 요구와 교육 내용을 관련짓고 다양한 인적 · 물적 환경 및 각 교과목을 통합적으로 재조직하여 교수하는 방법이라 정의한 바 있다. 이연승(2014) 역시 STEAM 교육을 누리과정과 연계하여 활용함으로써 유아들의 사고를 보다 복합적으로 확장시킬 수 있으며, STEAM 교육의 주제를 일상에서의 경험과 연계하여 전개하기에도 적절하다고 주장했다. 그러면서 '통합적(integrative), 주제중심적(theme-centered), 탐구중심적(exploratory), 질문중심적(inquiry-based)' 특성과 더불어서, '실제를 바탕으로 한(reality-based) 학습, 구성주의(constructivism) 교육' 등에 있어서 유아교육의 방향성과 STEAM의 방향성이 상통한다고 말했다. 정리하자면 유아들이 일상에서 노출되는 다양한 물리적 환경에 대해 탐구해보고 STEAM 교육을 통해 과학, 기술, 공학, 예술, 수학 분야에 친숙하게 다가갈 수 있다는 점에서 그 의의를 찾을 수 있는 것이다.

2) STEAM 교육의 교육적 효과

STEAM 교육은 학습자로 하여금 도래하는 미래 사회에서 과학과 기술이 인간에게 어떠한 영향을 미치고 어떠한 이익을 주는지를 체감할 수 있을 만한 교육 주제를 선정하는 데에 적절한 교육과정이다. 또한 일상에서 과학기술을 토대로 한 융합적 사고방식을 적용할 수 있는 방법을 모색하며, 어린 시절부터 비판적인 탐구능력을 함양할 수 있도록 한다는 데에서 교육적 효과를 찾을 수 있다(Panchavati, 2010).

STEAM 교육의 교육적 효과에 대한 연구 결과를 보다 구체적으로 살펴보면, 강경희(2018)는 과학 중심 유아 STEAM 교육 프로그램의 효과를 검증한 결과 관찰하기, 분류하기, 의사소통, 측정하기, 예측하기, 추론하기의 과학과정기술력에서 유의미한 증진을 확인했다. 또한, 창의적 인성 능력의 하위요소인 '독특성-호기심', '개방성-유머', '민감성-다양한 흥미', '상상력-놀이성', '독립성-몰두'에서도 STEAM 교육의 긍정적인 효과를 입증했으며 과학적 문제해결력 또한 유의한 변화를 보였음을 주장했다. 문혜정(2019)의 연구에 따르면 창의성은 교육을 통하여 개발될 수 있으며, STEAM 기반의 미술교육이 유아의 창의성 발달에 효과적이었다. 장미경(2016)은 만 5세 유아 40명을 대상으로 STEAM 교육을 적용한 수 교육이 유아의 수학적 소양에 어떠한 효과가 있는지를 알아보았다. 그 결과 수학적 개념과 수학적 태도의 형성 및 수학적 문제해결력 증진에 STEAM 교육 활동이 긍정적 영향을 미쳤음을 입증했다. 샤라판(Sharapan, 2012)은 STEAM 교육을 통해 창의적인 방법으로 생각을 표현할 수 있는 다양한 기회가 제공되고, 이 과정에서 유아의 예술적 소양이 증진된다는 연구 결과를 제시했다.

이 밖에 STEAM 교육의 교육적 효과를 학습자의 정서적 측면에서 파악하는 연구도 상당수 존재한다. 서울특별시교육청 유아교육진흥원(2019)은 유아 STEAM 교육이 일상에서 직면하는 문제를 기술과 공학적인 탐구를 통해 해결할 수 있는 기회를 제공하는 데에 주목했다. 이 과정에서 유아는 문제를 인지하고 이를 해결하기 위해 융합적으로 사고하며 보다 구체적인 해결 방법을 설계하게 된다. 그리고 이를 통해 유아는 성취감, 지적만족감 등을 경험하고 자신감을 증진시킬 수 있는 것이다.

STEAM 교육의 효과는 문제해결 과정과 창의적인 산출을 경험하는 것으로 인해 더욱 극대화될 수 있다. 과학에서의 설계는 주어진 질문에 답을 하기 위한 탐구와 실험에 주목하지만, 기술과 공학에서의 설계는 인간이 활용할 수 있는 산출물(product)을 창조하는 데 주목하기 때문에 만들기, 테스트, 재설계, 개선 등의 과정을 통해 문제해결을 경험하는 것이 STEAM 교육의 교육적 효과와 직결된다(홍승은, 2014). 이러한 과정은 유아로 하여금 어떤 산출물을 완성하기 위해 자발적이며 창의적으로 사고하고, 생각해낸 아이디어를 적용해보고 수정해보며 성공의 경험을 통해 긍정적인 정서를 느끼게끔 돕는다. 즉, STEAM 교육 내에서 이뤄지는 간학문적인 융합을 통해 유아는 창조의 욕구와 몰입으로 문제해결의 목표달성을 경험하게 된다. 이를 통해 과학기술과 융합적 소양을 갖추고 협업과 소통 과정에서 다양한 이해관계를 인식하고 타인의 견해를 존중할 줄 아는 창의적 인성을 함양해 나갈 수 있는 것이다(김남희, 2015).

3) STEAM 교육의 내용 및 구성

STEAM 교육의 내용은 어원 그대로 기본적으로 과학, 기술, 공학, 수학, 예술의 교과 개념과 관련된다. 우리나라의 경우, 학령기 아이들은 국가수준 학교교육과정상의 과학, 기술, 공학, 수학의 각 영역별 핵심 개념을 적용해볼 수 있을 것이다. 유아의 경우에는 2019 개정 누리과정을 참고하여 유아가 필요로 하는 지식과 기능, 태도 등과 관련된 부분을 STEAM 교육과정에 적용해볼 수 있다. 또한 유아의 흥미 및 일상생활의 경험과 관련한 생활 주제에서 과학, 기술, 공학, 수학, 예술의 각 교과 개념과 상통하는 내용을 도출하여 교육 내용으로 선정할 수 있을 것이다. 이와 관련된 STEM 교과의 영역과 핵심 개념 및 누리과정의 관련 내용은 표 2-1, 표 2-2 와 같다.

표 2-1 2015 개정 교육과정 초등학교 S, T, E, M 교과의 영역과 핵심 개념

과학		기술		수학	
영역	핵심 개념	영역	핵심 개념	영역	핵심 개념
힘과 운동	시공간과 운동	기술 시스템	창조	수와 연산	수의 체계
	힘		효율		수의 연산
전기와 자기	전기		소통	도형	평면 도형
	자기	기술 활용	적응		입체 도형
열과 에너지	열평형		혁신	측정	양의 측정
파동	파동의 종류		지속가능		어림하기
	파동의 성질			규칙성	규칙성과 대응
물질의 성질	물리적 성질과 화학적 성질			자료와 가능성	자료처리
	물질의 상태				가능성
물질의 변화	물질의 상태 변화				
	화학 반응				
생명과학과 인간의 생활	생명공학기술				

<table>
<tr><th colspan="2">과학</th><th colspan="2">공학</th><th>수학</th></tr>
<tr><td rowspan="4">생물의 구조와 에너지</td><td>생명의 구성 단위</td><td>영역</td><td>핵심 개념</td><td rowspan="15"></td></tr>
<tr><td>동물의 구조와 기능</td><td rowspan="3">공학의 기초</td><td rowspan="2">공학 소양</td></tr>
<tr><td>식물의 구조와 기능</td></tr>
<tr><td>광합성과 호흡</td><td>공학 설계</td></tr>
<tr><td>항상성과 몸의 조절</td><td>자극과 반응</td><td rowspan="4">공학의 세계</td><td>정보와 자동화</td></tr>
<tr><td rowspan="2">생명의 연속성</td><td>생식</td><td>에너지와 재료</td></tr>
<tr><td>진화와 다양성</td><td>생명과 건설</td></tr>
<tr><td>환경과 생태계</td><td>생태계와 상호작용</td><td>융합 공학</td></tr>
<tr><td rowspan="4">고체 지구</td><td>지구계와 역장</td><td>공학과 진로</td><td>공학과 진로</td></tr>
<tr><td>판구조론</td><td rowspan="6"></td><td rowspan="6"></td></tr>
<tr><td>지구 구성물질</td></tr>
<tr><td>지구의 역사</td></tr>
<tr><td rowspan="2">대기와 해양</td><td>해수의 성질과 순환</td></tr>
<tr><td>대기의 운동과 순환</td></tr>
<tr><td>우주</td><td>태양계의 구성과 운동
별의 특성과 진화</td></tr>
</table>

출처: 김진수, 김방희, 김진옥(2021).

표 2-2 국가수준 2019 개정 누리과정

신체운동 · 건강

내용범주	내용
신체활동 즐기기	신체를 인식하고 움직인다.
	신체 움직임을 조절한다.
	기초적인 이동운동, 제자리 운동, 도구를 이용한 운동을 한다.
	실내외 신체활동에 자발적으로 참여한다.
건강하게 생활하기	자신의 몸과 주변을 깨끗이 한다.
	몸에 좋은 음식에 관심을 가지고 바른 태도로 즐겁게 먹는다.
	하루 일과에서 적당한 휴식을 취한다.
	질병을 예방하는 방법을 알고 실천한다.
안전하게 생활하기	일상에서 안전하게 놀이하고 생활한다.
	TV, 컴퓨터, 스마트폰 등을 바르게 사용한다.
	교통안전 규칙을 지킨다.
	안전사고, 화재, 재난, 학대, 유괴 등에 대처하는 방법을 경험한다.

자연탐구

내용범주	내용
탐구과정 즐기기	주변 세계와 자연에 대해 지속적으로 호기심을 가진다.
	궁금한 것을 탐구하는 과정에 즐겁게 참여한다.
	탐구과정에서 서로 다른 생각에 관심을 가진다.
생활 속에서 탐구하기	물체의 특성과 변화를 여러 가지 방법으로 탐색한다.
	물체를 세어 수량을 알아본다.
	물체의 위치와 방향, 모양을 알고 구별한다.
	일상에서 길이, 무게 등의 속성을 비교한다.
	주변에서 반복되는 규칙을 찾는다.
	일상에서 모은 자료를 기준에 따라 분류한다.
	도구와 기계에 대해 관심을 가진다.
자연과 더불어 살기	주변의 동식물에 관심을 가진다.
	생명과 자연환경을 소중히 여긴다.
	날씨와 계절의 변화를 생활과 관련짓는다.

예술경험

내용범주	내용
아름다움 찾아보기	자연과 생활에서 아름다움을 느끼고 즐긴다.
	예술적 요소에 관심을 갖고 찾아본다.
창의적으로 표현하기	노래를 즐겨 부른다.
	신체, 사물, 악기로 간단한 소리와 리듬을 만들어 본다.
	신체나 도구를 활용하여 움직임과 춤으로 자유롭게 표현한다.
	다양한 미술 재료와 도구로 자신의 생각과 느낌을 표현한다.
	극놀이로 경험이나 이야기를 표현한다.
예술 감상하기	다양한 예술을 감상하며 상상하기를 즐긴다.
	서로 다른 예술 표현을 존중한다.
	우리나라 전통 예술에 관심을 갖고 친숙해진다.

사회관계

내용범주	내용
나를 알고 존중하기	나를 알고 소중히 여긴다.
	나의 감정을 알고 상황에 맞게 표현한다.
	내가 할 수 있는 것을 스스로 한다.
더불어 생활하기	가족의 의미를 알고 화목하게 지낸다.
	친구와 서로 도우며 사이좋게 지낸다.
	친구와의 갈등을 긍정적인 방법으로 해결한다.
	서로 다른 감정, 생각, 행동을 존중한다.
	친구와 어른께 예의바르게 행동한다.
	약속과 규칙의 필요성을 알고 지킨다.
사회에 관심 가지기	내가 살고 있는 곳에 대해 궁금한 것을 알아본다.
	우리나라에 대해 자부심을 가진다.
	다양한 문화에 관심을 가진다.

의사소통

내용범주	내용
듣기와 말하기	말이나 이야기를 관심 있게 듣는다.
	자신의 경험, 느낌, 생각을 말한다.
	상황에 적절한 단어를 사용하여 말한다.
	상대방이 하는 이야기를 듣고 관련해서 말한다.
	바른 태도로 듣고 말한다.
	고운 말을 사용한다.
읽기와 쓰기에 관심 가지기	말과 글의 관계에 관심을 가진다.
	주변의 상징, 글자 등의 읽기에 관심을 가진다.
	자신의 생각을 글자와 비슷한 형태로 표현한다.
책과 이야기 즐기기	책에 관심을 가지고 상상하기를 즐긴다.
	동화, 동시에서 말의 재미를 느낀다.
	말놀이와 이야기 짓기를 즐긴다.

출처: 교육부(2020).

이를 토대로 유아교육 및 초등학교 저학년에서 다룰 만한 STEAM 교육의 주제별 핵심 내용을 도출하면 표 2-3 과 같다. 아이들이 관심을 보이거나 교사가 유의미하다고 판단되는 교육 주제를 STEAM 교육의 영역별 세부 내용에서 선정하여 이를 학습대상의 연령과 발달에 적합한 수준으로 활동 계획에 반영한다면, 유아 수준에서도 충분히 STEAM 교육이 발현될 수 있을 것이다.

표 2-3 STEAM 교육의 내용 영역 및 세부 내용

STEAM 내용 영역	세부 내용
과학(Science)	물리, 화학, 생물, 지구과학, 생화학
기술(Technology)	제조 기술, 생산 기술, 농업, 통신 기술, 수송 기술, 산업 공예, 동력 및 에너지, 정보 기술
공학(Engineering)	전기, 컴퓨터, 화공, 항공, 기계, 산업, 재료, 해양, 환경, 유체, 토목
예술(Art)	체육, 미술, 수공예, 언어, 인문교육(사회, 철학, 심리학, 역사)
수학(Mathematics)	대수학, 기하학, 삼각법, 미적분학

출처: 강수현(2013), p. 11.

이연승(2013)은 누리과정과 STEAM 교육을 비교하여 제시하기도 했는데, 이를 구성 방향과 교육 목표 및 교수·학습 방법, 편성 및 운영 등의 특징별로 정리하면 표 2-4 와 같다. 표 2-4 를 보면, 누리과정과 STEAM 교육 간의 상호 공통되거나 맥락이 일치하는 교육관을 확인할 수 있는데, 이를 교사가 프로젝트의 방향을 설정하고 활동을 계획하는 데 참고한다면 교육 내용 및 주제를 선정하는 데 도움이 될 것이다. 예를 들어, 스마트 가드닝이라는 주제는 창의적 설계와 또래 및 다양한 매체와의 소통, 다양한 교과 간의 통합을 가능케 한다는 두 교육과정의 구성 방향에 적합한 주제였다. 또한, 아이들이 일상에서 자주 접하는 '자연'이라는 대상을 탐색하기에 상호 연관되는 주제였으며 농원을 구성하고 유지하는 과정에서 놀이 및 감성적 체험을 경험할 수 있는 주제였다.

표 2-4 누리과정과 STEAM 교육의 비교

구분	누리과정	STEAM 교육
구성 방향	자율성 및 창의성 증진을 강조하며 전인발달을 모색하기	창의적 설계(Creative Design) 과정을 따르기
	사람과 자연, 자신과 타인을 존중하고 상호 관계를 소중히 하기	소통(Communication) 중시하기
	신체운동·건강, 의사소통, 사회관계, 예술경험, 자연탐구의 5개 영역을 중심으로 통합적으로 구성하기	과학, 기술, 공학, 수학, 예술의 교과 간 상호 의사소통 협력을 바탕으로 한 통합적인 접근 강조하기
교육 목표	유아가 주변의 물리적 사물 및 자연환경에 관심을 갖고 능동적으로 탐구하며, 일상의 경험을 수·과학적으로 사고하는 능력과 태도 기르기	실생활 속에서 나타나는 다양한 문제를 인식하며 자연스러운 융합 교육이 이루어지도록 하기
교수·학습 방법	다양한 교수·학습 활동이 놀이를 중심으로 이루어지도록 하기 유아의 흥미를 중심으로 활동을 선택하고 지속할 수 있도록 하기(동기유발, 즐거움과 몰입 강조)	감성적 체험을 통해 긍정적인 감정을 느끼도록 하기 흥미, 자신감, 성취감을 통해 형성된 동기유발, 욕구, 열정, 몰입의 의지를 바탕으로 자기주도적인 학습 추구하기
편성 및 운영	5개 영역의 내용을 균형 있게 통합적으로 편성하여 놀이 중심으로 운영하기	블록 타임제, STEAM-DAY, 프로젝트 전개 등을 통한 융통적 운영하기

출처: 이연승(2013)

4) STEAM 교육의 방법

STEAM 교육의 교수 · 학습 방법은 보통 방법론적인 측면에서 추구해야 하는 방향성과 기본 원리를 제시하거나 혹은 교육과정 전개상의 순서나 함께 접목하면 좋을 수업 설계 모형 등과 관련지어 이해해볼 수 있다(김진수 외, 2021). 먼저, 마크 샌더스(Mark Sanders, 2011)는 STEAM 교육을 위한 방법으로 기술이나 공학의 내용을 의무적으로 포함하는 방향성을 제시하였다. 그에 따르면 탐구 및 원리 기반의 과학 중심에만 국한되지 않고, 미래 사회에서 요구하는 핵심 역량에 근거하여 기술 및 공학적 내용을 포함해야 보다 복합적이며 창의적인 문제 해결 과정을 요구하는 STEAM 교육이 된다는 것이다. 이와 관련하여 김진수(2012)는 탐구, 실험, 원리, 개념 중심의 과학과 설계, 만들기 중심의 기술 공학을 연계한 주제에 창의적 문제 해결이 결합되어야 진정한 STEAM 교육을 실천할 수 있는 방향 제시가 가능하다고 하였다. 그리고 이 과정에서 예술적 감성과 디자인이 필수적으로 요구된다고 주장했다. 이와 관련된 STEAM 교육의 방법론을 그림으로 제시하면 그림 2-1 과 같다.

그림 2-1 STEAM 교육의 방법론

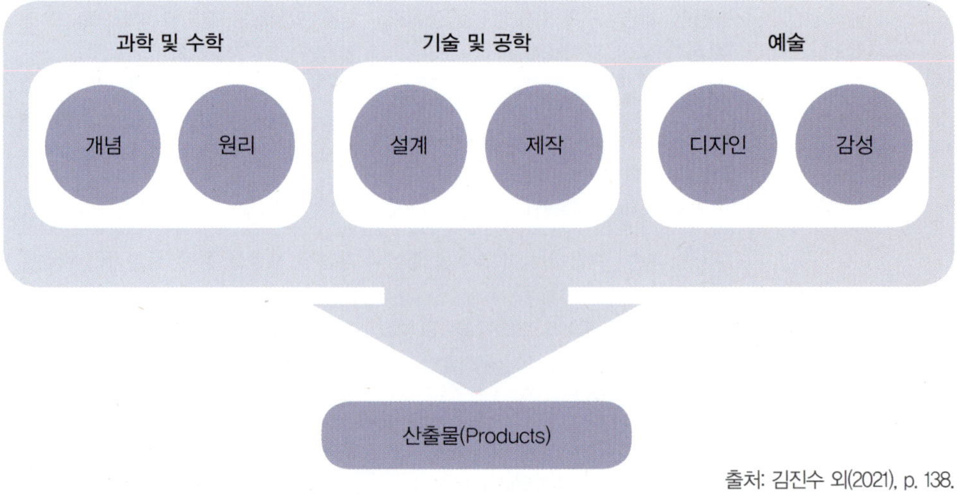

출처: 김진수 외(2021), p. 138.

교육 현장 내에서의 STEAM 교육 즉, 창의융합 수업에 접목하여 전개하는 수업모형으로는 프로젝트 학습, 문제중심학습(PBL), 창의적 문제해결학습, 플립러닝, 액션러닝 등이 있다(강정찬, 2017).

이 중 유아교육 및 초등 저학년의 교육 현장에서 많이 활용하고 있는 몇 가지 모형을 살펴보면, 가장 먼저 프로젝트 학습에 대해 살펴볼 수 있을 것이다. 프로젝트 학습은 일종의 심층 학습 개념과 상통하는 수업 모형이다. 학습자의 인지적 능력을 보다 고차원적인 차원에서 사고할 수 있는 능력으로 여기며 이런 능력을 잘 발현시킬 수 있도록 수업을 전개해나가는 것을 심층 학습 즉, 프로젝트 학습이라고 한다(이주호, 2016). 이러한 심층 학습은 학습자가 선정한 주제를 보다 심층적으로 탐구해나간다는 점에서 유아 주도적인 학습을 가능케 한다는 장점이 있다.

프로젝트 학습은 학자마다 다양하게 정의되고 있지만, 현존하는 문제나 과제를 학습자가 중심이 되어 다양한 구성원과 협동하며 주제를 복합적인 관점에서 심도 있게 탐구하고 주어진 문제를 해결해 나간다는 점을 가장 보편적인 특징으로 정의하고 있다. 이와 같은 프로젝트 학습은 유아가 능동적인 연구자의 자세를 견지하고 주어진 문제를 해결하거나 주제를 심화시키기 위해 다양한 교과를 통합하며 실생활에서의 실제와 연계한다는 점에서 STEAM 교육의 학습 방법으로 적합하다고 여겨지고 있다(김진수 외, 2021). 예를 들어, 만 5세반에서 '민들레'를 주제로 한 프로젝트 수업을 진행한다고 가정해볼 수 있다. 이때, 유아들이 민들레의 생김새를 관찰하는 자연탐구 활동을 진행하다가 이를 표상하기 위한 조형 활동으로 프로젝트 활동이 전개된다면 여기에 STEAM 교육과정을 접목할 수 있다. 즉 예술과 공학, 기술 등을 연계하여 다양한 공학 부품과 전구 불빛을 활용하여 민들레 홀씨가 햇빛에 반짝이며 날아가는 모습을 표현하는 활동을 연계할 수 있을 것이다.

플립러닝(Flipped Learning)은 교실이라는 환경 안에서 지식을 전달한 뒤, 수업이 끝난 뒤 교실 밖에서 과제를 수행하는 기존의 전통적인 수업 방식을 뒤집는 것에서 시작된 움직임이다(김진수 외, 2021). 즉, 아이들이 필수적으로 학습해야 하는 핵심 교과 개념과 지식을 교사가 제작한 교수학습 영상이나 매체를 활용하여 수업 전에 미리 학습한 뒤, 실제 수업시간은 토론, 질의응답, 팀별 활동, 문제해결 활동 등 학생 중심의 활동 위주로 이뤄지는 방식이다.

이러한 플립러닝은 STEAM 교육을 현장에서 실시하는 과정에서 직면하는 어려움을 해결할 수 있는 방식으로 제안되며 상호 보완적인 차원에서 함께 운영될 수 있다(홍현미, 2017). 이와 관련된 내용을 보다 자세히 살펴보면, STEAM 교육은 아이들이 습득해야 하는 통합교과 내용이 지나치게 광범위하고 함께 진행해야 하는 활동도 무궁무진한 데 반해 현재 교육과정의 시수 배정이나 아이들의 집중시간은 이를 뒷받침해주기에 부족하기 때문에 플립러닝을 활용하여 이를 보완한다는 것이다. 또한, STEAM 교육을 실시하다 보면, 교사가 주제와 관련하여 상당한 수준의 여러 분야별 지식을 다뤄야 하는데 이를 모두 익혀 아이들의 흥미와 수준에 적합한 수업을 새로 설계하기에는 교사의 업무가 너무나 많다는 현실에 직면하게 된다. 게다가 STEAM 교육의 핵심은 간학문적 지식을 습득하고 이를 융합시키며, 다시금 창의성으로 전이하여 결과물을 도출해야 하는데 여기에 필요한 충분한 학습과 소통의 기회를 마련하는 것이 현실적으로 녹록지 않은 것이다.

이러한 STEAM 교육의 현장 적용 시 문제점을 플립러닝으로 해소하고 상당 부분 보완 제시할 수 있다. 예를 들어, 만 5세 교실에서 STEAM 활동으로 아두이노를 활용하여 자연의 소리가 나는 악기를 만든다고 가정해볼 수 있다. 이 과정에서 플립러닝을 통해 가정에서 미리 부모님과 함께 스크래치(Scratch)와 같은 프로그램으로 코딩 작업을 시도해보거나 다양한 자연의 소리를 수집해보는 과정을 진행해본 뒤 수업을 전개하면 훨씬 효과적인 수업이 될 수 있는 것이다.

마지막으로, 문제중심학습(PBL)은 Problem-Based Learning의 약자로 1969년 캐나다의 McMaster 의과대학에서 제시한 교육 방법으로 학습자 중심의 구성주의적 교수·학습 방법을 의미한다(Barrows & Myers, 1993; 김진수 외, 2021에서 재인용). 이는 어원 그대로 실제 일상에서 제시될 수 있는 문제 상황을 학습자가 다양한 탐구 및 협동 과정을 통해 해결해 나가는 것을 수업 시간에 반영하는 방식이다. 이를 보다 자세히 살펴보면, 교사는 보조적인 역할로 비구조화된 문제 상황을 제시하는 데 그치고 학생들이 문제를 파악하고 다양한 모둠 및 개별 활동을 통해 해결안을 모색하는 것이다. 또한 문제를 분석하고 해결안을 모색하는 과정은 '생각', '사실', '학습과제', '실천계획'이라는 과정을 따르게 되어 있다(김진수 외, 2021). 학습자료를 수합하여 의견을 교환한 후에는 이를 다시 수정하고 재설계하여 새로운 접근을 시도해보고, 문제 해결의 후속 단계로는 해결한 결과물을 제시하고 발표하여 동료평가와 자기평가를 한 후 학습을 종료한다.

예를 들어, 만 5세 유아교육 현장에서 교실에서 사용하는 간이 온도계를 만든다고 가정해볼 수 있다. 이때 아이들은 교실에서 춥거나 더운, 다시 말해서 다소 부적절한 놀이 환경을 경험하는 것을 문제로 생각할 수 있다. 그리고 이 문제를 해결하기 위해서는 실내 온도를 측정하고 이에 따른 조치(교실 냉난방 시스템의 가동, 창문의 환기 등)를 취해야 한다고 '가정 및 생각'을 설정하는 것이다. 아이들은 또래와 함께 온도계를 만들 수 있는 방법에 대해 과학적 지식과 정보를 수집하는 '사실'과 관련된 논의 과정을 거친다. 그런 뒤 이를 실제 간이 온도계를 설계하고 만드는 것과 관련된 '학습 과제'와 '실천 계획'을 수립 및 전개해나간다. 마지막으로 아이들은 완성한 간이 온도계가 제 기능을 잘 수행하는지, 그리고 이를 교실 구성원들이 잘 활용하는지 등과 관련된 평가와 후속 문제를 연계해나가는 과정까지 나아갈 수 있다.

문제중심학습은 문제 해결 과정에서 여러 가지 교과목과 학문을 융합하여 활용한다는 점에서 STEAM 융합 교육과의 연계에 적합하다. 다시 말해서, STEAM 교육의 상황제시 및 창의적 설계와 상통하는 것이다(김진수 외, 2021). 예를 들어, RDSEE(Recognition, Design, Solution, Experience, Evaluation) 모형을 살펴볼 수 있다. 해당 모형은 PBL 학습과 STEAM 융합 교육을 합쳐 제시한 수업 모형으로 문제인식 및 탐색, 해결방법 설계, 문제 해결, 결과 공유 및 체험, 평가의 단계를 따르는 교수·학습 방법이다. 이를 STEAM 교육의 프로젝트 내 각 차시별 혹은 한 차시의 도입과 전개, 마무리 등으로 구분하여 활동을 계획하면 보다 효과적인 교육 운영이 될 수 있을 것이다.

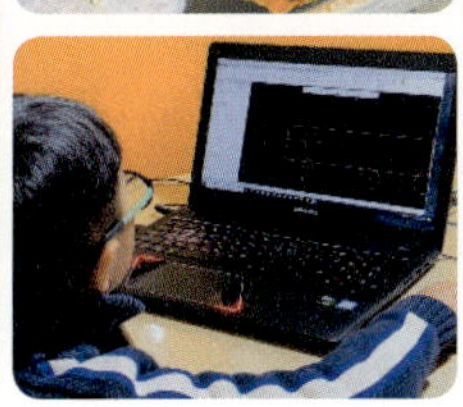

Part

2

프로젝트의 실제

Chapter 1. 농원에서 함께 하는 생태놀이

Chapter 2. 스마트 가드닝으로 조성하는 우리만의 작은 온실

Chapter 3. 우리들의 또 다른 시도, 아쿠아포닉스

Chapter

1

농원에서 함께 하는 생태놀이

1. 흙과 함께 놀아요

1) 모래, 자갈, 흙을 관찰해요

▶ 활동 개요

활동명 모래, 자갈, 흙을 관찰해요

준비물 모래, 자갈, 흙, 현미경, 저울, 그물망과 여과장치, 같은 크기의 용기 3개 등

놀이형태 관찰 및 탐색 놀이

활동내용 현미경으로 모래, 자갈, 흙의 물리적인 속성을 자세히 관찰해보고, 상호 간의 무게, 입자 크기, 질감, 색, 무늬 등을 비교해본다.

▶ 교육적 놀이로서의 흙 탐색 놀이

- 흙 탐색 놀이의 맥락: 스마트 가드닝 프로젝트는 식물을 심고 기르는 것이 주된 목표이자 과정이며 결과이다. 식물을 심는 것과 관련된 물리적인 행위는 '흙'이라는 대상을 필요로 한다. 흙은 아이들이 즐겨 놀이하는 매개 중 하나이다. 아이들은 식물을 심는 과정에서 자연스럽게 흙을 탐색할 기회를 갖게 된다. 이때 흙을 이용한 놀이를 진행하면 아이들에게 교육적 맥락 안에서 의미 있는 생태놀이를 제공할 수 있다. 맥락이 있는 놀이는 놀이에 대한 유아의 몰입을 증진시킬 수 있는 자양분이 되기 마련이다.

- 교육적 놀이로서의 한 걸음: 아이들이 다양한 형태의 흙을 만져보고 관찰하여 탐색하는 과정은 그 자체로 놀이로서의 즐거움을 선사한다. 이때 교사가 모래 놀이 도구나 관찰 및 측정을 위한 다양한 과학 도구를 함께 제공해주는 것만으로도 아이들의 다양한 교육적 자극과 경험의 확장을 촉진하는 놀이가 될 수 있다.

현장의 교사를 위한 TIP

- 대체 가능한 재료 및 도구 : 가정용 보급형 현미경은 인터넷이나 과학사를 통해 쉽게 구입할 수 있다. 어린 아이들의 경우, 교구용으로 제작된 장난감으로 쉽게 대체 가능하다. USB형 현미경은 상대적으로 저렴한 가격으로 구입이 가능하고, 컴퓨터 모니터에 화면을 연결할 수 있다는 점에서 현미경 조작이 어려운 유아들이 사용하기에 용이하다. 그러나 이마저도 즉석에서 발현되는 놀이 상황에서 준비되어 있지 않은 경우, 흙은 돋보기나 눈으로의 직접적인 관찰로도 충분한 비교가 가능하다는 점에서 교육적 접근성이 훌륭한 매체이다. 아이들이 모래, 자갈, 흙을 비교하고 측정하는 등의 과정에서 필요한 도구들은 채반이나 주방용 저울, 숟가락, 공병, 원두 필터 종이 등의 다양한 주방 도구로 대체할 수 있다.

모래놀이와 결합된 화석 발굴 놀이하기

모래놀이와 결합된 공사장 놀이하기

모래놀이와 결합된 개미집 제작 놀이하기

• 활동 시 유의사항 : 흙 탐색 놀이를 진행할 때에는 아이들에게 무게, 수량, 색깔, 촉감, 질감, 무늬, 모양 등에 대한 수 · 과학적 탐구와 언어적 표현을 요구하면 보다 교육적인 놀이가 될 수 있다. 그러나 지나친 학습 과정의 강조는 놀이에 대한 흥미와 몰입을 저해할 수 있으므로 주의하도록 한다. 교사는 단순한 언어적 자극에만 의존하는 것보다 직접 다양하고 흥미로운 도구를 이용하여 대상을 측정하는 식의 자연스러운 모델링을 보이면서 유아 스스로 자발적인 탐색을 시도하도록 격려한다. 또한 아이들이 대상을 탐색하며 즉석에서 요구하는 도구 및 관찰 방식에 민감하고 재빠르게 반응하고 준비해주도록 한다.

• 연령별 운영 방식 : 4~5세의 경우에는 촉감과 질감, 무늬, 모양 등의 시각적인 비교를 중점으로 하고 6~7세 및 학령기 아이들의 경우에는 무게, 수량, 높이, 양 등의 수학적 탐구와 여과 및 혼합, 용해 등의 과학적 탐구를 함께 시도하도록 하는 등 차별적 운영을 하는 것이 교육적으로 효율적이다. 또한 연령이 높은 아이들은 탐색 놀이 후에 대상의 비교 결과를 그래프로 나타내보는 등의 수 · 과학 활동으로 연계할 수 있다.

• 놀이 활성화를 위한 상호작용 예시

"흙과 모래, 자갈을 만져보면 각각의 느낌은 어떠니?"
"흙, 모래, 자갈의 색깔은 어떠니? 화면 속에서 보이는 알갱이의 크기는 어떠니?"
"알갱이와 알갱이 사이의 간격은 무엇이 제일 크니?"
"모래, 자갈, 흙을 이용해서 또 어떤 관찰놀이를 할 수 있을까? 어떤 도구를 이용해서 관찰해보고 싶니?"
"블록을 이용해서 자국을 내보면 어떨까?"

- 동일 매체(모래, 자갈, 흙)를 이용하여 연계 가능한 다른 놀이 : 흙을 관찰하기 이전에 아이들에게 익숙한 흙놀이나 모래놀이를 통해 대상에 대한 흥미를 촉진시키는 것도 좋다. 화단에 감자나 당근 등의 채소를 묻어둔 뒤 삽이나 손으로 채소를 캐보는 농장놀이를 계획하거나 모래놀이를 할 때에 공사장 놀이, 화석 발굴 놀이 등의 역할놀이를 연계하면 대상에 대한 유아의 흥미를 증진시키기에 효과적이다. 찰흙으로 개미, 알, 음식, 곤충 등을 만들어보는 미술놀이와 연계하여 개미집 만들어보기와 같은 융합형 예술 활동을 진행해볼 수도 있다.

모래나 자갈, 흙의 속성을 탐색해본 뒤에는 모래, 자갈, 흙의 차이를 이용한 콜라주를 통해 미술 활동을 진행할 수도 있다. 지층과 관련된 과학 활동을 계획하는 것도 좋다.

모래, 자갈, 흙을 이용한 콜라주하기

지층구조 탐구해서 표상해보기

▶ 활동 계획표

<table>
<tr><td>활동명</td><td colspan="2">모래, 자갈, 흙을 관찰해요</td><td>주제</td><td>여러 가지 흙 탐색하기</td></tr>
<tr><td>대상</td><td colspan="2">만 3세~만 4세</td><td>관련 교과</td><td>자연탐구</td></tr>
<tr><td>교육과정</td><td colspan="4">• 자연탐구: 탐구과정 즐기기: 주변 세계와 자연에 대해 지속적으로 호기심을 가진다.
탐구과정 즐기기: 궁금한 것을 탐구하는 과정에 즐겁게 참여한다.
생활 속에서 탐구하기: 물체의 특성과 변화를 여러 가지 방법으로 탐색한다.
생활 속에서 탐구하기: 일상에서 길이, 무게 등의 속성을 비교한다.
생활 속에서 탐구하기: 도구와 기계에 대해 관심을 가진다.</td></tr>
<tr><td rowspan="9">학습목표 및 방법</td><td colspan="4">내용 목표</td></tr>
<tr><td colspan="4">• 모래, 자갈, 흙의 물리적 특성에 대해 이해할 수 있다.
• 모래, 자갈, 흙의 부피와 무게 등의 속성을 측정하고 비교할 수 있다.</td></tr>
<tr><td colspan="4">과정 목표</td></tr>
<tr><td colspan="4">• 현미경과 같은 도구를 활용해 모래, 자갈, 흙의 색과 입자, 외형, 구성요소 등의 속성을 관찰해보고 과학적으로 탐구 및 비교해볼 수 있다.
• 체에 걸러내는 과정을 통해 대상의 입자 크기를 비교해보는 등 과학적 실험 방식을 활용해 서로 다른 대상의 특징을 비교해볼 수 있다.
• 같은 부피의 모래, 자갈, 흙의 무게를 저울로 측정하고 비교해보는 등의 수학적 탐구를 시도해볼 수 있다.</td></tr>
<tr><td colspan="4">활동 방법</td></tr>
<tr><td>도입</td><td colspan="3">• 화단에서 모래, 자갈, 흙을 직접 만져보며 질감과 생김새 및 습도에 따른 변화 정도 등에 대해 이야기 나눈다.</td></tr>
<tr><td>전개</td><td colspan="3">• 현미경으로 모래, 자갈, 흙의 구성 입자를 자세히 관찰한다.
• 모래, 자갈, 흙의 동일 부피당 무게 및 외형, 입자 크기 등을 다양한 방식으로 비교해본다.
• 저울과 그물망 및 여과장치 등을 활용할 수 있다.</td></tr>
<tr><td>마무리</td><td colspan="3">• 모래, 자갈, 흙과 활동에 쓰인 다양한 수 · 과학적 관찰 및 측정 도구를 과학 영역에 비치하여 개별적인 탐색과 탐구가 가능하게 한다.
• 활동에는 쓰이지 않았지만 비교 가능한 또 다른 자연물과 관찰 도구, 놀잇감, 실험 집기 등에 대해 이야기 나눈다.</td></tr>
</table>

▶ 활동 전개

흙은 어린 아이들이 주변에서 가장 흔하게 접할 수 있는 놀이와 탐색의 근원이다. 아이들은 흙을 만지며 감각을 느끼고 흙을 이용한 상상을 즐기며, 흙을 매개로 식물과 곤충 등의 다양한 대상을 만난다. 이 때문에 흙놀이는 교육 현장에서 아이들을 대상으로 하는 생태미술교육 중 가장 많이 실시되는 교육 활동이기도 하다. 흙은 식물이 살아가는 데 가장 기본이 되는 전제이기 때문에 아이들이 농원을 가꾸기 위해 필수적으로 갖춰야 할 요소이다. 그래서 교사는 아이들이 실내농원을 조성하는 과정에서 가장 먼저 흙을 이용한 미술놀이를 즐기고, 이를 활용하여 생태 온실을 다채롭게 구성하기를 희망했다.

아이들과 함께 실내농원을 만들기로 결정한 이후 우리는 먼저 농원에 비치해둔 대형 화분에 흙을 담고, 식물을 심는 작업부터 시작했다. 아이들은 화분 가득 담겨 있는 흙을 손으로 만져보고, 냄새를 맡아보면서 자유롭게 탐색하기 시작했다. 그런 뒤에 교사는 아이들에게 다양한 종류의 모종을 나눠주고, 직접 심어볼 수 있는 기회를 주었다. 아이들은 흙이 물에 젖어 마른 상태였을 때보다 색깔이 짙어지는 현상을 지켜보며 '흙이 변했다.'라고 표현했다.

교사는 어린 아이들이 온실에서 할 수 있는 생태놀이 중 하나로 '흙'을 활용한 생태미술놀이를 고안했다. 대부분의 아이들은 흙을 갖고 놀이를 하거나 흙을 이용한 예술 활동을 할 때에 흙 자체의 물리적 속성에 대한 호기심을 표출할 때가 많다. 이는 흙의 냄새, 무게, 성질, 모양, 색깔 등에 대한 충분한 탐색이 선행되지 않은 채로 흙과 관련된 교육 활동을 전개하기 때문이다. 아이들이 흙을 이용해서 놀이할 때면 '물에 젖은 흙과 마른 흙의 생김새는 무엇이 다를까?', '비료가 섞인 토양과 그렇지 않은 토양의 냄새는 왜 다를까?', '모래, 자갈, 흙의 질감은 어떻게 다를까?' 등과 관련된 여러 궁금증을 표출한다. 그래서 교사는 흙을 이용한 다양한 생태 활동을 하는 과정에서 흙 자체에 대한 관찰과 탐구의 과정이 선행되어야 한다고 판단했다. 이 때문에 교사는 아이들에게 다양한 형태의 토양을 탐색할 수 있는 기회를 제공하고, 흙을 비롯한 자연물을 관찰할 수 있는 작업 공간을 농원 내에 비치하기로 했다.

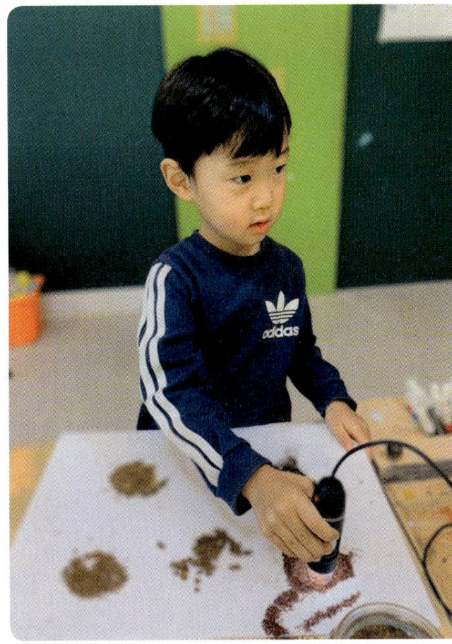

흙을 관찰하기 위해 교사는 다양한 종류의 토양으로 흙과 자갈, 비료가 섞인 흙과 마른 흙, 배양토 등을 준비했다. 사실 이러한 종류의 토양은 육안으로 보기에도 충분한 차이가 있었지만, 교사는 아이들에게 현미경을 함께 제공해주었다. 이는 어린 아이들이 다양한 종류의 토양을 구성하는 입자가 어떻게 상이한지를 관찰할 수 있는 효과적인 방안이었기 때문이다. 아이들은 각기 다른 입자의 토양을 만져보면서 "까끌까끌한 것과 부드러운 것", "알맹이가 큰 것과 작은 것" 등으로 분류해보았다. 아이들에게 있어서 가장 쉽게 구별할 수 있는 분류 기준은 대상의 생김새로 귀결하는 물리적 속성 즉, 크기와 질감이었다.

아이들은 현미경으로 흙을 관찰해보면서, '흙 속에 숨어 있는 벌레와 세균은 없는가?', '현미경으로 볼 수 있는 점과 방울들은 흙 속에 스며든 물방울인가?', '자갈 틈 사이에 싹트지 않은 아기 씨앗이 잠들어 있지는 않은가?'와 관련된 열띤 토론을 벌였다. 그리고 그동안 쉽게 볼 수 없었던 흙 속 세상에 빠져들어 제법 진지한 자세로 관찰에 임했다. 아이들이 현미경을 통해 토양을 관찰해본 결과는 다음과 같았다.

첫째, 자갈은 모양이 둥글며, 겉에 작은 흙들이 붙어 있다.
둘째, 배양토는 색깔이 진하고 크기가 다양한 알맹이들이 함께 섞여 있다.
셋째, 흙 속에는 물방울처럼 보이는 작은 점들이 포함되어 있다.
넷째, 다양한 종류의 토양은 알갱이의 크기와 색깔, 모양이 모두 다르다.

"무거운 흙은 돌이 많아. 검은 흙은 왜 이렇게 가볍지?
검은 흙에서는 방귀 냄새가 나."

그러고 나서 아이들은 서로 다른 토양의 무게를 비교해보기로 했다. 수 개념이 형성되어 있지 않은 어린 아이들에게는 직접적으로 무게를 측정하는 방법보다는 서로 다른 두 가지의 토양 중 어느 것이 더 무거운지를 비교해보는 방법이 훨씬 적합했다. 아이들의 인지적 수준에서 보다 간편하게 무게를 비교하기 위해 교사는 서로 다른 종류의 흙을 같은 종류의 용기에 각각 담아 제공했다. 이때 두 가지 토양은 육안으로 보기에 같은 높이만큼 담겨 있었다. 처음 아이들은 투명한 용기에 담겨 있는 두 가지 토양을 보고 어느 쪽이 더 무거울 것 같냐는 교사의 말에 양쪽이 같은 양만큼 담겨 있으니, 같은 무게일 것이라고 대답하는 경향을 보였다.

교사는 아이들에게 저울이 서로 평행을 이룬다는 것은 양쪽이 서로 같은 무게인 것을 의미한다는 사실을 가르쳐주었다. 아이들은 저울을 이용해서 무게를 비교할 때 한쪽으로 기운 쪽이 양쪽 중 더 무거운 쪽이라는 사실을 인지한 후 토양의 무게를 비교하는 작업을 시작했다. 저울의 영점을 맞추고, 양쪽이 평행을 이루는지를 확인하는 것도 잊지 않았다. 아이들은 서로 다른 토양의 무게를 비교해 볼 때 현미경을 통해 보았던 각각의 토양이 갖고 있는 성질을 고려하며 탐색하는 모습을 보였다. 예컨대 아이들은 자갈흙이 부드러운 흙보다 무거운 이유는 자갈흙의 알갱이가 크고 무겁기 때문이며, 배양토가 가벼운 이유는 현미경으로 관찰한 바와 같이 스펀지처럼 흙 사이에 공기가 많아 비어 있는 공간이 많이 있기 때문일 것이라는 추론을 내놓았다. 이 과정에서 흙의 무게를 비교함과 동시에 흙의 속성을 관찰하고 이를 토대로 대상의 속성과 무게 간의 상관관계를 추측하는 등 보다 고차원적인 탐구를 시도하는 아이들의 모습을 확인할 수 있었다.

마지막으로 아이들은 토양의 여과에 대해 탐색해보았다. 원래 '여과'란 액체의

혼합물 혹은 침전물을 걸러내는 과정을 의미하지만, 여기서는 토양의 물리적 속성 자체를 탐색하는 과정으로 활용하였다. 토양을 구성하고 있는 입자의 크기와 밀도는 토양마다 다양하기 때문에 이를 여과해보는 과정을 통해서 아이들은 흙에 대해 더욱 심도 깊은 탐색을 할 수 있다. 아이들은 여과 과정에서 어떤 토양이 더 빠른 속도로 체에 걸러지는지, 체에 걸러지지 않는 입자는 어떤 특성을 갖고 있는지 등을 관찰해보았다.

교사는 아이들에게 흙과 관련된 여러 탐색의 기회를 제공한 뒤에 흙과 모래, 자갈, 색모래, 황토가루를 비롯하여 다양한 자연물을 돋보기, 비커, 깔때기, 시험관 등의 과학 집기류와 함께 농원 내에 비치해주었다. 이 탐색 공간은 훗날 농원 내에서 아이들이 생태와 관련된 관찰과 탐구, 변형과 조작 등의 실험을 자유롭게 시도할 수 있는 작업 공간으로 사용되었다. 아이들은 이곳에서 과학자들의 실험실 놀이, 곤충가게 놀이, 식물원 놀이 등의 상상 속 가작화 놀이 및 역할놀이를 즐기기도 했다. 어린 아이들뿐만 아니라 학령기 아이들 역시 훗날 온실 내의 이 탐색 공간을 애용하게 되었다.

예를 들어 아이들은 이 작업 공간에서 식물이 잘 자라고 있는 부분의 흙과 그렇지 못한 부분의 흙을 퍼와 시험관에 넣고 비교하거나 식물의 뿌리를 담아 관

찰하는 등 나름의 과학적 탐구와 조작을 시도하기도 했다. 또한, 이 공간은 미술 작품에 활용하기 위해 온실 내에서 구할 수 있는 자연물인 자갈이나 나뭇잎, 꽃잎 등을 수집해와 건조시키는 공간이 되기도 했다. 생태 온실 내에 비치된 이 공간은 아이들에게 있어서 작품 활동의 귀감이 될 만한 다양한 실험 과정을 즐기는 일종의 아뜰리에와 같은 역할을 수행했고, 아이들이 온실 내에서 가장 사랑하는 공간이기도 했다. 이후 이 공간은 아이들의 프로젝트가 심화될수록 곤충 표본과 다육 식물, 그 외에 아이들이 만든 작품 등으로 보다 풍성하게 채워졌다.

2) 황토가루와 진흙으로 놀아요

▶ 활동 개요

활동명	황토가루와 진흙으로 놀아요
준비물	황토가루, 물, 대형 통, 모래놀이 도구, 체 등
놀이형태	촉감놀이
활동내용	황토가루와 진흙으로 촉감놀이를 즐기며 재료에 대한 탐색을 시도해본다. 황토가루를 이용하여 촉감놀이를 할 때에는 삽이나 모래놀이 도구, 채반 등의 도구를 활용하면 가루가 쌓이거나 흩어지는 등의 다양한 양상을 비교해볼 수 있다.

▶ 교육적 놀이로서의 진흙 촉감놀이

• 진흙 촉감놀이의 맥락 : 황토와 진흙은 생태놀이에서 가장 흔히 활용하는 자원이다. 이는 온실의 내부를 장식하기 위해 그림을 그리는 과정이나 곤충의 집을 구성하는 등의 활동을 진행하는 데 필요한 재료이다. 진흙은 흙이 물과

함께 섞일 때 쉽게 볼 수 있다. 이 때문에 아이들은 식물에 물을 주는 과정에서 자연스럽게 진흙을 자주 목격하게 된다. 이러한 상황적 맥락은 진흙 촉감놀이를 계획하고 구상하는 데 있어서 교사에게 아이디어를 제공한 기저가 되었다.

- 교육적 놀이로서의 한 걸음 : 진흙은 대상의 화학적 · 물리적 속성이 변하는 과정을 경험하게 한다는 점에서 교육적 의미를 갖고 있다. 가루 형태의 고체가 물에 희석되어 액체로 변하는 과정은 상태 변화와 관련된 탐색을 가능하게 한다. 또한 서로 다른 형태 및 상태의 촉감은 아이들로 하여금 다양한 질감의 재미를 느끼게 한다. 이때 교사는 이미 제작된 진흙을 제공하는 것이 아니라 아이들이 직접 황토가루에 넣는 물의 양을 조절하면서 대상의 변화를 감상하게 하는 것이 좋다.

현장의 교사를 위한 TIP

- 대체 가능한 재료 및 도구 : 황토가루가 아닌 화단이나 놀이터에서 쉽게 구할 수 있는 흙을 이용해도 상관없다. 놀이터와 같은 실외 공간에서 진흙놀이를 한다면 진흙으로 벽돌을 만들어보거나 집을 짓고 혹은 수로를 만들어보는 등의 보다 자유롭고 큰 규모의 놀이로 확장이 가능하다. 황토가루 대신에 전분가루나 밀가루를 활용할 수도 있다.

- 활동 시 유의사항 : 흙이나 황토를 묻히는 데에 유독 거부감을 느끼는 아이들이 있다. 이는 진흙을 더러운 것이라고 생각하는 일상에서의 인식에서 비롯된 것일 수도 있고 특정 대상을 손에 묻히거나 만지는 것을 기피하는 개인의 성향일 수도 있다. 전자의 경우에는 황토가루와 진흙이 새로운 놀잇감이 될 수 있음을 이해시키며 아이들이 천천히 다가갈 수 있도록 지도하면 인식의 변화에 따라 대상에 대한 거부감도 줄어들게 된다. 그러나 후자의 경우에는 어떠한 대상을 인위적으로 만지고 묻히는 것에 부정적인

진흙의 상태 변화를 관찰하기 위한
진흙 벽돌 만들어보기

황토가루와 물을 희석한 진흙 반죽으로 머드 촉감놀이하기

정서를 느끼는 개인의 성향을 존중하며 교사가 지나치게 강요하는 것을 지양해야 한다. 간혹, 질퍽한 진흙의 촉감을 싫어하는 아이들에게 물을 많이 희석하여 황토물을 만들어주면 물장구를 치듯 촉감놀이를 즐기는 경우도 있다.

• 연령별 운영 방식 : 4~5세의 경우에는 대상을 만지고 주무르고 뿌리고 뭉치는 등의 촉감놀이를 즐기도록 하며 자유로운 탐색을 보장한다. 6~7세 및 학령기 아이들의 경우에는 대상의 용해와 화학적 상태 변화 등에 대해 생각해볼 수 있는 기회를 함께 유도할 수 있다.

• 놀이 활성화를 위한 상호작용 예시

"황토가루를 만질 때의 느낌은 어떠니?"

"황토가루의 색과 입자의 크기, 촉감, 냄새는 어떠니?"

"황토가루에 물을 섞었더니 어떻게 변했니? 물의 양에 따른 황토가루의 상태는 어떻게 달라졌니?"

"가루를 뭉치거나 뿌려보자. 가루를 체에 걸러볼까?"

"진흙을 이용해서 동굴을 만들어보는 건 어때?"

진흙으로 공룡 서식지 만들어보고 화산폭발 실험하기

다양한 식물과 진흙을 이용하여 생태 연못 구성해보기

진흙과 자연물을 이용해 한옥 만들어보기

황토가루와 물을 희석해서 땅속 세상 표현하기

- 동일 매체(황토가루)를 이용하여 연계 가능한 다른 놀이 : 진흙은 아이들이 온 몸을 이용하도록 자극할 수 있는 매체이다. 주무르고 쥐고 몸에 묻히고 또 미끌거리는 특성을 이용하여 신체를 미끄러뜨리는 등의 대근육을 활용하도록 자극한다. 바깥놀이 시간에 미끄럼틀과 같은 기구와 진흙을 함께 활용하면 보다 역동적인 신체놀이를 즐길 수 있다.

황토가루나 진흙을 이용해서 동식물의 서식지를 재연해보는 활동을 해보는 작업이 이루어질 수도 있다. 이때 해당 생물의 생장 방식이나 서식 특성을 조사해보는 자연과학적 탐구 과정이 자연스럽게 이뤄질 수 있고 동물 모형을 이용해서 상상놀이나 역할놀이와 연계할 수도 있다.

▶ 활동 계획표

<table>
<tr><td>활동명</td><td>황토가루와 진흙으로 놀아요</td><td>주제</td><td>황토와 진흙 탐색하기</td></tr>
<tr><td>대상</td><td>만 3세~만 4세</td><td>관련 교과</td><td>자연탐구</td></tr>
<tr><td>교육과정</td><td colspan="3">• 자연탐구: 탐구과정 즐기기: 주변 세계와 자연에 대해 지속적으로 호기심을 가진다.
탐구과정 즐기기: 궁금한 것을 탐구하는 과정에 즐겁게 참여한다.
생활 속에서 탐구하기: 물체의 특성과 변화를 여러 가지 방법으로 탐색한다.</td></tr>
<tr><td rowspan="9">학습목표 및 방법</td><td colspan="3">내용 목표</td></tr>
<tr><td colspan="3">• 황토가루와 진흙 간의 상관관계를 통해 흙의 화학적 변화를 이해할 수 있다.
• 황토가루와 진흙을 직접 만지고 느끼면서 대상에 대한 탐색을 즐기며 촉감적 자극과 긍정적인 정서를 경험할 수 있다.</td></tr>
<tr><td colspan="3">과정 목표</td></tr>
<tr><td colspan="3">• 황토가루에 물을 섞어보면서 물체의 화학적 변화를 관찰하고 각 상태별 질감 및 물리적 속성을 탐색해볼 수 있다.
• 황토가루 및 진흙을 만지고 주무르고 뭉치고 뿌리는 등의 다양한 방식을 이용해서 대상을 탐색하고 관찰하며 촉감을 느껴볼 수 있다.</td></tr>
<tr><td colspan="3">활동 방법</td></tr>
<tr><td>도입</td><td colspan="2">• 황토가루를 이용한 촉감놀이를 통해 황토의 질감과 색, 냄새 등의 감각적 경험을 시도한다.</td></tr>
<tr><td>전개</td><td colspan="2">• 황토에 물을 희석하여 대상의 화학적 변화를 관찰해본다.</td></tr>
<tr><td>마무리</td><td colspan="2">• 황토와 황토가루의 상태 비교 및 상호 간의 연관관계에 대해 이해해보고 대상의 특성을 언어적으로 표현해본다.</td></tr>
</table>

▶ 활동 전개

"모래 같지만 모래는 아니야. 부드럽기도 하고 촉촉해."

황토가루는 어린 유아들에게 있어서 아주 매혹적인 놀잇감 중 하나다. 생태 미술 활동에서 황토를 주재료로 활용하는 이유는 물에 희석하는 데 용이하여 무언가를 표상하는 데 적합하고, 농도를 조절하여 다양한 상태의 화학적 변화를 유도할 수 있기 때문이다. 황토는 여러 가지 방식의 촉감적 자극을 제공할 수 있는 매개가 된다. 아이들은 먼저 황토가루 그 자체를 탐색하며 손으로 움켜쥐거나 뭉쳐보고, 손가락으로 찔러보거나 공중에서 흩뿌리는 등의 다양한 질감을 느껴보았다.

그러고 나서 교사는 아이들에게 함께 활용할 만한 부수적인 도구를 제공해주었다. 삽이나 끌개 모양의 모래놀이 도구나 채반과 같은 주방 도구를 갖고 아이들은 자유롭게 황토놀이를 즐겼다. 황토가루는 어떤 도구를 어떤 방식으로 활용하느냐에 따라 다른 형태로 놀이할 수 있었는데 아이들은 각자 자신의 놀이적 기호

와 성향에 맞는 방식으로 몰입했다. 가루를 퍼내거나 쌓는 것을 선호하는 아이는 삽이나 그릇, 국자 등을 제공해주면 좋다. 이때 크기가 다양한 그릇이나 용기를 내주면 아이들이 질량과 부피, 무게 등을 실험하고 체감해보는 데에 유용하다. 가루가 흩어지거나 떨어지는 형태를 관찰하기 좋아하는 아이들에게는 채반이나 그물망 등을 제공해주면 좋다. 가루를 뭉쳐 어떠한 모양을 만들어보는 것을 선호하는 아이들에게는 거푸집이나 모래 및 찰흙 놀이 틀을 제공해주면 좋다. 황토가루 자체만으로는 잘 뭉쳐지지 않기 때문에 이 과정은 물을 살짝 희석한 상태에서 진행하는 것이 편리하다. 교사는 아이들의 자유로운 놀이와 몰입을 보장하되, 놀이 상황을 관찰하면서 아이들의 성향과 놀이 욕구에 맞는 도구와 상호작용을 적절히 제시해주어야 한다.

모래놀이와 같은 촉감지향적 놀이를 할 때 도구를 활용하는 것의 장점은 아이들이 손으로는 시도해볼 수 없는 작업을 실현할 수 있다는 것이다. 더불어 도구 자체가 어떠한 가작화 놀이의 매개로서 작용할 수도 있다. 예를 들어, 황토가루를 동그랗게 뭉쳐 주먹밥을 만들고 채반으로 가루를 털어내며 소금을 뿌리는 시늉을 하는 등의 소꿉놀이를 즐기는 아이가 있었다. 또한 끌개로 길을 파내 도로를 건설하고 상상 속 자동차 놀이를 결합시키는 아이도 있었다. 혹은 삽을 이용하여 구덩이를 파거나 또 쌓아 올려 산을 만드는 아이도 있었으며 체에 걸러지는 황토가루를 탐색하며 반복적인 즐거움을 맛보고 비가 내리는 모습이라며 감상하던 아이도 있었다.

마지막으로 교사는 아이들이 갖고 놀던 황토가루에 물을 희석해주었다. 물의 양은 처음부터 많이 제공하지 않고, 조금씩 횟수를 나눠 여러 번 더해주었다. 이 때문에 아이들은 황토물의 농도에 따라 서로 다른 질감을 느껴볼 수 있었다. 물을 조금만 넣어 진득하고 질퍽한 상태의 황토는 물리적인 힘과 압력을 주면 뭉칠 수 있다. 마치 찰흙이나 반죽처럼 말이다. 그러나 물의 양이 많아질수록 황토가루는 반죽보다는 액체의 형태를 띠게 된다. 액체는 형태가 없기 때문에 다양한 용기에 따르면 용기의 모양에 따라 다른 형태를 보인다. 이 자체가 아이들에게 액체를 붓고 따르고 담고 옮기는 등의 재미있는 놀이가 될 수 있다. 또한 물장구를 치는 등의 촉감적 즐거움을 느낄 수도 있다. 부력이 있는 물체를 함께 제공하면 물에 뜨는 것과 뜨지 않는 것을 탐색해볼 수도 있다.

촉감을 자극하는 활동은 아이들에게 심미적인 안정감을 선사함과 동시에 인지적 측면에서도 뇌 발달에 긍정적인 영향을 미친다. 그러나 낯선 촉감에 대한 거부감을 느끼는 아이들도 적지 않다. 새로운 대상을 손으로 만져보는 것에 부정적인 반응을 보이는 아이들에게 억지로 강요하기보다는 대상의 형태나 상태에 변화를 주어 덜 자극적인 방식을 고안해주거나 혹은 대체할 만한 유사한 대상 그리고 도구와 같은 대안을 제시해 주는 것이 필요하다. 예컨대, 진흙을 싫어하는 아이에게 물을 더 희석하여 황토물을 만들어주자 아이는 이내 흥미를 보였다. '물'이라는 대상은 아이들에게 상대적으로 익숙하고 덜 민감한 대상이기 때문이다.

3) 진흙으로 그림을 그려요

▶ 활동 개요

활동명	진흙으로 그림을 그려요
준비물	황토가루, 물, 대형 통, 붓, 라이트 테이블, 캔버스, 목공풀, 다양한 그림도구(사인펜, 물감, 매직) 등
놀이형태	미술 표상 놀이
활동내용	황토가루와 진흙으로 촉감놀이를 즐기며 재료에 대한 탐색을 마친 뒤, 진흙을 이용해서 다양한 그림을 그려본다.

▶ 교육적 놀이로서의 진흙 촉감놀이

• 진흙 그림 그리기 놀이의 맥락 : 황토가루와 진흙에 대한 탐색 활동을 마친 아이들은 황토물과 진흙이 물감처럼 미술 활동의 재료로 활용될 수 있다는 사실을 인지할 수 있었다.

진흙과 황토물은 색깔이 확실하고, 물에 희석하기 용이하며, 건조가 빠르다는 점에서 꽤나 유용한 그리기 도구였다. 이러한 상황적 맥락은 교사가 진흙 그림 그리기 놀이를 실제 현장에서 진행하는 데 있어서 그 실현 가능성이 충분했다.

- 교육적 놀이로서의 한 걸음 : 진흙은 그 자체로 친환경적이며 아이들에게 친숙한 자원이다. 또한 아이들이 스스로 손쉽게 직접 제작하고 활용할 수 있다는 장점이 있다. 이 때문에 교사가 아이들에게 완성된 진흙을 제공하는 것보다는 아이들이 직접 진흙 물감의 농도를 조절하며 제작해보는 것이 유의미하다. 진흙 물감을 물과 같은 농도로 만들어서 물감과 같이 대상을 그리는 도구로 활용할 수도 있고 보다 질퍽한 상태에서 그림 위에 덧바르고 건조시키는 콜라주 재료로 활용할 수도 있다. 교사는 이를 유념하고 진흙의 농도와 관련하여 다양한 형태의 그리기 놀이를 제안해보는 것이 필요하다.

현장의 교사를 위한 TIP

- 대체 가능한 재료 및 도구 : 라이트 테이블은 원래 사진 필름이나 미술 작품을 검토하기 위해 사용하는 뷰잉 디바이스이다. 책상 하단에 형광등을 놓고 투명 덮개로 덮어 아래로부터 조명을 제공하여 책상 표면 위의 물체를 관찰하는 데 활용되는 도구인 셈이다. 유아교육기관에서는 이를 빛을 투과하는 물체와 함께 활용하여 심미적인 요소를 강조하는 활동에서 사용한다. 예를 들면, OHP필름이나 색필름지, 유리 조각, 아크릴 조각, 각종 결정체 등을 라이트 박스 위에 올려놓고 어떠한 형태를 만들며 감상하는 것이다. 라이트 박스 위에서 물감으로 그림을 그리는 것은 언제든지 쓱싹쓱싹 그리고 손쉽게 지울 수 있다는 점에서 아이디어를 스케치하거나 자유로운 표상 활동을 하는 데에 편리하다. 만약 라이트 박스가 없다면 투명한 리빙 박스의 뚜껑 하단에 흰색 종이를 붙이고, 박스 안에 LED전구나 알전구 등을 비치해두면 간편하게 라이트 테이블의 효과를 볼 수 있는 매체를 제작할 수 있다.

황토 진흙을 이용한 예술 활동으로 원시 벽화 그려보기

황토가루를 활용한 조형 활동으로 동굴을 만든 뒤 가작화 놀이로 연계하기

• 활동 시 유의사항 : 진흙 그림 그리기 놀이는 진흙이라는 자연의 재료를 탐색하며 이를 미술 활동에 활용하는 것이 목적이지 그림을 잘 그리는 것이 주된 목적이 아니다. 그렇기 때문에 아이들이 진흙의 질감과 색, 이를 이용하여 그림을 그릴 때의 형태와 선 등을 탐색하며 자유롭게 놀이처럼 그림을 그릴 수 있도록 지도하고 미술의 기법에 연연하도록 하는 방식은 지양해야 한다.

뼈 엑스레이를 투영하여 대상의 골격계 관찰해보기

• 연령별 운영 방식 : 4~5세의 경우에는 진흙을 활용하여 자유롭게 그림을 그릴 수 있도록 아이들의 자율성을 보장해주며 적절한 지지를 표현해주는 것이 필요하다. 6~7세 및 학령기 아이들의 경우에는 진흙이라는 매체의 속성과 어울릴 만한 그림의 주제나 표현 방식을 생각해보고 이를 그림에 반영할 수 있도록 지도한다. 만약 아이들이 곤충을 그리고 싶어 하면 참고할 만한 곤충 도감이나 그림책, 실물 사진, 곤충 모형 등을 제공해주는 것도 좋다.

모래놀이와 결합하여 샌드아트 즐기기

다양한 자연물과 함께 심미적 형태 감상하기

• 놀이 활성화를 위한 상호작용 예시

"진흙과 어울리는 그림의 주제는 무엇일까?"

"진흙을 이용해서 땅속 세상을 표현해보는 건 어떨까?"

"진흙을 물처럼 만들면 물감처럼 그림에 바를 수 있어. 물의 양이 많을수록 색깔은 흐려지고, 물의 양이 적을수록 색깔은 진해지지?"

"진흙에 물을 조금만 섞어서 질퍽한 상태로 그림에 바르면 우둘투둘하게 발라진단다."

• 동일 매체(황토가루 및 라이트 박스)를 이용하여 연계 가능한 다른 놀이 : 진흙을 미술 활동으로 활용하면 실제 진흙과 관련된 자연 속 탐구 주제를 선정하여 학습해볼 수 있다. 예를 들어, '동굴'과 같은 지구과학의 교과 주제를 탐구하는 데 자원으로 활용할 수도 있다. 또한 실제 진흙으로 그린 그림 즉, 동굴 벽화나 고대 그림과 같은 예술 작품을 패러디화하여 재구성하며 그려보는 놀이를 해볼 수도 있다.

라이트 박스는 빛을 투과한다는 점에서 심미적 관점에서 주목받는 교육 매체이지만 다양한 영역의 활동과 연계가 가능한 자원이다. 예를 들어, 인체 및 동물 골격 엑스레이와 같은 대상을 투영해보는 과학 탐구 활동으로도 연계가 가능하다. 혹은,

화학 실험과 연계하여 액체의 표면장력 관찰하기

액체의 밀도 차를 이용한 라바 램프 감상하기

모래를 함께 제공하여 아이들에게 샌드아트의 기회를 제공할 수도 있다. 라이트 박스 위에서는 현상을 관찰하기 용이하다는 점에서 다양한 화학 실험과도 연계가 가능하다. 예를 들어 물감물을 바른 뒤 세제를 묻힌 면봉을 찍어 나타나는 표면장력을 관찰해보거나 라바 램프(액체 간의 밀도 차이와 수용성 물질의 반응을 이용한 실험 관찰용 램프)를 감상하는 등의 활동에도 활용할 수 있다.

▶ 활동 계획표

<table>
<tr><td>활동명</td><td>진흙으로 그림을 그려요</td><td>주제</td><td>진흙을 미술 도구로 활용하기</td></tr>
<tr><td>대상</td><td>만 3세~만 4세</td><td>관련 교과</td><td>자연탐구, 예술경험</td></tr>
<tr><td>교육과정</td><td colspan="3">• 자연탐구: 탐구과정 즐기기: 주변 세계와 자연에 대해 지속적으로 호기심을 가진다.
생활 속에서 탐구하기: 물체의 특성과 변화를 여러 가지 방법으로 탐색한다.
• 예술경험: 창의적으로 표현하기: 다양한 미술 재료와 도구로 자신의 생각과 느낌을 표현한다.</td></tr>
<tr><td rowspan="9">학습목표 및 방법</td><td colspan="3">내용 목표</td></tr>
<tr><td colspan="3">• 황토가루와 진흙 간의 상관관계를 통해 흙의 화학적 변화를 이해할 수 있다.
• 진흙을 예술 활동의 재료로 활용해서 표상하고 싶은 대상을 표현할 수 있다.</td></tr>
<tr><td colspan="3">과정 목표</td></tr>
<tr><td colspan="3">• 진흙을 통해 물체의 화학적 변화를 관찰하고 각 상태별 질감 및 물리적 속성을 탐색해 볼 수 있다.
• 진흙 그림을 그리는 과정에서 흙과 관련되는 주제를 생각해보고 선정한 대상을 원하는 방식과 기술로 표상할 수 있다.
• 라이트 테이블, 캔버스 천과 같이 표면의 질감이 다른 대상에 그림을 그려보고 속성에 따른 표상 방식과 결과의 차이를 체감해볼 수 있다.</td></tr>
<tr><td colspan="3">활동 방법</td></tr>
<tr><td>도입</td><td colspan="2">• 진흙의 질감과 색을 관찰하고 이를 미술 재료로 활용하는 것에 대해 이야기 나눈다.</td></tr>
<tr><td>전개</td><td colspan="2">• 라이트 테이블 위에 액체 상태의 진흙을 이용해서 다양한 그림을 그려본다. 엑스레이 자료와 같이 빛이 투영되는 시각자료를 활용하면 좋다.
• ‘흙’이라는 대상과 연상되는 주제를 생각해보고 보다 진한 농도의 진흙을 이용해서 콜라주 재료로 활용해본다. 진흙에 목공풀을 일정량 섞고 그림에서 땅 부분에 해당하는 곳을 채색하면 입체적인 질감이 돋보이는 그림을 완성할 수 있다.</td></tr>
<tr><td>마무리</td><td colspan="2">• 자신의 그림에서 진흙이 어떠한 색깔과 형태로 활용되었으며 이를 이용하여 표현한 연상 주제는 무엇인지 등을 이야기 나눠보고 작품을 감상한다.</td></tr>
</table>

▶ 활동 전개

황토가루를 다양한 방법으로 충분히 탐색해 본 뒤, 이제 교사는 황토가루가 그림을 그릴 수 있는 도구로 작용한다는 것을 알려주기 위해 새로운 활동을 제시했다. 아이들은 라이트 테이블 위에서 황토물을 이용해서 자유로운 표상놀이를 시도해 보았다. 라이트 테이블에 그림을 그리는 방법은 크게 두 가지로 나뉜다.

첫 번째는 황토물을 물감처럼 활용해서 그림을 그려보는 방법이다. 이 방법은 아이들이 보다 자유롭게 그림을 그려볼 수 있고, 단순한 형태를 그리는 데에 효과적이다. 그러나 아이들이 그린 그림이 보다 복잡한 형상으로 심화되기 시작하면, 그림의 형태를 가시적으로 파악하는 것이 어려울 수 있으며 그림을 수정하는 작업이 상대적으로 불편하다.

그래서 고안한 두 번째 방법은 라이트 테이블 표면에 황토물을 넓게 펴 바른 후, 마른 붓이나 손가락으로 그림을 그리는 것이다. 그러면, 펴 발라 놓은 황토물이 붓이나 손가락으로 그린 형상 부분만 지워지고 라이트 테이블 상단에서 새어 나오는 빛이 투과되어 형체를 나타내게 된다. 이 방

법은 아이들이 손가락으로 직접 황토물을 만지면서 표상할 수 있다는 점에서 그리기 매체인 주재료(황토 물감)에 애착을 느끼게 하고, 하단에 위치한 라이트 테이블의 불빛이 함께 투과되어 심미적인 미를 함께 맛볼 수 있다는 장점이 있다. 또한 그림을 수정하고 싶을 때에는 해당 부분에 다시 황토를 발라 덮어주면 된다는 점에서 그림의 수정과 덧 작업이 편리하다.

처음에는 황토물을 만지는 것을 싫어했던 아이들조차 그림을 자신이 표현하고 싶은 대상을 그려내는 매개라고 생각하니, 거부감을 극복하고 손가락으로 황토물을 만지면서 작업에 열중하는 모습을 볼 수 있었다. 이때 교사는 아이들이 그리고 싶어 하는 대상과 관련된 자료를 제공하여 표상에 참고할 수 있도록 했다. 예를 들어 곤충을 그리고 싶어 하는 아이에게는 참조할 만한 곤충 관련 그림책이나 곤충 사진을 제공해주었다. 더불어서 라이트 테이블에서 투영되는 빛과 관련해서 곤충 뼈 엑스레이를 내어주기도 했다.

황토가루가 그림을 그릴 수 있는 주재료가 될 수 있음을 체감한 아이들은 이제 본격적으로 진흙을 이용한 그림을 그려보기로 했다. 이번에는 진흙의 농도를 조절하여 보다 질퍽한 느낌의 흙을 이용해서 입체적인 그림을 완성시키는 작업이었다. 교사는 흙과 황토를 재료로 쓰는 그림이기 때문에 "땅속 세상"을 주제로 선정했다. 아이들은 보통 땅속에 있는 존재, 즉 서식하고 있는 대상을 생각해냈다.

"땅속에 고구마 열매가 숨어 있고,
헤라클레스 장수풍뎅이가 고구마를 먹으려고 해요!"

예를 들어, 땅속에 사는 개미를 비롯한 곤충, 땅속에서 번식하는 식물인 고구마와 무, 감자 등과 같은 채소가 이에 속했다. 이 외에도 땅속에서 겨울잠을 자는 곰과 뱀과 같은 동물도 등장했는데, 이러한 주제는 그림책과 같은 매체를 통해서 사전에 형성되어 있던 선행 지식이 그림으로 반영된 것이었다. 마지막으로, 나무나 식물의 뿌리와 같이 땅 위에서 볼 수 있는 대상이지만 구조의 일부가 땅속에 위치하고 있는 것들도 "땅속 세상"을 주제로 한 그림에 등장하였다.

아이들은 완성된 그림에서 땅속을 차지하는 부분만큼 진흙을 발라주기 위해 적당한 농도의 진흙을 손수 제작했다. 이 과정에서 우리는 그동안 탐색해 온 황토가루에 물과 목공용 풀을 함께 섞어 황토풀을 만들어 사용했다. 아이들은 다양한 탐색 과정을 토대로 황토가루에 친숙해져 있었고, 더 이상 큰 거부감을 보이지 않았다. 황토풀을 만들면서 그 질감을 "찐득찐득하고 질퍽질퍽해."라고 이야기했지만, 재료에 익숙해진 덕분에 "부드럽고 기분 좋아."라며 긍정적인 반응을 보였다. 목공풀을 섞은 이유는 그림에 보다 잘 접착시키기 위함이었고, 이로 인해 훗날 그림이 건조된 상태에서도 캔버스에 발라놓은 진흙은 안정감 있게 유지되었다.

아이들이 그림에 진흙을 바른 부분은 그림에서 땅속을 나타내는 부분이었는데 이 때문에 아이들은 황토와 진흙이라는 매체가 작품에서 어떤 주제를 형상화하고 있고 매체가 대상을 얼마나 잘 상징하고 표현하는지 가시적으로 확인할 수 있었

다. 아이들은 붓을 이용해서 자신의 그림에 진흙을 발라주었는데 이 과정에서 라이트 테이블 위에 작업했던 이전의 황토물과 다른 농도의 매체가 어떤 질감으로 발리고 어떤 차이를 보이는지 체감할 수 있었다.

완성된 그림을 건조시킨 뒤, 작품 속 황토를 만져본 아이들은 거칠거칠하면서도 딱딱하게 굳어 있는 모양이 진짜 '땅속 세상' 같다며 신기해했다. 황토의 질감이 흙의 외적 속성을 잘 표현했고, 아이들의 친환경적인 그림과도 잘 어우러졌다. 이렇게 아이들이 황토를 이용해서 만든 작품은 농원의 벽면에 게시되었다.

2. 식물과 함께 놀아요

1) 씨앗을 발아시켜요

▶ 활동 개요

활동명	씨앗을 발아시켜요
준비물	흰강낭콩, 용기, 돋보기, 솜, 분무기, 물, 페트병 등
놀이형태	자연물 관찰놀이
활동내용	주변에서 쉽게 구할 수 있는 재료와 도구를 활용하여 흰강낭콩 씨앗을 발아시켜보고 지속적인 관찰과 탐색을 시도해본다.

▶ 교육적 놀이로서의 씨앗 발아시키기 놀이

- 씨앗을 발아시켜요 놀이의 맥락 : 사전지식이 필요하거나 다양한 차시의 활동과 연계되면 좋을 경우에는 1차시, 2차시, 3차시의 사전 활동, 본 활동, 사후 활동이 함께 진행되면 좋다. 씨앗을 발아시키는 과정은 농원에서 식물을 기르기 위해서 가장 우선적으로 해야 하는 작업이다. 아이들이 직접 씨앗을 발아시키고, 옮겨 심는 과정은 식물의 생장과 관련하여 다양한 탐구 과정을 동반할 수 있도록 해준다. 이 과정은 씨앗을 발아시키고 식물을 기르기 위해 씨앗, 물, 흙 등의 다양한 자원에 대한 학습자 주도의 탐색과 관찰, 감각적 경험 등을 동반한다는 점에서 흥미롭다.

- 교육적 놀이로서의 한 걸음 : 아이들이 씨앗을 이용해서 마라카스와 같은 악기를 만들어보고, 촉감놀이 및 미술 활동의 재료로 활용해보는 등 놀이 위주의 활동을 진행해봄으로써 매체에 대한 친숙함을 증진시킬 수 있다. 또한 발아시킨 씨앗을 식물로 길러낸다는 점에서 자연과학적 탐구와 긍정적 정서의 함양을 가능케 한다. 씨앗을 발아시키고 옮겨 심는 과정에서 농원에서 할 수 있는 식물과 흙을 이용한 놀이를 함께 진행해도 좋다.

현장의 교사를 위한 TIP

- 대체 가능한 재료 및 도구 : 강낭콩 씨앗과 같이 아이들이 쉽게 구할 수 있는 식재료의 씨앗을 활용하면 친숙함과 접근성을 제고시킬 수 있다. 예를 들어 모과나 체리, 아보카도, 오렌지와 같은 열매를 먹고 나서 수집한 씨앗을 발아시켜보는 것도 좋은 방법이다. 이 경우에는 씨앗을 직접 생산했다는 스토리가 아이들에게 부여되기 때문에 놀이와 활동의 맥락이 한층 더 보장될 수 있다.

- 활동 시 유의사항 : 씨앗이 발아되지 않는 경우도 있다. 이때에는 교사와 함께 원인을 분석하는 과정을 동반하면 이 과정 자체가 식물의 생장 조건과 과정을 탐구해보는 기회가 될 수 있다. 씨앗이 발아되기 전과 발아된 후의 형태 및 식물이 자라는 순간별

과정을 비교하기 위해서는 매일의 상태를 사진으로 기록하는 것을 잊지 않아야 한다.

• 연령별 운영 방식 : 4~5세의 경우에는 씨앗이 발아되기 전과 발아된 모습, 식물로 성장하는 모습을 자세히 관찰해보고 탐색해보는 과정이 주를 이루도록 한다. 이 과정에서 보고 느낀 것을 언어로 표현해볼 수 있는 기회를 제공한다. 6~7세 및 학령기 아이들의 경우에는 씨앗이 발아되기 위해 필요한 생명과학과 관련된 생장 원리 및 기후와 관련된 생장 조건 등의 요소를 함께 연관 지어 이해해볼 수 있도록 한다.

• 놀이 활성화를 위한 상호작용 예시

"씨앗은 어떻게 식물로 자라는 걸까?"

"다양한 씨앗을 관찰해볼까?"

"여러 개의 씨앗을 이용해서 어떤 놀이를 할 수 있을까?"

"씨앗으로 내는 소리는 어떤 소리일까? 씨앗을 물들여보면 어떨까?"

"씨앗 안에는 어떤 것들이 숨어 있을 것 같아?"

"씨앗에서 나온 뿌리는 어떻게 생겼니?"

• 동일 매체(씨앗)를 이용하여 연계 가능한 사전 혹은 사후 확장 놀이

1차시 사전 활동	씨앗을 이용한 감각놀이	씨앗으로 콜라주 활동을 하거나 씨앗과 물감으로 촉감놀이를 해 보는 등의 사전 경험 혹은 도입 시 탐색 과정을 선행하도록 한다.	
2차시 본 활동	씨앗을 발아시키기 위한 자연관찰놀이	씨앗을 발아시키기 위해 수분이 유지될 수 있는 환경을 어떻게 구성할 수 있는지 이야기해보고 이를 현실적으로 실현시켜본다.	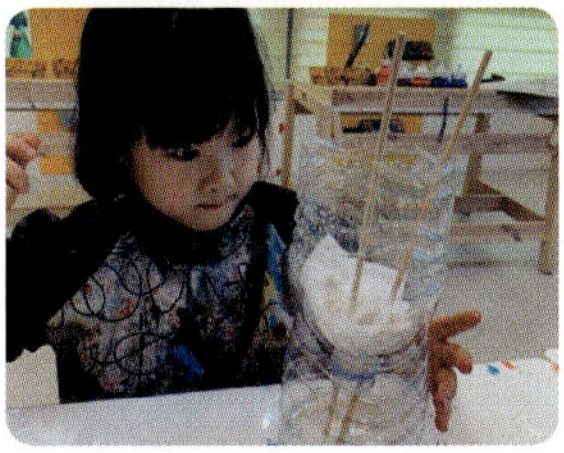
3차시 사후 활동	식물의 성장을 관찰해보는 자연탐구놀이	흰강낭콩 씨앗을 발아시켜 뿌리와 싹을 관찰해보고 흙에 옮겨 심어 성장 과정을 관찰해보도록 한다.	

▶ 활동 계획표

<table>
<tr><td>활동명</td><td colspan="2">씨앗을 발아시켜요</td><td>주제</td><td>씨앗 탐색하기</td></tr>
<tr><td>대상</td><td colspan="2">만 3세~만 4세</td><td>관련 교과</td><td>자연탐구, 예술경험</td></tr>
<tr><td>교육과정</td><td colspan="4">• 자연탐구: 탐구과정 즐기기: 주변 세계와 자연에 대해 지속적으로 호기심을 가진다.
탐구과정 즐기기: 궁금한 것을 탐구하는 과정에 즐겁게 참여한다.
생활 속에서 탐구하기: 물체의 특성과 변화를 여러 가지 방법으로 탐색한다.
자연과 더불어 살기: 주변의 동식물에 관심을 가진다.
• 예술경험: 창의적으로 표현하기: 다양한 미술 재료와 도구로 자신의 생각과 느낌을 표현한다.</td></tr>
<tr><td rowspan="9">학습목표 및 방법</td><td colspan="4">내용 목표</td></tr>
<tr><td colspan="4">• 강낭콩의 발아를 위한 조건과 발아 과정에 대한 과학적 지식을 탐구할 수 있다.
• 강낭콩과 씨앗을 이용해서 미술 및 음률과 같은 예술적 탐색 표현을 할 수 있다.</td></tr>
<tr><td colspan="4">과정 목표</td></tr>
<tr><td colspan="4">• 씨앗을 발아시키기 위한 조건을 형성하기 위해 물, 빛, 온도 등의 환경적 조건을 조절하고 조성할 수 있다.
• 씨앗의 발아 과정과 결과를 식물의 생장과 관련 지어 탐구해볼 수 있다.
• 씨앗으로 소리를 내고, 촉감놀이를 하는 등 감각적 탐색을 시도할 수 있다.</td></tr>
<tr><td colspan="4">활동 방법</td></tr>
<tr><td>1차시</td><td colspan="3">• 씨앗을 통에 넣어 소리를 내며 악기처럼 활용하고 물감으로 강낭콩을 염색해보면서 촉감놀이를 즐기며 재료에 대한 탐색을 시도한다. 씨앗을 그림의 콜라주 재료로 활용할 수도 있다.</td></tr>
<tr><td>2차시</td><td colspan="3">• 페트병을 반으로 잘라 병 하단 부분에는 물을 담고 상단 부분은 깔때기처럼 활용한다. 깔때기 부분에 솜을 깔고 강낭콩을 놓고 다시 솜을 덮고 분무기로 물을 뿌려준다. 그 후 2~3일간 수시로 물을 보충해주면서 발아되기를 기다리며 과정을 기록한다.</td></tr>
<tr><td>3차시</td><td colspan="3">• 씨앗이 발아된 뒤에는 싹이 트고 줄기가 15cm 정도 될 때까지 물을 보충해주며 수경 재배를 하다가 흙에 옮겨 심어 이후 성장 과정을 관찰한다.
• 줄기의 길이, 잎의 개수 등을 측정하고 꽃과 열매의 상태를 전후 비교하며 관찰해보는 등의 탐구적 과정을 즐긴다.</td></tr>
</table>

▶ 활동 전개

어린 아이들에게 씨앗은 제법 흔하게 볼 수 있는 놀잇감 중 하나이다. 유아교육 현장에서는 씨앗으로 악기를 만들거나 혹은 씨앗을 미술 재료로 활용하는 경우가 많다. 저자 또한 교육 현장에서 아이들에게 씨앗을 오감놀이의 주재료로 제공한 경우가 많았다. 아이들에게 다양한 형태의 용기와 씨앗을 제공하고 이를 흔들며 악기 소리를 내보도록 하기도 했으며, 씨앗과 물감을 이용한 미술놀이를 제공하기도 했다. 사실, 씨앗은 잎이나 꽃과 같이 식물의 외형을 이루는 요소가 아니기 때문에 아이들이 쉽게 볼 수 있는 재료가 아니다. 그런데 강낭콩이나 과일 속 씨앗은 아이들이 가장 자연스럽게 접할 수 있는 씨앗의 형태이기 때문에 이를 활용하면 씨앗의 발아를 탐구하기 전에 매체에 대한 흥미로운 노출이 가능하다. 이러한 과정이 선행되면 씨앗은 아이들에게 친숙하면서도 흥미로운 매체가 되고 씨앗을 탐구하기 위한 개연성을 제공하게 된다.

이러한 경험은 자연물이 아이들의 오감을 자극할 수 있는 좋은 매개가 될 수 있음을 의미하기도 하지만, 한편으로는 이러한 일련의 활동들이 아이들로 하여금 씨앗의 본질을 잠시 잊게 만들기도 한다. 자연물을 오감놀이의 재료로 활용하는 교육 활동은 그 자체로 아이들의 심미적 만족감과 예술적 감각을 길러주고 공감각적 자극을 통해 뇌 발달에도 긍정적인 영향을 미친다. 그러나 이와 동반해서

씨앗의 본질적인 기능과 식물의 생장에 대한 탐색의 기회 또한 함께 주어져야 한다. 씨앗은 씨앗 그 자체로 탐구되어야 할 가치가 무궁무진하다. 이를 위해 교사는 본 활동으로서 아이들이 씨앗의 발아를 지켜보고 발아된 싹을 직접 흙에 심어주는 과정을 경험하게 하고자 했다.

씨앗을 흙에 심고 새싹이 돋는 것을 기다리는 것은 씨앗에서 싹이 돋을 것이라는 식물의 기본적인 생장 과정과 관련된 배경 지식과 신념을 확인시켜주는 경험으로 작용한다. 그러나 이러한 활동 자체가 아이들에게 씨앗에서 어떻게 싹이 자라고 뿌리가 나오는지에 대한 궁금증을 해소시켜 줄 만큼 확실한 기폭제가 되지는 못한다. 씨앗은 이미 흙 속에 심어진 순간부터 아이들의 시선을 떠났기 때문이다. 아이들은 가시적으로 보이는 것에 몰입하고, 이를 토대로 새로운 인지적 도식을 구성해 나간다. 이 때문에 교사는 아이들로 하여금 투명한 용기 안에 물에 적신 솜과 흰강낭콩을 담은 상태에서 어린 뿌리를 내리는 과정부터 경험하게 했다.

"씨앗이 코 잘 수 있는 이불이야."

흰강낭콩을 발아시키기 위한 장치로 우리는 투명한 페트병을 이등분하여 입구 부분을 아래로 향하게 하여 겹쳐놓고 아래에는 물을 담아주었다. 페트병의 입구 부분은 씨앗에서 나온 뿌리가 물을 향해 타고 내려올 통로 역할을 하게 될 것이다. 아이들은 페트병을 잘라 거꾸로 끼워 넣은 형태를 탐색하는 것만으로도 충분한 흥

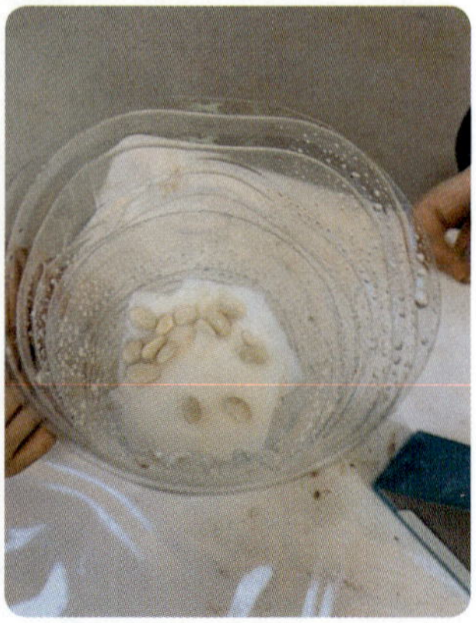

미를 보였다. 씨앗이 발아하기 좋은 조건 중 하나는 충분한 수분을 보충해주는 것이다. 아이들은 솜을 씨앗이 위치할 페트병 상단 부분에 여러 겹 층층이 깔아주었다. 그러고 나서 하단에 위치한 페트병에도 물을 담아주고, 상단부에 깔아준 솜도 적셔주었다. 아이들은 이때 솜의 역할을 이불에 비유하여 이해하기도 했다.

일정 시간이 흐르자, 흰강낭콩은 발아하면서 뿌리와 새싹을 틔우기 시작했다. 흰강낭콩의 형태가 변하는 모습을 관찰하던 아이들은 작은 콩 안에서 뿌리가 나오고, 줄기와 새싹이 자라는 것에 엄청난 관심을 보였다. 이 과정을 통해 아이들은 씨앗에서 발아하는 새싹의 모습을 직접 눈으로 확인할 수 있었다. 또한, 씨앗을 직접 발아시키는 작업은 평소에는 잘 볼 수 없었던 뿌리의 성장 과정을 관찰할 수 있다는 점에서도 의의가 있었다. 식물의 뿌리는 흙 속에서 자리 잡으므로 아이들은 잘 볼 수 없기 때문이다.

이렇게 발아한 흰강낭콩 씨앗은 수중 재배 방식으로 어느 정도 자란 뒤 흙으로 옮겨지거나 혹은, 싹 튼 상태에서 바로 옮겨지는 식으로 농원에서 길러졌다. 전자의 경우는 식물의 뿌리가 자라는 모습을 지속적으로 탐색할 수 있다는 점에서 아이들이 꽤나 놀라워했다. 아이들은 식물이 자라는 만큼 뿌리의 길이가 길어지고 가지 수가 많아지며 그 형태가 매우 복잡해짐을 발견할 수 있었다. 이 과정에서 식물의 성장에는 줄기나 잎 외에 뿌리의 변화도 포함됨을 알 수 있었다. 교사는 아이들에게 식물의 키와 무게가 자랄수록 흙 속에서 이를 지탱하고 지지하며, 흙 속에 존재하는 양분을 전달하는 뿌리의 역할이 더욱 중요해지기 때문에 뿌리의 모습도 이전보다 정교해지고 커진다는 것을 설명해주었다.

"무거운 흙을 헤치고 올라온 새싹이 너무 자랑스러워요.
새싹이 지붕을 뚫고 올라온 거나 마찬가지야."

후자의 경우는 실제 흙에서 성장하는 식물의 모습을 관찰할 수 있다는 점에서 유의미했다. 흙에서 뿌리내려 싹을 틔우고, 줄기가 자라나 잎과 열매를 맺는 보편적이고도 익숙한 과정을 지켜보는 것이다. 아이들은 발아한 흰강낭콩을 흙 속에 파묻으면서 '새싹이 혹여 세상 밖으로 나오지 못하면 어쩌지.' 하는 불안감에 휩싸이기도 했다. 그러나 이 작은 새싹은 흰강낭콩 껍질을 벗기고, 다시 또 흙을 헤치고 나와 지표면 위로 올라왔다. 이를 통해 우리는 실제로 흰강낭콩의 씨앗을 발아시키는 것에서부터 콩깍지를 맺고 흰강낭콩을 수확하는 과정까지 일련의 과정을 모두 목격할 수 있었다. 아이들은 지지대를 세워 흰강낭콩의 넝쿨이 타오를 수 있게 해주었고, 그만큼의 줄기와 잎의 성장을 관찰하고 기록할 수 있었다. 잎의 개수를 세거나 줄기의 길이를 측정하고 잎의 크기를 이전과 비교해보기도 했다. 식물의 한살이를 오롯이 지켜본 셈이다.

2) 식물을 관찰해요

▶ 활동 개요

활동명 식물을 관찰해요

준비물 뿌리채소, 여러 가지 식물 모종, 화분, 돋보기 혹은 현미경, 색소, 물, 용기, 샐러리, 도마, 칼, 무독성 시멘트, 다양한 나뭇잎, 물감, 롤러, 도화지 등

놀이형태 자연물 관찰놀이

활동내용 식물의 외형뿐만 아니라 내부 구조를 관찰하면서 식물이 생존하기 위해 필요로 하는 요소가 무엇인지를 탐구해본다.

▶ 교육적 놀이로서의 씨앗 발아시키기 놀이

• 식물을 관찰해요 놀이의 맥락 : 사전지식이 필요하거나 다양한 차시의 활동과 연계되면 좋을 경우에는 1차시, 2차시, 3차시의 사전 활동, 본 활동, 사후 활동이 함께 진행되면 좋다. 식물의 구조를 관찰해보는 과정은 아이들이

식물을 기르기 위한 서식 환경을 조성하는 작업 즉, 가드닝 과정과 연계되는 일이다. 그 이유는 식물의 구조가 식물의 생장과 관련되어 있기 때문이다. 예를 들어, 관다발을 관찰하는 활동은 식물이 흡수한 물과 양분을 어떻게 이동시키는지를 이해할 수 있도록 돕는다. 뿌리를 관찰하는 과정은 식물이 흙 속에서 어떻게 스스로를 지탱하며 서 있는지를 알게끔 한다. 이렇게 뿌리와 줄기를 관찰한 뒤 아이들은 식물이 살아가기 위해 필요한 것이 무엇인지를 이해하게 되고 이를 농원 환경에 반영하게 된다.

- 교육적 놀이로서의 한 걸음 : 자연물을 관찰하는 작업은 대상을 손으로 만지거나 조작해보고 시각과 후각, 촉각 등의 다양한 감각을 활용한다는 점에서 아이들이 일상에서 쉽게 시도하는 놀이이다. 이때 과학적 탐구를 위한 지식 그림책과 자료를 제공한다거나 실험적 조작 과정(관다발을 관찰할 수 있게 줄기를 염색하는 과정 등)을 추가한다거나 하는 등의 교사의 지원과 개입이 있다면 아이들은 관찰놀이와 탐구 활동을 연계하여 진행할 수 있다. 대상을 관찰할 때 외형뿐만 아니라 내부의 구조를 함께 고려해보는 작업은 아이들의 과학적 지식과 탐구 능력 함양에 매우 긍정적인 영향을 미칠 수 있다.

현장의 교사를 위한 TIP

- 대체 가능한 재료 및 도구 : 시멘트 가루를 이용하여 식물 화석을 만드는 작업이 가정이나 기관에서 진행되기 힘들다면, 지점토나 찰흙에 식물을 찍어내 화석틀을 만들 수도 있다. 만들어낸 화석틀에 석고가루를 물에 희석하여 부어 굳히면 손쉽게 식물 화석을 제작할 수 있다. 식물의 관다발을 관찰하기 위해 줄기를 물들이는 작업은 안개꽃이나 백합같이 흰 색의 꽃을 물들이는 작업으로 대체할 수도 있다. 이 과정은 줄기를 통해 이동한 양분과 수분이 꽃과 잎까지 전달된다는 것을 증명해주는 방법이 될 수 있다. 이렇게 물들인 꽃은 건조시켜 미술 작품의 콜라주 재료로 활용할 수도 있다.

• 활동 시 유의사항 : 관다발을 관찰하기 위해서는 관다발의 구조가 잘 보이는 식물을 선정하는 것이 중요하다. 마늘종이나 샐러리와 같이 줄기가 두꺼운 식물이 관다발을 관찰하기에 용이한 구조를 갖고 있다. 시멘트 가루는 무독성 가루를 활용하는 것이 바람직하다. 현미경으로 식물의 잎을 관찰할 때에는 다육 식물과 같이 다양한 형태의 식물을 준비한다면 서식 환경에 따라 식물의 구조가 어떻게 상이한지를 비교 관찰할 수 있다. 예컨대, 부레옥잠과 같이 물에 뜨는 식물은 잎 내부에 부력을 위한 공기층을 갖고 있기 때문에 식물의 다양한 구조를 관찰하기에 적합하다.

• 연령별 운영 방식 : 연령이 어린 유아의 경우에는 식물의 생김새를 관찰해보는 과정만 진행되어도 무관하지만 연령이 높은 유아일수록 관련된 과학 지식을 구두로 전달해주면 좋다. 예를 들어 식물을 관찰하는 과정에서 습득한 물관과 체관, 관다발, 잔뿌리와 곁뿌리, 잎맥 등과 관련된 지식은 놀이 경험과 함께 형성된 지식이기에 아이들의 기억에서 보다 오래 지속될 수 있다.

• 놀이 활성화를 위한 상호작용 예시

"식물의 겉모습은 어떻게 생겼을까?"

"식물의 안은 어떻게 생겼을까?"

"우리 눈에 보이지 않는 것들을 관찰할 수 있는 방법은 무엇이 있을까?

"뿌리채소의 뿌리가 두꺼운 이유는 무엇일까?"

"식물의 줄기가 두꺼운 뿌리채소는 왜 그렇게 생겼을 것 같니?"

• 동일 매체(식물)를 이용하여 연계 가능한 사전 혹은 사후 확장 놀이

1차시 사전 활동	식물을 이용한 흙놀이	뿌리채소를 흙이나 모래에 심어 놓고 캐보면서 뿌리의 역할을 이해해본다. 다양한 뿌리채소와 식물 모종을 통해 뿌리, 줄기, 잎 등의 외부 구조를 관찰해본다.	
2차시 본 활동	식물의 구조를 관찰하기 위한 탐구 관찰놀이	관다발을 염색시키는 등의 실험적 조작을 통해 내부 구조를 탐구해본다. 다육 식물의 내부를 현미경으로 관찰해본다.	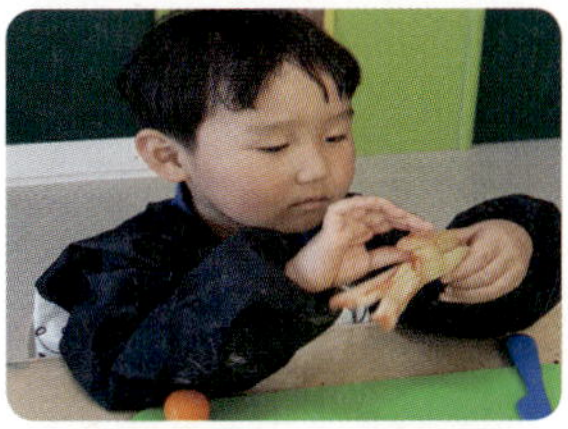
3차시 사후 활동	식물의 생김새를 관찰할 수 있는 융합형 미술놀이	물감과 시멘트 가루 등으로 식물의 생김새를 관찰할 수 있는 예술 활동을 진행해본다.	

▶ 활동 계획표

<table>
<tr><td>활동명</td><td>식물을 관찰해요</td><td>주제</td><td>식물 구조 탐구하기</td></tr>
<tr><td>대상</td><td>만 3세~만 4세</td><td>관련 교과</td><td>자연탐구, 예술경험</td></tr>
<tr><td>교육과정</td><td colspan="3">• 자연탐구: 탐구과정 즐기기: 주변 세계와 자연에 대해 지속적으로 호기심을 가진다.
탐구과정 즐기기: 궁금한 것을 탐구하는 과정에 즐겁게 참여한다.
생활 속에서 탐구하기: 물체의 특성과 변화를 여러 가지 방법으로 탐색한다.
자연과 더불어 살기: 주변의 동식물에 관심을 가진다.
• 예술경험: 창의적으로 표현하기: 다양한 미술 재료와 도구로 자신의 생각과 느낌을 표현한다.</td></tr>
<tr><td rowspan="8">학습목표 및 방법</td><td colspan="3">내용 목표</td></tr>
<tr><td colspan="3">• 뿌리, 줄기, 잎과 잎맥 등을 주의 깊게 관찰해보고, 식물의 구조와 관련된 생물과학적 내용을 탐구할 수 있다.
• 식물의 구조와 생김새를 통해 해당 식물의 서식지 및 성장 조건을 추론해볼 수 있다.</td></tr>
<tr><td colspan="3">과정 목표</td></tr>
<tr><td colspan="3">• 현미경과 돋보기 등의 관찰 도구를 활용해서 식물의 외형을 자세히 관찰해보고 식물의 생김새와 구조 간의 연관관계를 이해해볼 수 있다.
• 줄기를 관찰하기 위해 관다발을 염색해보는 등의 실험 과정을 동반하여 대상의 내부 구조와 특성을 탐구해볼 수 있다.
• 물감을 묻혀 잎맥 도장을 찍어보거나, 시멘트 가루 혹은 지점토를 이용해서 나뭇잎 화석을 만들어보는 등 예술적 활동에 생물과학적 탐구 과정을 동반할 수 있다.</td></tr>
<tr><td colspan="3">활동 방법</td></tr>
<tr><td>1차시</td><td colspan="2">• 여러 가지 뿌리채소를 흙 속에 묻고, 수확놀이를 즐기면서 식물에 대한 흥미를 유발한다. 다양한 형태의 뿌리를 가진 식물 모종을 준비해서 뿌리, 줄기, 잎 등의 외부 구조를 관찰해본다.</td></tr>
<tr><td>2차시</td><td colspan="2">• 식물의 내부 구조를 관찰하기 위해 다양한 실험 과정을 경험한다. 현미경으로 잎의 단면을 관찰해보면서 다육 식물과 일반 식물의 차이를 비교해본다. 샐러리나 마늘종을 색소 물에 담가두어 염색한 뒤에 절단하여 관다발 속 물관을 육안으로 관찰해볼 수도 있다.</td></tr>
<tr><td>3차시</td><td colspan="2">• 나뭇잎에 물감을 묻혀 도화지에 찍어보고 식물 화석을 만들어보는 등 융합형 예술놀이를 통해 식물의 생김새를 관찰할 수 있는 탐구 과정을 동반한다.</td></tr>
</table>

▶ 활동 전개

아이들에게 가시적으로 관찰하기 좋은 식물의 구조는 생김새로 특징화되는 것들을 나열하면 된다. 즉 뿌리와 줄기, 잎과 잎맥 등이 아이들이 탐구하기에 좋은 식물의 구조이다. '관찰'의 사전적 정의를 살펴보면 사물이나 현상을 주의하여 자세히 살펴본다고 명시되어 있다. 이를 위해서는 관찰을 용이하게 하는 도구(돋보기와 현미경)를 제공하거나 혹은 대상의 형태를 보다 명확하게 확인할 수 있는 부가적인 절차를 추가하는 것 등이 고려될 수 있다.

대상을 보다 자세히 관찰하기 위해서는 탐구하고자 하는 대상을 냄새, 크기, 무게, 생김새, 색깔, 질감, 구조 등으로 세분화하여 관찰하는 것이 필요한데, 이는 어린 아이들의 오감을 자극한다는 점에서 학습자의 인지 및 정서 발달에 유의미한 영향을 줄 수 있다. 뿌리를 관찰할 때에는 양분을 저장하기 위해 그 크기와 두께가 커지는 당근, 고구마, 무 등과 같은 뿌리채소 역시 함께 관찰할 수 있다. 뿌리채소의 경우, 아이들에게 직접적으로 제공하는 대신, 화단이나 흙 속에 심어 두고 캐도록 하는 방식을 활용하여 간접적으로 제공하면 대상에 대한 아이들의 흥미를 유도하는 데에도 도움이 되고, 뿌리의

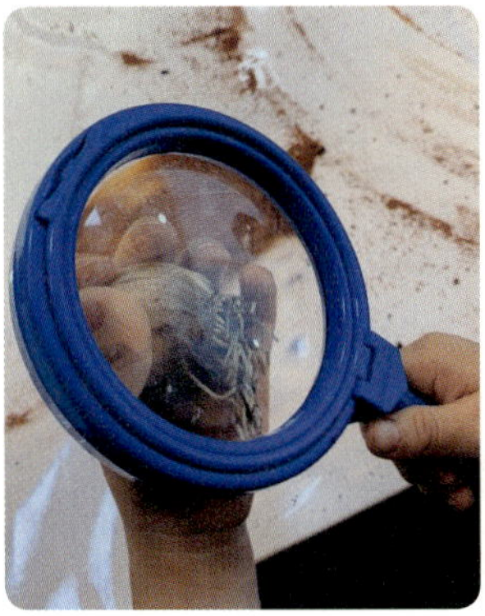

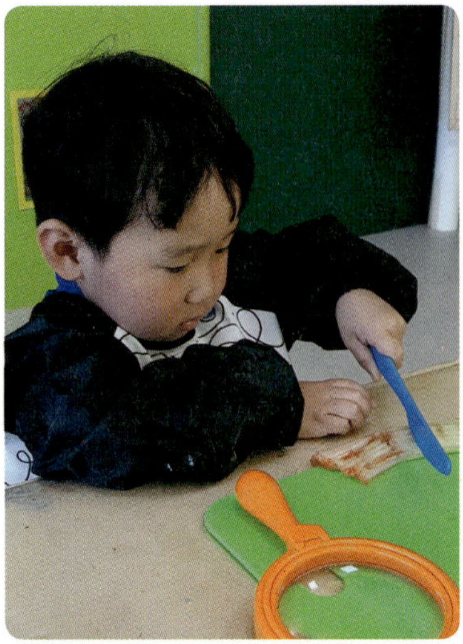

역할을 상기시키는 데에도 좋다. 더욱이 채소를 캐고 또 만지는 과정에서 아이들에게 흙의 질감을 느껴보도록 할 수 있다. 뿌리채소 중에서는 자체가 뿌리인 당근과 고구마, 무 등과 비슷하게 보이지만 사실은 줄기인 감자, 양파 등의 차이를 탐구해보는 과정도 함께 이뤄질 수 있을 것이다.

이후 아이들은 본격적으로 식물의 뿌리를 관찰하기 위해 다양한 종류의 뿌리를 살펴보았다. 뿌리는 식물의 밑동 부분으로 식물체를 단단히 고정시키고 물과 양분을 흡수하는 역할을 한다. 흙 속에서 몸체를 단단히 지탱하고 수분을 빨아들이기 위해 식물의 뿌리는 기생 뿌리와 버팀 뿌리, 잔털 등의 종류로 나뉜다. 또한, 식물의 종이나 서식지에 따라 수중 뿌리, 부착 뿌리, 호흡 뿌리 등 그 생김새가 다르다.

대상을 관찰할 때에는 대상의 외부뿐만 아니라 내부의 구조를 함께 살펴볼 수 있다. 예를 들어 줄기를 탐색할 때에는 수분과 영양분을 이동시키는 줄기 내부의 모습을 관찰해 볼 수 있다. 이를 위해 샐러리나 마늘종같이 줄기 내 물관과 체관이 잘 보이는 구조의 식물을 골라 색소 물에 담가 놓는다. 시간이 지난 뒤 줄기를 절단하면 줄기 내에서 색소 물이 이동한 것을 확인할 수 있다.

식물의 잎은 아이들이 관찰할 수 있는 요소가 무궁무진한 대상 중 하나이다. 나뭇잎을 관찰할 때에는 여러 종류의 식물을 제시해주면 좋은데, 잎의 두께나 크기, 모양과 색깔, 잎맥의 종류 등의 다양성을 고려하면 좋다. 또한 서식지가 다양한 식물을 제시하면 자연스럽게 식물의 생존과 관련된 요건과 생김새의 차이를 고려하며 관찰할 수 있다. 벌레잡이 식물과 같이 그 생김새와 생존 방식이 독특한 대상을 선택하여 식물의 다양성을 함께 인식해볼 수도 있다.

"다육 식물은 만지면 통통하고 보들보들한 털이 나 있고, 잎맥이 잘 안 보여요."
"다육 식물 안에는 물방울 같은 물들이 가득 차 있어!
그런데 나뭇잎에는 잎맥이 보여요. 잎맥은 물방울들이 돌아다니는 길이야."

아이들은 특히 다육 식물과 잎맥 식물을 비교하는 작업을 좋아했다. 다육 식물과 일반 식물의 잎을 비교하여 생김새와 촉감의 차이를 관찰했다. 이후 교사가 현미경을 제공하여 잎의 단면을 관찰하게 했더니, 차이가 보다 극명하게 보였다. 더불어서 잎을 관찰할 때 잎의 개수를 세 보거나 너비와 길이 등의 크기를 측정하는 과정을 추가하면 관찰 과정에서 수학적 개념을 함께 다룰 수 있다.

앞서 언급한 것과 같이 보다 어린 아이들은 대상을 관찰하기 좋은 융합형 미술놀이를 비롯한 부수적인 활동을 추가해주는 것도 좋다. 예를 들어 나뭇잎에 물감을 발라 종이에 찍어 나오는 모양을 통해 잎맥의 형태를 보다 확연하게 관찰할

수 있다. 이때 크기가 큰 잎을 주면 잎맥의 굵기나 길이가 상대적으로 크기 때문에 훨씬 선명한 형태의 잎맥을 확인할 수 있다. 또한 장상맥, 나란히맥, 그물맥 등 잎맥의 분류별로 해당하는 잎을 제시해줘도 좋다. 이렇게 미술놀이를 통해 색다른 방법으로 대상을 관찰해보는 경험은 자신이 앞서 형성했던 사전 지식을 다시 한 번 되새김할 수 있는 사후 활동이 된다.

잎맥에 물감을 묻혀 찍어보는 방식 외에도 무독성 시멘트나 찰흙 반죽, 석고가루 등을 이용해서 잎맥 화석을 만들어보는 것도 나뭇잎의 표면이나 잎맥의 모양을 관찰하기에 좋은 방법이다. 이 방법은 반죽이 응고되어 화석이 될 때까지 시간이 걸린다는 점에서 즉각적인 관찰은 불가능하다는 한계가 있긴 하지만 자연물에 대한 감각적 탐색을 유도할 수 있다. 그리고 이렇게 만든 식물 화석은 그 자체로 예술적 결과물이 되기도 한다.

3) 시광종이로 꽃 그림자를 만들어요

▶ 활동 개요

활동명	시광종이로 꽃 그림자를 만들어요
준비물	여러 종류의 꽃, 돋보기, 시광종이, 가위, 핀셋, 휴대용 전구 소켓 및 다양한 조명의 전구 등
놀이형태	자연물 관찰 및 예술놀이
활동내용	시광종이를 통해 꽃과 잎 등 식물의 구조를 그림자 자국으로 만들어보고, 그 특징을 탐색해본다.

▶ 교육적 놀이로서의 꽃 그림자 만들기 놀이

• 시광종이로 꽃 그림자를 만들어요 놀이의 맥락 : 꽃은 그 생김새가 심미적으로 아름답기 때문에 아이들의 예술놀이에서 가장 효과적인 자원이 될 수 있다. 꽃을 미술 활동의 재료나 주제로 활용하는 방식은 기관에서 많이 시도

하는 작업이다. 그러나 의외로 꽃 그 자체를 심도 있게 살펴볼 수 있는 과정이 부재한 경우가 많다. 이를 위해서 다양한 감각을 이용하여 꽃을 관찰해보고, 꽃의 생김새 그 자체를 활용(그림자를 만들어보는 활동)할 수 있는 예술놀이를 고려해보았다.

- 교육적 놀이로서의 한 걸음 : 활동을 진행하기에 앞서 꽃의 구조를 이해해보고 부분별로 자세히 탐색해볼 수 있는 기회를 제공해주면 좋다. 시광종이는 아이들에게 익숙한 재료는 아니기에 미리 제공하여 다양한 대상의 그림자 자국을 종이에 새겨보고, 이를 통해 미리 재료에 친숙해지도록 지원할 수도 있다. 꽃의 구조를 관찰하기 위해서는 암술, 수술, 꽃받침, 꽃잎 등의 구조를 모두 갖춘 꽃 예를 들면 백합과 같은 종을 제공하는 것이 좋고, 꽃의 생김새를 살펴보기 위해서는 다양한 종류의 종자를 함께 제공하는 것이 좋다.

현장의 교사를 위한 TIP

- 대체 가능한 재료 및 도구 : 실제 생화를 활용하는 것이 가장 좋지만 계절적인 문제나 여러 현실적인 제약으로 인해 그렇지 못할 경우에는 다양한 종류의 조화를 활용해도 무방하다. 조화는 시들지 않기 때문에 탐색이 끝난 뒤 역할놀이나 언어 영역에 비치하여 꽃가게 놀이나 꽃을 주제로 한 동화 · 동시 감상 등 관련된 연계 활동으로 확장할 수 있다. 백열전등이나 UV램프는 주변에서 쉽게 구할 수 있는 손전등으로 대체할 수도 있다.

- 활동 시 유의사항 : 꽃을 해체하여 관찰해보는 작업을 진행할 때에는 꽃가루 알레르기가 있는 영유아가 있는지를 미리 고려하여 수업의 안전성을 확보하는 것이 필요하다. 또한 재료 특성상 완성된 시광종이 그림은 햇빛이 닿으면 시간이 지날수록 다시 물들기 때문에 사진으로 기록해놓는 과정이 필요하다.

꽃 사진으로 내 얼굴 콜라주화 완성해보기

- 연령별 운영 방식 : 4~5세의 경우에는 꽃의 외형을 부분별로 세분화하여 관찰해볼 수 있도록 유도하면 좋다. 예를 들어 꽃잎을 관찰할 때는 꽃잎의 개수, 크기, 형태, 색깔, 질감 등을 나누어 구체적으로 이야기해보도록 한다. 6~7세 및 학령기 아이들의 경우에는 꽃의 구조를 살펴보고 각 구조별 역할에 대해 탐구해볼 수 있는 기회를 제공하면 좋다. 꽃받침, 암술, 수술, 꽃잎, 씨방 등을 찾아보고 각각의 역할과 기능을 이해해보도록 관련 자료를 함께 제시해주는 것이 좋다.

- 놀이 활성화를 위한 상호작용 예시

  "꽃의 향기는 어디에서 나는 걸까? 꽃가루는 어디에서 만들어질까?"

  "암술과 수술의 역할은 무엇인 것 같니?"

  "꽃잎의 모양과 색깔, 크기는 어떠니?"

  "여러 가지 꽃을 이용해서 원하는 모양을 만들어봐도 되고 한 가지 꽃을 해체하여 활용해도 좋아. 어떤 형태의 그림자를 만들어보고 싶니?"

핸드 페인팅으로 대형 전지에 꽃 그림 그려보기

꽃잎 색소 이용하여 무지 손수건 염색하기

- 동일 매체(꽃)를 이용하여 연계 가능한 다른 놀이 : 꽃을 표상하기 위한 미술놀이를 진행할 수 있다. 예를 들어 대형 전지에 커다란 꽃을 밑그림으로 그려놓고 핑거페인팅이나 도장 찍기, 붓으로 채색하기, 종이를 오리거나 찢어 붙이기 등의 다양한 방법으로 그림을 완성할 수 있다. 또한 원하는 색깔의 꽃잎을 빻거나 천에 찍어내는 등의 방식으로 염료를 추출해보는 놀이를 할 수도 있다. 실물 꽃을 구하기 어렵다면 다양한 종류의 꽃 사진을 인화해두었다가 이를 그림의 콜라주 재료로 활용하는 방법도 있다. 꽃 사진을 이용해서 동물이나 자신의 얼굴 등을 표현해볼 수 있다.

▶ 활동 계획표

<table>
<tr><td>활동명</td><td colspan="2">시광종이로 꽃 그림자를 만들어요</td><td>주제</td><td>꽃 탐색하기</td></tr>
<tr><td>대상</td><td colspan="2">만 3세~만 4세</td><td>관련 교과</td><td>자연탐구, 예술경험</td></tr>
<tr><td>교육과정</td><td colspan="4">• 자연탐구: 탐구과정 즐기기: 주변 세계와 자연에 대해 지속적으로 호기심을 가진다.
탐구과정 즐기기: 궁금한 것을 탐구하는 과정에 즐겁게 참여한다.
생활 속에서 탐구하기: 물체의 특성과 변화를 여러 가지 방법으로 탐색한다.
자연과 더불어 살기: 주변의 동식물에 관심을 가진다.
• 예술경험: 아름다움 찾아보기: 자연과 생활에서 아름다움을 느끼고 즐긴다.</td></tr>
<tr><td rowspan="9">학습목표 및 방법</td><td colspan="4">내용 목표</td></tr>
<tr><td colspan="4">• 꽃과 나뭇잎 등 식물의 외형을 특징짓는 요소들을 관찰해보고 암술과 수술, 씨방, 꽃받침 등 꽃의 구조와 관련된 지식을 함양할 수 있다.
• 시광종이를 이용하여 식물 그림자 그림을 만들어보고, 식물의 구조별 생김새를 이해할 수 있다.</td></tr>
<tr><td colspan="4">과정 목표</td></tr>
<tr><td colspan="4">• 다양한 도구를 활용하여 꽃의 구조를 심도 있게 관찰해보고, 시각, 촉각, 후각 등의 오감을 활용하여 대상을 탐색할 수 있다.
• 시광종이를 활용하여 식물의 그림자를 만들어보면서 다양한 도구와 방법을 활용하여 대상의 속성을 표상할 수 있다.</td></tr>
<tr><td colspan="4">활동 방법</td></tr>
<tr><td>도입</td><td colspan="3">• 꽃의 구조를 탐구하기 위해 암술과 수술, 꽃잎, 꽃받침, 씨방 등으로 꽃을 분해하여 관찰해본다.
• 생김새가 다양한 종류의 꽃을 다양한 감각을 활용하여 관찰하고 서로 다른 꽃의 특징을 비교해본다.</td></tr>
<tr><td>전개</td><td colspan="3">• 시광종이 위에 식물의 구성 요소를 분해하여 원하는 모양으로 패턴을 만들어 올려보거나 혹은 그대로 활용하여 구조를 보존하여 올려놓는다.
• 시광종이에 빛을 비추어 변색 과정을 유도한 뒤에 식물 그림자 자국을 확인해본다.</td></tr>
<tr><td>마무리</td><td colspan="3">• 백열등과 UV램프 등의 조명을 활용하여 색다른 방식과 다른 각도에서 꽃을 관찰해보고 광합성을 하는 식물에 생명력을 불어넣는 상상놀이를 진행해봐도 좋다.</td></tr>
</table>

▶ 활동 전개

꽃은 식물 중에서 무늬나 색이 화려하고 암술과 수술, 꽃받침과 씨방 등의 여러 구조로 세분화되며 크기나 종류가 다양하여 아이들이 탐색하기에 안성맞춤인 주제이다. 또한 향과 질감이 다양해 관찰 과정에서 아이들이 오감을 활용할 수 있는 대상이기도 하다. 꽃을 자세히 탐색하는 것은 그 자체로 아이들에게 무한한 몰입감을 선사한다.

교육 현장에서 꽃을 탐색하는 방법은 무궁무진하다. 먼저, 아이들로 하여금 꽃을 각각의 구조별로 해체하여 식물의 생김새를 보다 체계적으로 관찰해보도록 유도할 수 있다. 혹은 현미경이나 돋보기와 같은 도구를 제공해주어 아이들이 꽃의 부분 부분을 확대하여 살펴보도록 할 수도 있다. 무언가를 보다 자세히 살펴보는 과정은 아이들에게 평소에는 보이지 않았던 새로운 세상을 선사해주기도 하고,

이전과는 다른 관점에서 대상을 바라볼 수 있는 시각을 견지하도록 도와준다. 꽃잎의 질감을 손으로 느껴보고 꽃의 향기를 맡아본다거나 하는 등의 감각적인 놀이도 함께 진행할 수 있다. 이러한 놀이는 본 활동의 도입 단계에서 꽃에 대한 흥미를 유발하기 위해 이뤄질 수도 있고, 단독적인 사전 혹은 사후 활동으로 보다 심도 있게 진행될 수도 있다.

이런저런 탐색을 마친 뒤 꽃에 대한 아이들의 흥미는 고조되었다. 교사는 아이들에게 시광종이를 제공했다. 시광종이는 태양의 자외선 빛에 반응하여 그림자 자국을 만들 수 있는 종이이다. 햇빛이 잘 드는 곳에서 시광종이에 손바닥을 대면 즉각적으로 손바닥으로 자외선이 닿는 것을 막는 부분을 뺀 나머지 부분의 색이 변한다. 아이들은 이렇듯 눈앞에서 순식간에 색깔을 바꾸는 신기한 종이에 커다란 관심을 보였다.

시광종이의 원리를 눈으로 확인해 본 아이들은 주어진 자연물을 시광종이 위에 여러 가지 모양으로 올려놓기 시작했다. 이 과정에서 암술과 수술, 꽃잎 등으로 꽃을 해체시켜 활용하는 아이도 있었는데, 이를 통해 꽃의 구조를 직접적으로 살펴볼 수 있었다. 또한 미리 다양한 꽃의 모양과 크기를 탐색해본 아이들이었기에 자신이 표현하고 싶은 대상(주제)을 선정하여 여러 가지 꽃을 이용해 그 대상을 형상화하기도 했다. 예컨대 한 아이는 동그랗고 탐스러운 형태의 국화꽃으로 눈을, 길쭉한 나뭇잎으로 입을 만들고 서로 다른 독특한 모양의 꽃을 이용해서 머리카락과 머리 장식을 만들어 얼굴을 표현했다. 자신이 원하는 대로 다양한 형태를 만들어본 아이들은 각자 햇빛이 잘 드는 곳을 골라 시광종이를 조심히 비치했다.

어느 정도 시간이 흐르자 시광종이는 아이들이 올려놓은 자연물대로 자국을 만들기 시작했다. 아이들은 "그림자가 나타났다"며 신기해했다. 교사는 아이들이 원래 구상했던 자연물의 위치와 그림자로 남은 자연물의 모습을 사진으로 찍어 비

교할 수 있도록 했고, 이 사진들은 훗날 그 자체로 미술 작품이 되어 온실 벽면에 게재되었다.

자외선에 반응하는 시광종이를 활용해 본 아이들에게 햇빛과 비슷한 물리적 속성을 재연시킬 수 있는 도구를 제공해보았다. 이는 빛과 꽃, 시광종이 간의 연관관계를 이용해 본 활동을 진행한 이후에 다양한 볼거리와 생각거리를 제공해줄 수 있는 색다른 놀이였다. 아이들은 UV램프와 백열등을 이용해서 자신들이 직접 그림자를 만들 수 있는 햇빛이 되었다며 식물 곳곳에 빛을 비추기 시작했다. 태양광의 스펙트럼에서 나오는 다양한 빛깔들은 식물에 반사되어 신비로운 무늬를 만들기도 했다. 백열등은 꽃잎의 꽃잎맥, 암술 수술의 꽃가루, 줄기의 잔털 등과 같은 이전에는 보지 못했던 세밀한 부분을 관찰할 수 있도록 하는 매개가 되어주기도 했다. 교실 곳곳에 생긴 식물 그림자를 바라보며 아이들은 "우리 교실이 거대한 시광종이가 되었다."며 즐거워했다. 식물에 빛을 비추는 과정은 식물의 광합성 과정을 상징하는 것 같기도 했다.

4) 밀봉생태계를 만들어요

▶ 활동 개요

활동명	밀봉생태계를 만들어요
준비물	모래, 자갈, 흙, 견과류 껍질, 식물 모종, 페트병, 테이프, 분무기, 물 등
놀이형태	자연물 관찰 및 예술놀이
활동내용	식물의 생존에 필수적인 요소를 알아보고 밀봉생태계를 만들어 자연의 순환체계에 대해 이해해본다.

▶ 교육적 놀이로서의 밀봉생태계 만들기 놀이

• 밀봉생태계를 만들어요 놀이의 맥락 : 생태놀이를 진행하는 데 가장 자주 활용되는 자원 중 하나가 식물 즉, 자연물을 활용한 놀이이다. 또한 농원을 조성하고 유지하는 궁극적인 목적 역시 식물을 길러내는 것이다. 이 과정에서

식물에 대한 탐구와 더불어서 중요하게 다뤄지는 것이 바로 식물의 생존 방식과 서식 환경에 대한 이해이다. 밀봉생태계 만들기 놀이는 흙을 활용한 탐색, 식물의 구조 관찰, 물을 통한 감각적 자극 등의 복합적인 놀이가 한 가지 활동에 모두 포함될 수 있다는 점에서 재미있는 활동이다. 또한 인위적으로 식물의 생장 환경을 재연해본다는 점에서 의미가 있다.

- 교육적 놀이로서의 한 걸음 : 활동을 진행하기에 앞서 식물의 생장에 대한 생명과학적 지식을 탐구할 기회를 제공해주면 좋다. 예를 들어, 밀봉생태계를 만들기 전에 식물의 광합성에 대해 이해한다면 밀봉생태계가 현실적으로 어떻게 유지 가능한지를 아이들이 이해하기에 용이하다. 이를 위해서 만 5세 혹은 학령기 아이들의 경우 식물의 광합성 과정과 식물의 구조 즉, 기공과 엽록체, 엽록소, 세포 등에 대해 미리 탐구해볼 수도 있다.

현장의 교사를 위한 TIP

- 대체 가능한 재료 및 도구 : 밀봉생태계는 아이들이 기르길 원하는 식물, 흙, 분무기, 페트병만 준비하면 된다는 점에서 재료의 준비가 용이하고 활동의 접근성이 높은 활동이다. 이 때문에 밀봉생태계를 만들기 위해 대체 가능한 재료나 도구를 고려하기보다는 함께 준비하면 좋을 자원을 고민해보는 것이 좋다. 밀봉생태계를 만들면서 식물을 관찰하기 위해 과학 도구를 준비해보거나 밀봉생태계의 외관을 장식하기 위한 미술 재료를 준비해볼 수 있다. 또한 보관 방법에 대해서도 고려해보자. 완성된 밀봉생태계를 비치하기 좋은 장소를 생각해보고 천장이나 벽에 걸지 혹은 창틀이나 선반, 책상 위에 올려놓을지를 고민해보며 이를 위해 편리한 밀봉생태계의 형태나 크기, 무게 등을 고려하면 좋다.

- 활동 시 유의사항 : 밀봉생태계는 식물의 증산작용을 통해 자체적으로 내부에서 공기, 양분, 수분이 순환하는 방식이다. 이 때문에 키우기에 지나치게 많은 양의 수분을

필요로 하거나 온도나 습도의 외부 환경에 예민하게 반응하는 식물은 선정하지 않는 것이 좋다.

• 연령별 운영 방식 : 4~5세의 경우에는 밀봉생태계를 만드는 과정별로 각 과정이 왜 필요한지를 설명해주는 것이 좋다. 예를 들어 흙을 담는 과정은 식물의 뿌리가 자리 잡기 위한 과정, 분무기로 물을 주는 과정은 식물이 물을 흡수하기 위한 과정, 견과류 껍질을 넣어주는 과정은 식물이 필요로 하는 영양분을 만들기 위한 과정임을 소개한다. 6~7세 및 학령기 아이들의 경우에는 밀봉생태계가 유지될 수 있는 까닭을 자세히 탐구해볼 수 있다. 즉, 식물의 광합성과 증산작용, 호흡 등에 대해 생각해볼 수 있다.

• 놀이 활성화를 위한 상호작용 예시

"식물에게 계속해서 물을 주지 않아도 살 수 있는 이유가 뭘까?"
"식물을 흙 속에 심을 때 뿌리는 어떻게 넣어주면 좋을까?"
"자갈, 모래, 흙의 순서로 층을 만들어주는 이유는 뭘까?"
"흙 속에 스며든 물은 어떻게 식물에게 흡수될까?"

• 동일 매체(식물과 자연물 및 폐품)를 이용하여 연계 가능한 다른 놀이 : 다양한 폐품을 이용해서 식물의 화분을 만들어볼 수 있다. 폐품을 장식하여 화분으로 만드는 과정은 어느 정도 아이들에게 익숙한 미술 활동이다. 자신이 만든 화분으로 식물을

폐품 화분 만들기

감각 놀이병 만들기

조화를 이용한 역할놀이하기

쌀과 콩 등의 자연물을 염색하며
감각놀이 즐기기

염색한 쌀알과 다양한 자연물(압화, 드라이 플라워 등)을
이용한 콜라주화 그리기

기르고 관찰하는 과정은 활동을 통한 결과물이 아이들의 일상에 직접적으로 스며들 수 있다는 점에서 의미가 있다. 혹은 자연물과 페트병을 이용해서 감각놀이대를 만들어볼 수도 있다. 밀봉된 병 안에 구멍을 내고 허브와 꽃 등의 다양한 식물을 채워 넣으면 후각, 시각, 촉각, 미각 등의 감각을 자극해볼 수 있는 재미있는 실내놀이터가 된다. 다양한 조화를 화분에 심어보면서 꽃꽂이 놀이나 화단 조성하기와 관련된 역할놀이를 해볼 수도 있다.

또한, 자연물을 통해 다양한 촉감놀이를 진행할 수도 있다. 예를 들어, 쌀알을 물감과 함께 버무리는 과정은 그 자체로 아이들에게 매력적인 감각놀이가 된다. 이 과정에서 요리를 한다거나 하는 등의 경험을 상상하면서 또래와 함께 역할놀이를 즐기고 다양한 언어적 소통을 시도해볼 수 있다. 이렇게 염색한 쌀은 잘 건조하여 예술 활동의 조형 재료로 활용할 수도 있다.

▶ 활동 계획표

<table>
<tr><td>활동명</td><td>밀봉생태계를 만들어요</td><td>주제</td><td>식물의 생장조건 탐구하기</td></tr>
<tr><td>대상</td><td>만 3세~만 4세</td><td>관련 교과</td><td>자연탐구</td></tr>
<tr><td>교육과정</td><td colspan="3">• 자연탐구: 탐구과정 즐기기: 주변 세계와 자연에 대해 지속적으로 호기심을 가진다.
생활 속에서 탐구하기: 물체의 특성과 변화를 여러 가지 방법으로 탐색한다.
자연과 더불어 살기: 주변의 동식물에 관심을 가진다.
자연과 더불어 살기: 생명과 자연환경을 소중히 여긴다.</td></tr>
<tr><td rowspan="9">학습목표 및 방법</td><td colspan="3">내용 목표</td></tr>
<tr><td colspan="3">• 빛, 수분, 흙, 공기 등의 요소와 식물 간의 상관관계에 대해 이해하고 식물의 생장조건을 파악할 수 있다.
• 식물의 성장과 광합성의 원리를 이해하고 밀봉생태계를 만들어볼 수 있다.</td></tr>
<tr><td colspan="3">과정 목표</td></tr>
<tr><td colspan="3">• 다양한 재료를 활용하여 생태의 특성을 재연해볼 수 있는 과정을 스스로 이해하고 시도해볼 수 있다.
• 밀봉생태계의 특성과 변화를 추적 관찰하고 그 지속가능성을 탐색할 수 있다.</td></tr>
<tr><td colspan="3">활동 방법</td></tr>
<tr><td>도입</td><td colspan="2">• 식물의 생존조건과 광합성의 원리에 대해 이야기 나눠보고 물, 토양, 햇빛, 공기 등의 변인과 식물의 생장 간의 상관관계를 이해해본다.</td></tr>
<tr><td>전개</td><td colspan="2">• 페트병을 이등분하여 모래, 자갈, 흙, 식물 모종, 견과류 껍질 등을 층을 쌓듯 넣어주고 수분을 보충해준 뒤에 뚜껑을 닫아 밀봉생태계를 만들어본다.</td></tr>
<tr><td>마무리</td><td colspan="2">• 밀봉생태계의 모습과 자연적인 숲의 모습을 비교해본 뒤, 완성된 밀봉생태계를 추적 관찰하여 지속가능성과 자연의 순환체계에 대해 이야기 나눠 본다.</td></tr>
</table>

▶ 활동 전개

식물이 살아가기 위해 필요한 것은 무엇일까? 물, 흙과 무기물 및 양분, 햇빛 정도면 충분하다. 식물은 햇빛과 공기 중의 이산화탄소를 흡수해 산소를 생산해내며 스스로 광합성을 통해 생장에 필요한 양분을 만들어낼 줄 안다. 이러한 식물의 자생 능력은 밀폐된 공간 안에서 자립이 가능한 신비로운 생태계를 재연해낸다. 밀봉생태계 안의 자연은 작은 숲이자 지구이다. 아이들이 밀봉생태계를 재연하기 전에 식물의 세포에 대해 탐구해봄으로써 기공과 엽록체, 엽록소, 액포 등에 대해 알아보고 식물이 어떻게 물과 양분만으로 살아갈 수 있는지를 이해해보는 과정이 선행되면 좋다.

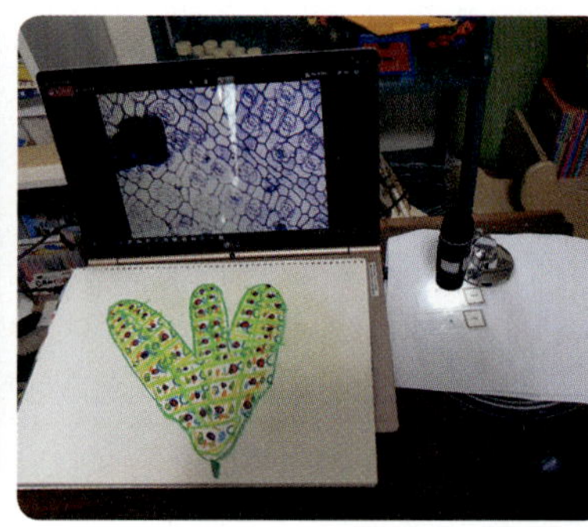

이 과정은 무언가 대단한 과학적 지식을 선행학습으로 가르치고 주입시키는 것으로 오인하기 쉽지만, 아이들이 식물의 외형을 관찰하는 것과 같이 보이지 않는 식물의 내부 생김새를 알아보는 자연스러운 과정으로 이해하면 좋다. 생각보다

많은 아이들이 나뭇잎의 단면과 줄기의 속, 꽃봉오리의 안과 같이 대상의 보이지 않는 구석구석을 궁금해한다. 이때 교사가 아이들이 궁금해하는 것이 학령기 교육과정에 등장하는 과학 개념이라는

판단하에 지양해야 하는 선행학습이라고 결론을 내리고, 아이들의 탐구 욕망을 의도적으로 끊어내는 것은 바람직하지 않다. 식물 세포를 다양한 시각 자료를 통해 탐구해보고 이를 그림으로 그리거나 찰흙으로 재연해볼 수도 있고, 실제 나뭇잎의 단면을 프레파라트로 제작해서 현미경으로 관찰해볼 수도 있다.

식물 세포의 생김새와 각 역할에 대해 탐구해 본 아이들을 위해서 광합성 과정이나 증산 과정을 표현하는 푸드 아트를 진행할 수도 있다. 이 과정은 유아들의 수준에 맞춰 아이들에게 놀이처럼 재미있게 과학 지식을 형성시킬 수 있다는 장점이 있다. 예를 들어, 대파와 같이 식물의 실제 구조와 닮은 식재료를 활용할 수 있다. 대파의 뿌리는 흙 속 뿌리를 의미한다. 커다란 도화지에 흙을 뿌리고, 대파를 올려놓아보자. 동그란 모양의 스티커를 이용해서 물방울이 뿌리를 통해 줄기와 잎으로 전달되는 과정을 표현해본다. 또한, 도화지 위에 오렌지의 단면으로 태양을 상징화하고, 브로콜리를 잘라 나뭇잎 안에 엽록체를 추가해보자. 오렌지 조각(햇빛)을 브로콜리(엽록체) 위에 놓으면 햇빛이 잎에 닿는 과정을 나타내는 것이다. 이후 나뭇잎 안에서 오렌지 조각과 브로콜리 조각, 수분을 섞은 반죽을 만들어보면서 양분이라 칭하고, 이를 통해 식물의 광합성 과정을 언어로 표현해볼 수 있다.

밀봉생태계를 만드는 과정은 그리 어렵지 않다. 주변에서 흔하게 볼 수 있는 페트병만으로도 충분하다. 흙 속에서 수분의 배출과 흡수가 원활하게 이뤄지고 그 과정에서 양분을 생산해낼 수 있도록 하기 위해서는 실제 지층과 비슷한 구조의 땅을 만들어야 한다. 이를 위해 페트병의 하단부터 상단부까지 알갱이 입자가 큰 자갈부터 작은 흙까지 순서대로 쌓아준다.

그런 뒤에는 지층처럼 쌓아 놓은 흙에 식물을 옮겨 심는다. 마치 땅속에 자리잡은 나무처럼 보이기도 한다. 여기까지의 과정은 일반 화분에 식물을 심는 과정과 유사하다. 아이들은 물을 주기 전에 식물의 양분이 될 만한 재료로 견과류의 껍질을 함께 넣어주기도 했다. 물론 식물은 광합성 과정을 통해 자체적으로 물과

빛, 이산화탄소를 이용해 자신의 생장을 위해 양분을 만들어내기 때문에 이 과정을 생략해도 무방하다. 그러나 이렇게 견과류나 과일 껍질 혹은 시든 잎을 함께 넣어주면 이것들이 썩고 산화되는 과정에서 생성되는 유기물이 흙 속에 스며들어 보다 비옥한 토양을 만들어준다.

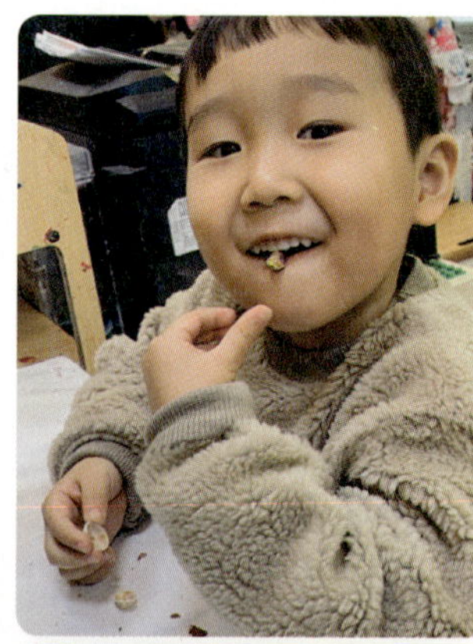

그러고 나서 우리는 페트병의 뚜껑을 덮고 테이프로 내부를 완전히 밀봉해버렸다. 밀봉생태계는 1960년대에 어떤 사람이 커다란 유리병 속에 달개비라는 식물을 넣고 1972년까지 그 병을 완전히 밀봉한 상태로 키워낸 사례에서 유래된 테라리엄이다. 밀봉된 병을 열어 물 한 방울 따로 주지 않고 내부에서 식물이 자체적으로 공기, 영양분을 생성하고 물이 순환하는 등 완벽한 생태계의 모습을 보이는 것이다. 즉, 식물의 광합성과 호흡을 통한 산소와 이산화탄소의 균형, 잎의 기공이 뿜어내는 수분이 다시 흙으로 스며들고, 식물의 뿌리가 그 수분을 다시 흡수하여 생존하는 것이다. 또한 함께 동봉한 견과류의 껍질과 성장 과정에서 시든 잎은 다시 떨어져 썩어 유기물을 생성해내고 이 자체가 식물의 양분이 되는 방식이다.

우리도 이러한 자연의 원리를 확인해보기 위해 페트병의 뚜껑을 닫고 옮겨 심은 식물을 밀봉해보았다. 이렇게 만들어진 밀봉생태계는 거의 11개월을 시들지 않고 생존해 있었고, 그 이후 차츰 잎의 색이 노랗게 시들어가는 모습을 볼 수 있었다. 농원 속의 또 다른 작은 농원이 존재하는 셈이었다.

3. 곤충과 함께 놀아요

1) 곤충을 탐구해요

▶ 활동 개요

활동명 곤충을 탐구해요

준비물 곤충 표본, USB형 현미경, 모니터와 연결잭, 패드 혹은 컴퓨터, 그리기 도구, 도화지, 표본 도구(해부용 시침, 용기, 스티로폼 판, 핀셋, 안전용 망치 등)

놀이형태 자연물 관찰 및 예술 조형놀이

활동내용 현미경을 이용해 곤충의 생김새를 자세히 관찰해보고, 그림으로 묘사해보거나 표본 상자를 제작해보는 등의 여러 가지 방법을 통해 곤충을 탐구하는 시간을 갖는다.

▶ 교육적 놀이로서의 곤충 탐구하기 놀이

• 곤충을 탐구해요 놀이의 맥락 : 사전지식이 필요하거나 다양한 차시의 활동과 연계되면 좋을 경우에는 1차시, 2차시, 3차시의 사전 활동, 본 활동, 사후 활동이 함께 진행되면 좋다. 식물이 성장하고 번식하며 열매를 맺는 과정에서 곤충이라는 존재는 식물과 불가분의 관계이다. 또한 한곳에 뿌리내리고 움직임이 없는 식물에 비해 역동적인 곤충은 아이들이 식물과 함께 다룰 수 있는 매력적인 탐구 대상이다. 곤충을 탐구하는 과정은 곤충이라는 주제를 자신의 방식대로 자유롭게 그려보거나 표현해보고, 실제 곤충을 관찰해보는 등 다양한 방식으로 진행될 수 있다.

• 교육적 놀이로서의 한 걸음 : 곤충을 탐구할 때에 곤충 도감이나 실물 사진, 그림책 등의 시각 자료 외에 실물 혹은 입체적인 형태의 대상을 제시해주면 아이들이 주제를 탐구하는 데 있어서 보다 큰 몰입감을 선사한다. 또한 대상을 탐구할 때에 언어적으로 표현하거나 그림으로 그리고, 조형물로 만들어보는 등의 다양한 방식으로 대상을 묘사해보는 과정을 포함하면 좋다.

현장의 교사를 위한 TIP

• 대체 가능한 재료 및 도구 : 곤충 표본을 구하기 힘들면 아이들의 교육 혹은 완구용으로 판매하는 다양한 동물 모형을 활용해도 좋다. 보다 정밀하게 제작한 교육용 모형이나 피규어는 USB형 현미경이나 돋보기로 볼 때 곤충의 부위별 세밀한 구조를 관찰하기에 큰 무리가 없다. 그러나 이에 대한 관찰이 불가능한 매체일 경우에는 다리의 털, 더듬이, 날개맥 등과 같은 부위의 확대 사진을 검색하여 함께 탐구해볼 수 있다. 또한 계절이 여름이라면 곤충 표본 대신 주변에서 쉽게 채집할 수 있는 우화한 매미의 껍질 등을 아이들과 함께 직접 수집하여 활용할 수도 있다.

• 활동 시 유의사항 : 실제 곤충 표본을 활용할 경우, 생명에 대한 존중과 윤리 의식을

함께 다루는 작업이 필요하다. 아이들이 곤충의 표본을 관찰할 때에는 인간이 자신의 호기심과 탐구 욕구를 충족하기 위해 곤충을 죽이거나 수집하는 행위가 정당한 것인가에 대해 생각해보는 자세가 필요하다.

- 연령별 운영 방식 : 4~5세의 경우에는 곤충의 생김새를 자세히 관찰해보고 나름의 방식으로 자유롭게 이를 묘사하는 과정에 중점을 둔다. 이때 보고 느낀 것을 언어로 표현해볼 수 있는 기회를 제공한다. 6~7세 및 학령기 아이들의 경우에는 평소에 관찰하지 못했던 곤충의 보다 세밀한 구조에 대해 이야기해보고 각 구조별 역할을 조사해볼 수 있다. 예를 들어, 날개맥의 역할, 겹눈과 홑눈의 구조, 더듬이의 기능, 다리의 마디와 털의 구조 등에 대해 이야기 나눠볼 수 있다.

- 놀이 활성화를 위한 상호작용 예시

  "곤충의 머리, 가슴, 배는 어떤 것들로 이루어졌니?"

  "곤충의 다리를 자세히 보면 어떤 것들이 있니? 다리의 털과 마디는 왜 있는 걸까?"

  "곤충의 눈은 여러 개의 홑눈이 합쳐져 하나의 겹눈을 만들어내. 이 덕분에 더 넓은 시야를 확보하고 천적으로부터 자신을 보호할 수 있단다."

  "곤충의 날개를 자세히 보면 마치 나뭇잎의 잎맥과 같이 여러 개의 선들이 보이지 않니? 이 선들의 이름을 날개맥이라고 해."

- 동일 매체(곤충)를 주제로 연계 가능한 사전 혹은 사후 확장 놀이

1차시 사전 활동	곤충을 주제로 한 관찰놀이	돋보기나 현미경으로 곤충 모형 혹은 표본의 세밀한 부분을 관찰해본다.	
2차시 본 활동	곤충을 주제로 한 미술놀이	곤충 모형이나 실물, 곤충 그림과 사진 등을 통해 곤충을 주제로 한 그림을 그려본다.	
3차시 사후 활동	곤충을 주제로 한 조형놀이	곤충 표본과 폐품을 활용하여 나만의 표본 상자를 만들어본다.	

▶ 활동 계획표

<table>
<tr><td>활동명</td><td>곤충을 탐구해요</td><td>주제</td><td>곤충 관찰 및 묘사하기</td></tr>
<tr><td>대상</td><td>만 3세~만 4세</td><td>관련 교과</td><td>자연탐구, 예술경험</td></tr>
<tr><td>교육과정</td><td colspan="3">• 자연탐구: 탐구과정 즐기기: 주변 세계와 자연에 대해 지속적으로 호기심을 가진다.
탐구과정 즐기기: 궁금한 것을 탐구하는 과정에 즐겁게 참여한다.
생활 속에서 탐구하기: 물체의 특성과 변화를 여러 가지 방법으로 탐색한다.
생활 속에서 탐구하기: 도구와 기계에 대해 관심을 가진다.
자연과 더불어 살기: 주변의 동식물에 관심을 가진다.
• 예술경험: 창의적으로 표현하기: 다양한 미술 재료와 도구로 자신의 생각과 느낌을 표현한다.</td></tr>
<tr><td rowspan="9">학습목표 및 방법</td><td colspan="3">내용 목표</td></tr>
<tr><td colspan="3">• 머리, 가슴, 배의 곤충 구조에 대해 이해하고 가슴과 다리 털, 겹눈과 홑눈, 날개맥 등의 세밀한 특성을 탐구할 수 있다.
• 곤충의 생김새를 그림으로 묘사하고 나타낼 수 있다.
• 올바른 순서와 방법으로 표본상자를 제작하고 관찰할 수 있다.</td></tr>
<tr><td colspan="3">과정 목표</td></tr>
<tr><td colspan="3">• 현미경으로 곤충을 관찰하면서 곤충의 세밀한 생김새를 이해하고, 이와 관련된 곤충의 구조별 역할에 대해 탐구해볼 수 있다.
• 핀셋, 해부용 시침 등의 표본 도구를 올바른 방법으로 활용하고 제작 순서에 따라 표본을 완성할 수 있다.
• 관찰을 기반으로 대상의 객관적인 생김새를 세밀하게 묘사해보거나 대상에 대한 주관적인 이미지를 표상해보는 등 각자 원하는 방식으로 곤충을 그려볼 수 있다.</td></tr>
<tr><td colspan="3">활동 방법</td></tr>
<tr><td>1차시</td><td colspan="2">• USB형 현미경을 모니터에 연결하여 곤충의 구조를 구석구석 살펴보고 날개맥, 홑눈과 겹눈, 몸의 털, 마디 등의 세밀한 부분을 관찰한다.</td></tr>
<tr><td>2차시</td><td colspan="2">• 아이들로 하여금 곤충 표본을 제시하고 관찰 후 세밀묘사를 그려보게 하거나 혹은 자유롭게 대상을 이미지화하여 그려보게 한다.</td></tr>
<tr><td>3차시</td><td colspan="2">• 곤충 표본을 스티로폼 판에 올려놓고 침으로 고정하여 표본 상자를 만든다.</td></tr>
</table>

▶ **활동 전개**

곤충은 아이들이 너무나 좋아하는 탐구 대상이다. 아이들은 곤충의 종류를 분류하고, 그 이름을 암기하거나 생김새를 관찰하는 것 등에 큰 관심을 보인다. 곤충과 식물은 떼려야 뗄 수 없는 불가분의 관계다. 곤충은 식물의 번식에 영향을 주고 식물은 곤충의 생존에 영향을 미친다. 꽃과 식물에 대해 탐구해 본 아이들은 자연스레 곤충에 관심을 갖는다. 예컨대, 꽃의 구조를 관찰하면서 암술과 수술의 존재에 대해 탐구한 아이들은 꽃가루를 옮기는 나비와 벌의 역할에 관심이 전이되기 마련이다.

식물과 함께 놀아본 아이들은 곤충과의 놀이에도 큰 흥미를 보인다. 아이들에게 실제 곤충 표본을 제시해주고 관찰해보도록 하면 아이들은 이내 곧 곤충의 특징을 찾아낸다. 곤충의 날개를 관찰하던 아이들은 날개맥과 나뭇잎의 잎맥을 연상시켜 비교하기도 했다. 꿀벌이 다리털에 꽃가루를 묻혀 옮긴다며 벌의 다리에서 털을 찾는 데에도 열중이었다. 돋보기나 현미경 같은 도구를 제시하면 아이들은 평소에는 쉽게 볼 수 없었던 곤충의 구조를 확인할 수 있다.

아이들에게 자신들이 관찰한 곤충을 묘사해볼 수 있는 기회를 함께 제공해도 좋다. 세밀한 묘사를 하기에는 소근육이 그리 많이 발달하지 못한 어린 아이들이어도 나름대로 자신이 보는 것을 자세히 묘사하기 위해 노력하는 모습을 볼 수

있다. 아이들은 제법 진지하다. 실물을 관찰하며 그리는 것은 사진이나 그림을 참고하여 그리는 것보다 훨씬 정교하다. 실물은 다양한 각도와 관점에서 대상을 바라볼 수 있기 때문이다.

그러나 아이들은 유독 색칠을 할 때면 관찰 묘사에 있어서 사뭇 다른 양상을 보이기도 한다. 저자가 현장에서 많은 아이들과 함께 관찰 묘사를 하면서 느낀 점은 아이들은 색깔에 대한 애착이 크다는 사실이었다. 모두들 대상을 자세히 관찰하여 밑그림을 완성한 뒤, 채색 과정에 있어서는 아이들마다 다른 성향을 보인다. 어떤 아이는 자신이 좋아하는 색으로 색칠하기를 원하고 어떤 아이는 채색에 있어서도 실물 관찰을 토대로 대상에서 외형적으로

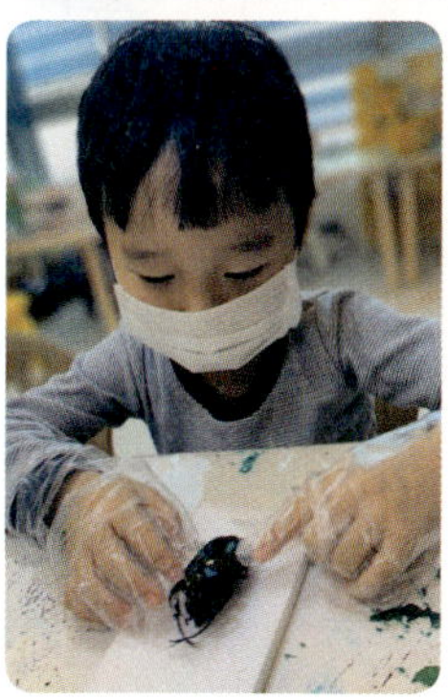
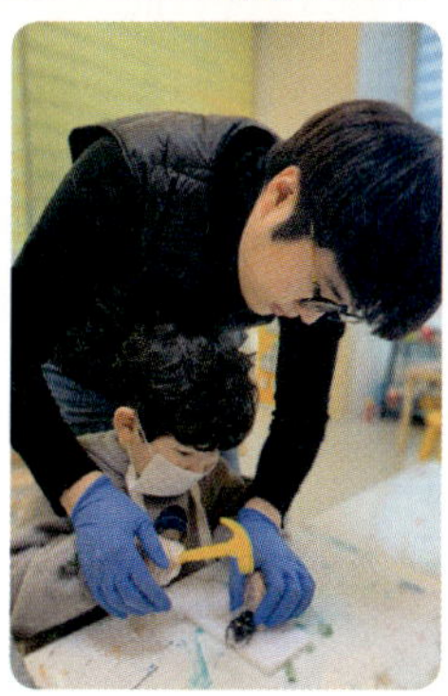

보이는 색만을 선택한다. 무엇이 되었든지 간에 아이들의 표상 과정에 있어서 주도권에 간섭해서는 안 된다. 아이들은 자신이 의도한 대로 그려진 결과물에 만족하기 때문이다. 선택과 집중에 빗대어 표현해보면, 관찰과 묘사가 선택과 집중이라면 그 이외의 표상은 아이들의 몫인 셈이다.

실물 곤충을 관찰해보고 그려본 아이들은 직접 곤충 표본을 만들기로 했다. 곤

충 표본을 만드는 것은 어린 아이들도 그리 어렵지 않게 시도해볼 만한 작업이다. 다만, 곤충을 고정시키기 위해 해부용 시침을 사용해야 하기 때문에 안전상 유의해야 할 점은 있다. 아이들이 만든 표본은 케이론(코카서스) 청동장수풍뎅이 표본이었다. 장수풍뎅이는 딱딱한 갑옷을 입은 것처럼 두꺼운 껍질이 몸체를 덮고 있기 때문에 처음 몸통을 시침으로 고정시키기 위해서는 망치를 활용했다. 장수풍뎅이의 다리와 두각의 돌기 사이사이에 시침을 꽂아 몸체가 흔들리지 않게 하는 것으로 표본 만들기는 얼추 마무리된다. 곤충 표본을 보관하기 위한 상자는 아이들이 플라스틱 용기를 이용해서 직접 만들었는데, 아이들은 상자에 초록색 풀을 가득 그려주었다. 곤충이 풀숲에 사는 것을 표현한 것이었다.

자신이 꾸민 플라스틱 용기에 곤충 표본을 넣어주면 어린 아이들의 수준에서 간단하게 곤충 표본 상자를 만들 수 있다. 이 활동은 곤충 표본만 있으면 주변에서 쉽게 구할 수 있는 재료들만으로도 충분히 실현이 가능한 활동이다. 만약 곤충 표본이 없다면 곤충 모형을 활용하거나 혹은 자신이 그린 곤충 그림을 이용해서도 색다른 곤충 표본 상자를 완성할 수 있다.

아이들이 만든 곤충 표본은 농원 내 탐색 공간에 놓여졌다. 아이들은 곤충을 관찰하고 또 그려보면서 자신들이 만든 표본에 남다른 애착을 보였다. 곤충과 함께한 놀이는 자연에 대한 애착으로 이어졌다. 아이들은 자신들이 만든 표본 상자 속 케이론 청동장수풍뎅이가 살아 있었으면 좋겠다고 말하기도 했다. 만약 실제 살아 있는 곤충이었다면 농원에서 어떻게 기르고 번식시킬 수 있을지에 대해 이야기 나누기도 했다. 그리고 상자 속에 있는 곤충의 모습이 마치 밀봉생태계 속 식물의 모습과도 닮았는데, 곤충은 죽어 있고 식물은 살아 있는 대조적인 모습에 의문을 제기했다. 그러면서 식물의 자생 능력에 다시금 감탄했다.

2) 지렁이 사육상자를 만들어요

▶ 활동 개요

활동명	지렁이 사육상자를 만들어요
준비물	덮개가 딸린 용기, 지렁이, 유기물, 분무기, 물 등
놀이형태	자연물 관찰 및 예술 조형놀이
활동내용	지렁이 사육상자를 만들어서 분변토를 생산해내고 이를 농원의 식물을 기르는 데 거름으로 사용해볼 수 있다.

▶ 교육적 놀이로서의 지렁이 사육상자 만들기 놀이

• 지렁이 사육상자를 만들어요 놀이의 맥락 : 지렁이 사육상자를 만들어보는 활동은 여러 가지 이유에서 매우 의미가 깊은 활동이다. 첫째로 식물을 기른다는 것은 농원을 조성하는 궁극적인 목적의 과정 및 결과적인 측면에서 연계되기 때문에 유의미하다. 즉 지렁이 사육상자를 통해서 식물을 기르기 위해

필요한 비옥한 토양을 만들 수 있기에 교육적 맥락이 보장된다. 둘째로는 장시간 동안 지렁이를 생존 및 번식시켜 유기물을 생산해낸다는 점에서 교육활동의 결과물이 단순히 일회성에 그치지 않고 지속가능성을 갖추고 있기에 유의미하다.

- 교육적 놀이로서의 한 걸음 : 지렁이 사육상자를 만들기 전에 미리 지렁이가 토양의 질에 어떠한 영향을 미치고 토양의 질은 또 식물의 생장에 어떠한 영향을 미치는지의 순환 과정에 대해 알아볼 수 있는 기회를 제공해야 한다. 더불어서 지렁이의 생존에 직결되는 요소(온도, 습도, 흙의 유무, 먹이 및 천적 등)를 파악하고 있어야 한다. 아이들이 지렁이 사육상자를 만드는 목적과 방법 및 원리가 무엇인지를 사전에 알고 있어야 본 활동이 유의미할 것이다.

현장의 교사를 위한 TIP

- 대체 가능한 재료 및 도구 : 지렁이는 농작용 혹은 학습용 및 실습용으로 구입이 가능한 생물이다. 특히나 붉은 지렁이는 낚시용 혹은 분갈이 및 토질개선을 목적으로 손쉽게 거래되고 있다. 지렁이 사육상자는 흙을 담을 수 있는 깊이의 플라스틱 혹은 스티로폼 상자를 이용하면 되지만 곤충 채집통과 같이 투명한 용기를 활용하면 내부를 관찰하기에도 용이하고, 덮개가 함께 있어 편리하다.

- 활동 시 유의사항 : 농원에 비치해두었을 때 지렁이가 밖으로 탈출하지 못하도록 반드시 덮개(뚜껑)가 있는 용기를 활용해야 한다. 또한 흙을 충분히 담을 수 있도록 깊이가 넉넉해야 분변토를 만들기에 용이하다. 지렁이라는 대상의 속성에 거부감을 갖는 아이들도 있을 수 있기 때문에 사전에 지렁이의 이로운 점과 지렁이 사육상자를 만드는 목적에 대해 미리 이야기 나누는 것이 필요하다.

거미와 거미줄 만들기

꿀벌과 벌집 만들기

• 연령별 운영 방식 : 4~5세의 경우에는 지렁이 사육상자를 만들기 위해 필요한 재료를 탐색하고 활동 과정의 전개 그 자체에 초점을 맞춰 진행하는 것이 권장된다. 6~7세 및 학령기 아이들의 경우에는 지렁이 외에도 식물의 생장이나 번식에 영향을 미칠 수 있는 곤충 즉, 식물과의 공생관계를 이루는 또 다른 곤충들을 연계하여 조사해볼 수 있다. 예를 들어, 나비나 꿀벌의 역할에 대해 조사해보고 지렁이 사육상자 외에 나비를 기를 수 있는 나비 사육상자나 나비 먹이통 혹은 꿀벌집의 구조를 재연해볼 수 있을 것이다. 더불어서 유기물이 풍부한 흙과 그렇지 않은 흙의 차이를 비교 · 관찰해보는 활동을 사후에 진행해볼 수도 있다.

• 놀이 활성화를 위한 상호작용 예시

"지렁이는 어떻게 생겼고 어떻게 움직이니?"
"지렁이와 흙은 서로 어떻게 도움을 줄까?"
"식물이 잘 자랄 수 있는 흙과 식물이 잘 자라지 못하는 흙은 어떻게 다를 것 같니?"
"지렁이는 흙 속에서 어떻게 숨 쉬고 어떻게 살 수 있을까?"

• 동일 매체(곤충과 서식지)를 이용하여 연계 가능한 다른 놀이 : 비가 오는 날 밖으로 나가 흙 위로 기어나온 지렁이를 관찰해보거나 수분이 많은 흙과 그렇지 않은 흙의 차이를 비교해보는 놀이를 진행해볼 수도 있다. 비 오는 날씨의 야외 활동은 이슬 맺힌 풀잎, 젖은 나무껍질의 표면, 물이 스며들거나 고인 지형별 토양 등 자연의 변화를

잠자리와 강가 만들기

개미와 개미집 만들기

카프라 블록을 이용한 거미줄의 방사형 형태 표현하기

다양한 자연물로 곤충 서식지 표현하기

색모래 콜라주로 개미집 구조 표현하기

감지해보거나 지렁이와 같은 평소에는 보기 어려웠던 새로운 생명체를 관찰해볼 수 있도록 도와준다. 또한 지렁이 외에도 곤충의 서식지를 구성해보는 활동은 아이들에게 매우 탐구적이며 매력적인 주제이다. 거미와 거미줄, 잠자리와 물가, 개미와 개미집, 꿀벌과 벌집 등은 다양한 자연물을 활용하기에 좋은 주제이다.

▶ 활동 계획표

<table>
<tr><th>활동명</th><td colspan="2">지렁이 사육상자를 만들어요</td><th>주제</th><td>지렁이와 식물 간의 공생관계 및 생태 원리 탐구하기</td></tr>
<tr><th>대상</th><td colspan="2">만 3세~만 4세</td><th>관련 교과</th><td>자연탐구</td></tr>
<tr><th>교육과정</th><td colspan="4">• 자연탐구: 탐구과정 즐기기: 주변 세계와 자연에 대해 지속적으로 호기심을 가진다.
탐구과정 즐기기: 궁금한 것을 탐구하는 과정에 즐겁게 참여한다.
생활 속에서 탐구하기: 물체의 특성과 변화를 여러 가지 방법으로 탐색한다.
자연과 더불어 살기: 주변의 동식물에 관심을 가진다.
자연과 더불어 살기: 생명과 자연환경을 소중히 여긴다.</td></tr>
<tr><th rowspan="9">학습목표 및 방법</th><th colspan="4">내용 목표</th></tr>
<tr><td colspan="4">• 지렁이의 서식 환경을 이해하고 지렁이가 분변토를 만드는 과정을 탐구할 수 있다.
• 분변토가 식물의 성장에 미치는 영향을 이해할 수 있다.</td></tr>
<tr><th colspan="4">과정 목표</th></tr>
<tr><td colspan="4">• 지렁이와 흙의 상관관계에 대해 이해하고 이를 인간의 삶에 어떻게 활용할 수 있는지를 연관 지어 생각해볼 수 있다.
• 지렁이의 특성과 서식지를 이해하고 분변토를 생성할 수 있도록 지렁이 사육상자를 제작해볼 수 있다.</td></tr>
<tr><th colspan="4">활동 방법</th></tr>
<tr><th>도입</th><td colspan="3">• 지렁이의 특성과 서식 환경에 대해 이야기 나누고 지렁이가 분변토를 만드는 원리 및 분변토의 성질에 대해 탐색해본다.</td></tr>
<tr><th>전개</th><td colspan="3">• 곤충 채집통에 흙을 일정량 담고, 지렁이가 좋아하는 유기물과 젖은 낙엽 등을 올려놓은 뒤에 지렁이를 풀어준다.
• 채집통의 외벽을 물감으로 꾸며보는 과정을 추가할 수도 있다.</td></tr>
<tr><th>마무리</th><td colspan="3">• 완성된 지렁이 사육상자를 농원 내에 비치해두고, 분변토가 만들어지면 화단에 뿌려준다.
• 같은 과정을 반복하여 식물을 기르는 데에 지속적으로 활용해본다.</td></tr>
</table>

▶ 활동 전개

지렁이의 피부에는 건조함을 막기 위한 특정 기름 성분이 있다. 요즘에는 아스팔트로 잘 포장된 길이 많아 땅에서 지렁이를 보는 일이 예전만큼 흔하지는 않지만 그래도 비가 오는 날이면 땅 위로 올라와 꿈틀꿈틀 기어다니는 지렁이를 누구나 한 번쯤은 봤을 것이다. 아이들에게도 지렁이는 꽤나 친숙한 탐구 대상이다. 땅속에는 수많은 생물들이 서식하고 있지만, 그중에서도 지렁이는 유독 광범위하게 분포해 있는 생명체다. 이 때문에 무게로만 따지자면 땅속 생물체 전체 무게의 80%를 지렁이가 차지한다고 한다.

지렁이는 썩은 나뭇잎이나 동물의 대변, 오래된 낙엽, 단백질과 당 함량이 높은 유기물 등을 먹고 산다. 지렁이는 나뭇잎에 점액을 분비해 습도를 올리고, 그 틈에 박테리아가 번식하면서 잎이 분해되기 시작하면 먹기 시작한다. 이 때문에 지렁이의 식사는 생태계에 긍정적인 영향을 미친다. 동물의 대변이나 식물의 잎은 그 자체만으로는 토양에 흡수되기 어려우나 지렁이에 의해 유기물이 분해되면 토양에 흡수될 수 있기 때문이다. 또한, 지렁이의 배설물 역시 토양을 비옥하게 만드는 성질을 갖고 있다. 이 배설물은 분변토라고 불린다.

지렁이가 유기물을 땅속에 있는 자신의 서식지로 운반하는 과정 역시 빗물이 땅속 깊이 스며들 수 있는 통로가 되기 때문에 식물의 뿌리가 흙 속에서 충분한 수분을 흡수할 수 있도록 돕는다. 이러한 지렁이의 특성 때문인지 농사가 잘 되는 땅을 파보면 지렁이가 많이 번식해 있는 것을 볼 수 있다. 이 때문에 우리는 지렁이를 키우면서 분변토를 만들고 이를 농원 내에서 식물을 기르는 데 활용하기 위해 지렁이 사육상자를 만들기로 했다.

지렁이 사육상자를 만드는 작업은 사실 너무나 간단해서 거창한 과정을 필요

로 하지는 않는다. 그저 지렁이를 번식시키고 분변토를 만들 만한 상자만 구해오면 된다. 다만 지렁이가 살아갈 수 있는 환경이 조성되어야 하기 때문에 어느 정도 흙이 쌓여 있는 높이가 보장되어야 하고, 상자의 덮개를 씌우려면 공기가 통할 수 있는 것이어야 한다. 이런 조건을 모두 충족시키는 대안으로 우리는 크기가 큰 대형 곤충 채집통을 활용했다. 채집통에 원하는 그림을 그려 장식한 뒤에 지렁이가 숨어 있는 거름 섞인 흙을 담아주었다. 마지막으로 지렁이가 좋아할 만한 유기물을 뿌려주었다.

사실 아이들은 꿈틀대는 지렁이를 지켜보는 것만으로도 큰 흥미를 느끼기 때문에 이 자체가 하나의 놀이이자 활동이 되기에 충분하다. 이 때문에 교사는 아이들이 지렁이를 원하는 대로 탐색할 수 있는 시간을 보장해주었다. 지렁이를 만져보는 아이, 가만히 지켜보는 아이, 돋보기를 가져와 지렁이를 관찰하는 아이, 지렁이를 집게로 집어보는 아이, 흙을 파고 지렁이가 나오길 기다리는 아이 등 아이들은 저마다 제각기 다른 방식으로 지렁이를 충분히 탐색했다.

흙 위에 유기물을 뿌려준 아이들은 지렁이가 흙 위로 기어 올라오길 잠자코 기

다렸다. 아이들은 지렁이를 관찰할 생각에 들떠서 누가 시키지 않아도 자발적으로 돋보기까지 챙겨와 기다렸다. 잠시 뒤 신기하게도 지렁이들이 흙 위로 올라와 모습을 보였다. 한두 마리가 아닌 수십 마리의 지렁이가 모두 올라와 유기물을 먹어 치우기 시작했다. 이후에는 별도의 유기물을 제공하지 않고 농원에서 구할 수 있는 식물의 잎을 흙 위에 뿌려주며 지렁이를 사육했다.

아이들이 만든 지렁이 사육상자는 농원 내에 놓여졌다. 아이들은 지렁이가 좋아할 만한 습도를 형성시켜주기 위해 분무기로 수분을 보충해주거나 유기물을 만들 낙엽을 넣어주며 지렁이를 사육했다. 이렇게 만들어진 분변토는 농원에 있는 식물들을 위해 수시로 보충되었다. 보충된 흙만큼 화단의 흙을 다시 넣어주어 분변토로 재생산시켰다.

아이들은 실제 농부들도 이렇게 식물을 재배하는지 궁금해하기도 했다. 이는 농업 방식이나 식물의 생장 환경 조성에 대한 탐구로 이어졌다. 지렁이 사육상자는 살아 있는 생태교육을 실현시킬 수 있는 주요 요소 중 하나였다.

4. 자연물과 함께 놀아요

1) 자연으로 손수건을 물들여요

▶ 활동 개요

활동명	자연으로 손수건을 물들여요
준비물	치자 열매, 황토가루, 고무줄, 냄비 혹은 가열용기, 집게, 핫플레이트, 큰 대야 혹은 물놀이대, 물, 건조대 등
놀이형태	감각놀이 및 염색놀이
활동내용	황토나 치자와 같은 자연물을 이용해서 염색 활동을 하고 이 과정에서 가작화 및 촉감놀이(바다놀이, 빨래놀이) 등 다양한 놀이를 접목시킨다.

▶ 교육적 놀이로서의 손수건 염색하기 놀이

- 자연으로 손수건을 물들여요 놀이의 맥락 : 황토나 치자 등의 자연물을 활용한 염색놀이는 생태교육 활동으로 가장 많이 진행하는 예술놀이 중 하나이다. 손수건이 다양한 무늬와 색으로 염색되는 과정을 통해 아이들의 심미적 감각을 자극할 수 있고 손수건을 주무르고 물에 적셔보는 과정에서 촉각적 즐거움을 맛볼 수 있기 때문이다. 이렇게 염색한 손수건은 농원의 외관을 장식하는 데 쓰였고 이 활동은 아이들이 농원을 조성하고 유지하는 데에 있어서 필요한 예술품을 생산해내는 과정이 되었다.

- 교육적 놀이로서의 한 걸음 : 황토가루가 물에 용해되는 과정, 치자 색소가 열에 의해 물에 방출되는 과정 등의 화학적 상태 변화와 관련된 과학 실험을 함께 진행해볼 수 있다. 물에 녹는 것과 그렇기 않은 것, 액체의 상태 변화, 물질의 화학 반응 등 다양한 화학 실험을 사전에 진행해보고 손수건 염색 과정에 숨어 있는 과학적 원리를 찾아보면 좋다.

현장의 교사를 위한 TIP

- 대체 가능한 재료 및 도구 : 손수건 대신 무지 에코백이나 티셔츠 등을 염색해볼 수도 있고, 안 쓰는 수건이나 커튼을 물들여 농원 문에 달 수도 있다. 또한, 황토나 치자 외에 주변에서 쉽게 구할 수 있는 식재료인 푸른 · 적양배추와 같은 채소를 물에 넣고 가열해도 색이 추출된다.

- 활동 시 유의사항 : 어린 영유아의 경우에는 순수 가열을 통한 염색보다는 직접 손으로 자연물과 천을 주무르고 만져보는 등의 놀이를 통한 염색이 아이들의 흥미를 더욱 유발한다. 이 과정에서 아이들은 피부가 성인보다 연약하기 때문에 안전을 위해 매염제는 생략하는 것이 좋다. 매염제를 생략할 경우, 물 빠짐에 주의해야 하므로 염색한 천의 빨래는 다른 옷감과 함께 하는 것을 지양해야 한다.

• 연령별 운영 방식 : 4~5세의 경우에는 염색놀이 시간에 다른 가작화 놀이를 접목시키면 아이들의 몰입 시간이나 재미가 배가 된다. 예를 들어, 설거지 놀이나 빨래놀이 같은 일상생활에서 아이들이 쉽게 접하는 역할놀이를 접목해서 해볼 수도 있고, '물'이라는 물리적 속성에 착안하여 물고기나 배와 같은 놀잇감을 제공할 수도 있다. 다양한 크기나 모양의 그릇, 스포이드 등의 집기류를 제공하면 담거나 붓는 등의 반복적인 즐거움을 맛볼 수도 있다. 6~7세 및 학령기 아이들의 경우에는 염색 활동 그 자체에 초점을 맞춰 자연물의 화학적인 변화에 대해 이야기 나눠보고 이를 일상생활에서 어떻게 활용할 수 있을지에 대해 고민해보도록 유도한다. 황토가루를 희석할 때 물의 온도에 따라 용해되는 속도나 양상이 어떻게 다른지, 물의 양에 따라 액체의 농도는 어떻게 다른지 등 변인 설정에 따른 실험을 시도해볼 수도 있다.

대형 천과 황토가루를 이용하여 대근육 놀이와 병합된 염색놀이하기

적양배추 잎을 물에 넣고 끓여 보라색 색소 추출해보기

추출한 양배추 색소를 물감으로 활용하여 그림 그리기

자연물(청대)로 염색한 손수건에 연상 그림 그리기

지용성과 수용성의 차이 이해해보고
당근 색소 추출하기

- 놀이 활성화를 위한 상호작용 예시

"치자 열매를 물에 넣고 가열했더니 물 색깔이 어떻게 변했니?"

"하얀 천을 염색시켰더니 어떻게 변했어?"

"황토가루를 물에 녹이기 위해서는 물의 온도가 어때야 할까?"

"천을 염색시키기 위해서 엄마가 빨래하는 것처럼 천을 주물주물해줘 보자."

- 동일 매체(염색 활동이 가능한 자연물)를 이용하여 연계 가능한 다른 놀이 : 양배추와 같은 식재료를 활용하여 색소를 추출해보는 실험을 진행할 수도 있다. 이때 추출된 색소를 물감처럼 이용해서 색다른 그림을 그려볼 수 있다. 또한 물놀이대나 이동용 풀장을 이용해서 작은 천 외에 커다란 무지천을 염색하면 아이들이 보다 역동적인 신체 활동을 즐길 수도 있다.

▶ 활동 계획표

<table>
<tr><th>활동명</th><td colspan="2">자연으로 손수건을 물들여요</td><th>주제</th><td>황토와 치자로 염색놀이하기</td></tr>
<tr><th>대상</th><td colspan="2">만 3세~만 4세</td><th>관련 교과</th><td>자연탐구</td></tr>
<tr><th>교육과정</th><td colspan="4">• 자연탐구: 탐구과정 즐기기: 궁금한 것을 탐구하는 과정에 즐겁게 참여한다.
생활 속에서 탐구하기: 물체의 특성과 변화를 여러 가지 방법으로 탐색한다.
자연과 더불어 살기: 주변의 동식물에 관심을 가진다.
자연과 더불어 살기: 생명과 자연환경을 소중히 여긴다.</td></tr>
<tr><th rowspan="9">학습목표 및 방법</th><th colspan="4">내용 목표</th></tr>
<tr><td colspan="4">• 치자와 황토가루의 색과 형태, 질감 등에 대해 이해하고 물리적 속성을 탐색할 수 있다.
• 치자와 황토가루의 화학적 변화에 대해 이해하고 염색 촉매재로서의 역할을 체험할 수 있다 .</td></tr>
<tr><th colspan="4">과정 목표</th></tr>
<tr><td colspan="4">• 천연 염색 손수건을 만들어보면서 자연물의 성질과 자연물이 인간의 삶에 미치는 영향을 함께 다뤄볼 수 있다.
• 치자와 황토가 색을 우려내는 과정을 통해 물체의 물리적 속성 및 화학적 변화를 경험하고 그 성분과 원리에 대해 추론해볼 수 있다.</td></tr>
<tr><th colspan="4">활동 방법</th></tr>
<tr><th>도입</th><td colspan="3">• 황토와 치자의 색과 형태, 질감 등을 탐색하고 색을 우려내는 방법에 대해 이야기 나눈다. 고체 형태의 치자는 물에 담근 채로 가열하고, 분말 형태의 황토가루는 물에 희석하여 물의 색이 변하는 것을 확인한다.</td></tr>
<tr><th>전개</th><td colspan="3">• 노랗게 변한 치자물에 손수건을 넣었다 빼서 염색시킨다.
• 황토물에는 손수건을 넣고 주물거리는 방식으로 염색시킨다.
• 손수건 중간 중간에 고무줄로 매듭을 지으면 무늬가 생긴다.
• 가작화 놀이나 촉감놀이와 같은 다양한 형태의 놀이와 접목시키면 더욱 좋다.</td></tr>
<tr><th>마무리</th><td colspan="3">• 물들인 손수건을 잘 펴서 건조대에 말린다.
• 완성된 색색의 손수건은 식물을 기르는 온실 농원의 가랜드 장식으로 활용한다.</td></tr>
</table>

▶ 활동 전개

자연물의 사전적 정의를 살펴보면 '자연계에 있는, 저절로 생긴 물체'라는 뜻을 지닌다. 즉 자연물은 자연에서 구할 수 있는 것들로 인공적인 가공이 이뤄지지 않은 상태를 의미한다. 이를테면 낙엽과 돌, 자갈, 나무 조각, 흙, 꽃잎 등이 이에 해당한다. 요즘에는 이러한 자연물을 아이들의 교수 자료로 활용하기 위해 안전 혹은 심미적인 이유로 일정 수준의 가공을 한 뒤 현장에 제공하기도 한다. 예를 들면 나무 조각의 거친 부분을 마모시켜 제공한다거나 질감이나 모양, 크기가 다양한 형태로 잘라 준다거나 하는 것이 이에 속한다.

자연물은 그 자체로 아이들의 촉감놀이나 미술놀이에 활용되기에 좋다. 쌀알이나 황토 등을 오감놀이의 재료로 쓰는 것이다. 혹은 자연물을 미술 활동의 콜라주 재료로 사용하는 것도 좋은 방법 중 하나이다. 여기서는 두 가지 경우의 활동을 모두 진행했다. 아이들은 먼저, 자연물과 친숙해지기 위해 자연물을 이용한 오감놀이를 즐겨보았다. 이를 위해서 치자와 황토를 이용해 염색놀이를 했다.

손수건을 염색하는 방식은 여러 가지가 있다. 첫째로는 고체 상태의 자연물을 물과 함께 가열하면 자연물이 갖고 있는 고유의 빛깔이 우러나오게 되는데 이때 천을 넣고 물들이는 방식이 있다. 이 방법은 아이들이 자연물에서 색이 추출되고, 또한 천이 물드는 과정을 즉각적으로 눈으로 확인할 수 있다는 점에서 추천할 만하다.

손수건을 염색할 때에 무늬를 낼 수 있는 묘안이 있다. 고무줄로 손수건의 부분 부분을 묶어서 물들이게 되면, 고무줄로 묶인 곳만 염색되지 않고 하얀 자국이 남게 된다. 이렇게 남긴 자국은 손수건을 묶은 부분이 여러 곳일수록 여러 개 생성된다. 아이들은 이렇게 묶인 손수건의 형상을 보고 마치 '낙지'와

같다고 했다. 그래서 우리는 즉석에서 있는 재료를 활용해서 재미있는 상상놀이도 해보았다.

아이들은 교실에 비치된 자연물을 포함하여 다양한 재료를 갖고 낙지(부분이 묶인 손수건)가 살 바다를 만들어보기로 했다. 우선 수중 식물이나 조개껍질, 동물 모형 및 돌 등을 지점토에 고정시켰다. 그리고 이를 수조 바닥에 붙여주었다. 물을 넣어도 수조 내부에 있는 것들이 물살에 휩쓸리는 것을 방지하기 위함이었다.

"선생님, 물속에서 물고기들이 숨 쉴 때마다 물방울이 뻐끔뻐끔 나와요. 물방울을 만들고 싶은데 어떻게 할까요?"
"비눗방울이 물속에 들어갈 수 있을까요? 그런데 비눗방울은 자꾸 터지잖아."

이후 아이들은 물방울을 상징하는 수정토를 수조에 넣어주며 또 다른 매체를 통한 촉감놀이를 해보기도 했다. 사실 수정토는 교사가 아이들에게 물방울과 비

슷한 모양의 매체라며 기관 내에 비치해둔 수업 재료 중에서 임의로 선정하여 제공한 것이었다. 아이들은 수정토의 매끈한 질감을 즐기기도 했고, 수정토를 으깨거나 책상 표면에 튕겨보기도 했다. 또한, 물에 담근 채로 만져보며 감각적인 재미를 맛보았다.

마지막으로 우리는 완성된 바닷속 세상에 낙지(부분이 묶인 손수건)를 풀어주었다. 아이들은 바닷속 낙지 가족이라며 노래를 지어 부르기도 했고 상어나 고래 모형을 갖고 낙지의 천적이 사냥을 하고 있다며 상황놀이를 하기도 했다. 가열을 하는 동안 뜨거워진 손수건을 수조 안에 넣자, 온도차로 인해 금세 수조 안에 김이 서리기 시작했다. 아이들은 이를 보고 안개나 구름이라고 표현했다. 처음 교사는 염색 활동만을 계획했으나 놀이를 전개하는 동안 즉석에서 끊임없이 새로운 놀이로 연계되고 전이되었다. 교사가 의도한 교육적 놀이 활동과 아이들이 주도한 발현적인 놀이 활동이 접목된 사례였다.

친환경 재료로 염색을 하는 두 번째 방법은 분말 형태로 가공된 염색가루를 물

에 희석시킨 뒤 천을 담고 주무르며 물들이는 방식이다. 교사는 이 과정에서 촉진될 수 있는 오감놀이를 진행하기 위해서 안전을 위해 함께 희석하는 매염제를 생략했다. 아이들이 물과 가루를 섞으며 물놀이를 즐기고, 손수건을 주물거리며 촉감놀이(아이들은 이를 빨래놀이라고 일컫는다)를 함께 하기 때문이다. 아이들은 이때 물의 온도가 높을수록 황토가루가 물에 더 잘 녹고, 손수건을 염색하는 시간이 길어질수록 더 진하게 염색된다는 사실을 밝혀내기도 했다.

이렇게 자연물을 이용하여 어린 아이들이 고사리손으로 직접 염색한 손수건은 잘 건조시킨 뒤에 농원의 가랜드로 활용했다. 치자는 개나리를 닮은 진한 노란색으로, 황토는 토양을 닮은 밝은 갈색으로 천을 물들였다. 특히나 아이들이 낙지라고 명명했던 '부분이 묶인 손수건'은 건조시키기 전에 고무줄을 풀어보니 독특한 무늬를 형성하고 있었다. 자연에서 가져온 것들로 이뤄진 작업이어서인지, 자연을 닮은 예쁜 빛깔이었다.

2) 나만의 화분을 만들어요

▶ 활동 개요

활동명	나만의 화분을 만들어요
준비물	리사이클링할 화분, 식물 모종, 다양한 자연물(나무 조각, 말린 나뭇잎, 나뭇가지, 돌, 자갈, 원두, 깃털 등), 글루건, 모종을 옮겨 심을 흙, 조개 등
놀이형태	조형놀이
활동내용	크기와 형태, 모양이 다양한 자연물을 이용해서 나만의 화분을 만들어보는 조형 활동을 하고 난 뒤 식물 모종을 옮겨 심어본다.

▶ 교육적 놀이로서의 나만의 화분을 만들어요 놀이

• 나만의 화분을 만들어요 놀이의 맥락 : 가정에서 잘 쓰지 않거나 버려진 화분 혹은 폐품을 이용해서 화분을 만드는 작업은 기관에서 흔히 하는 조형놀이 중 하나이다. 조형놀이는 교사가 대 · 소집단 활동으로 계획하기도 하고 자유

선택놀이 영역에서 제시하기도 하는 놀이이다. 이때 조형놀이의 주재료로 자연물을 제시하면 농원에 비치하기에도 심미적으로 더욱 잘 어울리고 심어진 식물과도 조화로운 외관을 자랑하게 된다.

- 교육적 놀이로서의 한 걸음 : 조형놀이의 재료로 활용할 수 있는 다양한 자연물을 아이들이 충분히 탐색할 수 있는 기회를 선행하도록 한다. 대상의 크기와 질감, 모양, 형태, 무늬, 색깔, 느낌 등을 살펴봄으로써 자연물에 대해 친숙해지도록 하고 더불어서 조형 작품의 완성도도 높일 수 있다. 또한 실외놀이시간 동안 아이들이 활동에 활용할 만한 자연물을 직접 수집하고 다듬는 작업을 할 수도 있다.

현장의 교사를 위한 TIP

- 대체 가능한 재료 및 도구 : 버려진 화분이 주변에 없다면, 다양한 용기나 폐품을 활용해도 무방하다. 리사이클링 활동은 그 자체가 친환경적인 의미가 깊은 작업이다. 핸디코트는 자연물을 접착시키기에도 편리하고 건조 후에 색다른 질감을 선사하는 재료이지만 가정이나 기관에서 구하기 힘들다면 아크릴 물감으로 채색을 한 후 목공풀로 자연물을 부착해도 멋진 작품이 완성된다.

- 활동 시 유의사항 : 핸디코트는 말랐을 때 석고 형태로 건조되는 재료이다. 이 때문에 작업이 끝난 뒤에는 휴지나 수건으로 손에 묻은 재료를 충분히 닦아낸 후 물로 씻어야 세면대나 배수구가 막히는 것을 방지할 수 있다. 자연물 중 돌이나 나뭇가지 등을 활용할 때에는 뾰족하거나 날카로운 부분이 없는지 등을 확인하고 다듬은 뒤에 아이들에게 제공해야 한다.

- 연령별 운영 방식 : 4~5세의 경우 조형 활동을 할 때에 형상화할 수 있는 구체적인 주제를 선정하여 제시하면 아이들이 작업 과정에서 대상을 떠올리며 표상하기에 용이하다. 예를 들어, 자신이 좋아하는 동물을 표현해보도록 주제를 제시해주면

다양한 자연물 채색하기

매니큐어로 스톤페인팅하기

아이들은 그만큼 구체적인 대상을 머릿속에 떠올리거나 혹은 관련 자료(사진이나 그림)를 참고하여 더욱 세밀한 결과물을 완성하게 된다. 6~7세 및 학령기 아이들의 경우에는 오히려 본인의 의사에 맞게 자유로운 창작 활동을 시도하도록 격려하면 보다 다양한 결과물이 도출될 수 있다.

• 놀이 활성화를 위한 상호작용 예시

"사자의 갈기를 표현하려면 어떤 재료들이 어울릴까?"

"크기나 모양이 다양한 돌들을 여러 가지 방법으로 이용해보자."

"핸디코트 반죽은 만지면 어떤 느낌이 드니?"

"나무를 잘라 낸 단면을 살펴보면 어떤 무늬가 새겨져 있니?"

• 동일 매체(자연물)를 이용하여 연계 가능한 다른 놀이 : 쌀이나 돌, 나뭇가지, 조개껍질 등의 자연물을 미리 염색시켜 건조시키면 여러 가지 색을 입은 재료로 재탄생시킬 수 있다. 이렇게 완성된 자연물을 활용하면 더욱 다양한 조형 재료가 된다. 자연물을 채색할 때에는 아크릴 물감을 이용하는 것이 색이 선명하게 발색되어 좋다. 말린 뒤에 니스칠을 하여 광택감을 줄 수도 있다. 돌을 채색할 때에는 물에 마블링

물감이나 매니큐어를 몇 방울 떨어뜨린 뒤에 돌을 넣었다 빼는 식의 새로운 방법을 시도해볼 수도 있다. 이 외에도 자연물의 무게나 크기를 비교하고 측정해보는 등의 수 · 과학적 탐구 활동과도 연계해볼 수 있을 것이다.

자연물을 활용한 콜라주 그림 그리기

자연물을 수집하여 무게 비교하기

▶ 활동 계획표

<table>
<tr><th>활동명</th><td colspan="2">나만의 화분을 만들어요</td><th>주제</th><td>자연물로 조형 활동하기</td></tr>
<tr><th>대상</th><td colspan="2">만 3세~만 4세</td><th>관련 교과</th><td>자연탐구, 예술경험</td></tr>
<tr><th>교육과정</th><td colspan="4">• 자연탐구: 생활 속에서 탐구하기: 물체의 특성과 변화를 여러 가지 방법으로 탐색한다.
• 예술경험: 창의적으로 표현하기: 다양한 미술 재료와 도구로 자신의 생각과 느낌을 표현한다.</td></tr>
<tr><th rowspan="9">학습목표 및 방법</th><th colspan="4">내용 목표</th></tr>
<tr><td colspan="4">• 나무 조각, 돌, 말린 잎과 열매, 조개껍질 등 다양한 자연물의 형태와 크기, 질감과 무늬, 색깔 등의 물리적 특성을 탐색할 수 있다.
• 자연물의 특성을 활용하여 표현하고 싶은 대상의 특징을 표상해보고 이를 조형 활동에 응용할 수 있다.</td></tr>
<tr><th colspan="4">과정 목표</th></tr>
<tr><td colspan="4">• 눈으로 자세히 관찰하고, 만져서 질감을 느끼고, 통에 담아 흔들거나 조개껍질을 귀에 대보며 소리를 듣고, 냄새를 맡아보는 등 오감을 활용하여 물체의 속성을 자세히 탐색할 수 있다.
• 주어진 재료의 무늬, 형태, 크기, 모양 등을 고려하여 표현하고 싶은 대상의 외형적 특징을 나타내는 데 활용할 수 있다.</td></tr>
<tr><th colspan="4">활동 방법</th></tr>
<tr><th>도입</th><td colspan="3">• 자연물의 물리적 특성과 생김새를 자세히 탐색해본다.
• 다양한 자연물을 탐색하는 데에 오감을 활용하고 투명한 용기, 돋보기 등의 도구를 활용해본다.</td></tr>
<tr><th>전개</th><td colspan="3">• 내가 표현하고 싶은 대상(본 활동에서는 동물)의 생김새를 떠올려 보고 각 부분 혹은 전체 이미지를 묘사하는 데에 적합한 재료를 찾아본다. 자연물을 활용하여 동물의 얼굴을 표현해보면서 나만의 화분을 꾸며본다.</td></tr>
<tr><th>마무리</th><td colspan="3">• 완성된 화분에 흙을 담고 식물 모종을 옮겨 심으면서 자연물로 만든 조형 작품과 다양한 생김새의 식물을 함께 감상해본다.</td></tr>
</table>

▶ 활동 전개

자연물로 조형 활동을 하는 방법은 무궁무진하다. 그 중에서도 가장 많이 쓰이면서도 이상적인 방식은 아이들이 자연물의 형태를 활용하여 조형 활동을 구상하는 것이다. 이 방법은 자연물의 모양과 무늬, 질감과 크기 및 무게, 색깔과 구조 등의 물리적 속성을 탐구하며 조형 활동을 할 수 있도록 하기 때문이다. 예를 들

어, 나뭇가지를 이용해서 동물을 만들 때 아이들은 나뭇가지의 길이나 모양을 탐색하며 어떤 형태가 자신이 표현하고자 하는 동물의 특성을 잘 반영하는지를 고민하게 된다. 그러고 나서 길고 얇은 가지는 동물의 수염으로, 뾰족한 가지는 동물의 가시나 털로, 동그랗게 잘린 나무 조각은 동물의 눈 · 코 · 입이나 무늬로 쓰인다.

우리는 자연물을 이용해서 버려진 폐화분을 나만의 화분으로 꾸며 재탄생시키는 활동을 진행했다. 이를 위해서는 먼저 다양한 자연물의 속성을 탐색하는 시간을 가졌다. 아이들은 조개껍질, 돌과 자갈, 여러 형태의 나무 조각, 말린 꽃잎, 커피 원두 등의 재료를 살펴보았다. 여러 가지 방식으로 대상을 탐색하기 위해서 돋보기가 내장된 투명한 원통을 도구로 제시하기도 했다. 아이들은 여기에 자연물을 담아 자세히 확대해 관찰해보기도 하고, 흔들어보면서 악기처럼 소리를 내보기도 했다. 조개껍질에 담긴 파도 소리를 들어보거나 커피 원두의 냄새를 맡아보는 등 다양한 감각을 활용했다.

자연물을 탐색한 것과 더불어서, 자신이 재활용할 화분과 완성된 화분에 옮겨 심을 식물도 함께 탐색해보았다. 자연물 화분은 그 모든 것이 한데 어우러져 하나의 조형물을 구성하기 때문이다. 아이들은 표현하고 싶은 주제와 어울리는 화분을 찾고자 화분의 모양과 크기 등을 비교했다. 예컨대 사자를 표현할 아이는 커다란 크기의 화분을, 거북이를 표현할 아이는 등 껍질처럼 둥근 모양의 화분을 골랐다. 그러고 나서는 키우고 싶은 식물도 탐색해봤는데, 아이들은 나뭇잎의 모양과 크기, 줄기의 길이 등을 고려해서 자신의 화분과 심미적으로도 그리고 기능적으로도 어울릴 만한 대상을 찾기 위해 노력했다.

자연물을 화분에 붙이기 위해서는 접착제가 필요하다. 교사는 아이들의 연령 특성상 본드나 글루건을 사용하는 것보다는 접착제가 될 만한 대안제인 핸디코트를 화분 전반에 발라주는 작업을 진행한 뒤에 자연물을 자유롭게 붙이도록 했다. 이 작업은 붙인 것을 다시 떼거나 옮겨 붙이는 수정 작업을 하기에도 편리했다. 핸디코트는 찰흙 반죽과 같은 질감이라 아이들이 그 촉감을 매우 선호했다. 또한 건조시킨 뒤에는 석고처럼 굳는 성질이 있어 작

품의 보존에도 용이했다.

자연물을 이용해서 화분을 장식하기 위해 아이들은 내가 표현하고자 하는 주제를 생각하여 사자의 갈기와 털, 거북이의 등껍질과 무늬, 새의 부리와 깃털 등을 고려해서 만들었다. 사자의 갈기는 나무의 단면을 압축시킨 여러 가지 형태와 무늬의 조각을 이어붙여 완성했고, 새의 부리는 뿔소라 껍질을 이용했다. 거북이의 등껍질은 딱딱하고 둥근 모양의 돌을 여러 개 붙여 만들었고, 동물의 수염과 같은 부분은 나뭇가지를 활용했다.

자연물을 이용해서 만든 화분은 아이들만의 개성이 담긴 화분으로 다시 태어났다. 이제 아이들은 자신이 완성한 화분에 식물을 옮겨 심었다. 식물을 옮겨 심으면서 뿌리가 흙을 움켜쥐고 있다며 신기해했다. 이후로도 아이들은 농원 내에 화분을 비치하고 자신의 식물을 정성스레 키웠다.

활용하고 남은 자연물은 농원 내 탐색 공간에 놓였는데 이후에도 아이들은 수시로 자연물을 관찰하고 또 여러 가지 자발적인 놀이의 매체로 활용하는 양상을 보였다. 더불어서, 아이들은 직접 농원 안에 있는 식물들로부터 낙엽과 열매, 줄기나 나뭇가지 등을 일부 채취하여 건조시킨 뒤 탐색 공간에 놓는 모습을 보이기도 했다. 자연물을 활용한 생태놀이는 이렇게 아이들이 농원을 조성하는 프로젝트를 전개해나가는 동안 끊임없이 재창조되고 발전되는 경향을 보인 셈이다.

Chapter

2

스마트 가드닝으로 조성하는 우리만의 작은 온실

1. 과학지식으로 식물을 길러요

1) 식물이 살아가기 위해 필요한 것은 무엇일까요?

▶ 활동의 맥락과 필요성

• 활동 주제와 관련한 과학적 이슈

가드닝 프로젝트를 하는 궁극적인 목적은 바람직한 환경이 조성된 실내에서 식물을 길러내는 것이다. 식물이 살아가는 데 직접적인 영향을 미치는 요소 중 환경적 요소는 강수량과 기온이다. 식물이 생장하기 위한 강수량과 기온을 보장하기 위해서는 현재 상태에 대한 측정이 우선적으로 요구되기 마련이다. 여기서 강수량을 측정하기 위한 도구는 우량계를, 기온을 측정하기 위한 도구는 온도계를 의미한다.

우량계는 비가 내린 양을 재는 기구로 보통 그릇에 빗물을 받아서 그 빗물의 깊이를 측정한다. 식물을 기르는 데 있어서 우량계는 강수량을 측정하여 식물에 인위적으로 제공할 필요가 있는 수분의 양을 계산하는 데 도움을 주는 매체이다. 우량계는 우리나라의 역사적 발명품 중 하나인 측우기와 관련이 깊다. 그렇다면 측우기는 누가 처음 발명하였을까? 근대 과학의 핵심지라고 할 수 있는 서구 유럽을 살펴보자. 1639년 로마의 가스텔리(B. Gastelli)가 처음으로 측우기로 강우량을 관측하였다고 한다. 프랑스는 1658년부터 그리고 영국에서는 1677년부터 강우량을 측정하였다.

하지만 놀랍게도 조선은 이보다 200년이나 빠른 1442년 5월부터 측우기로 강우량을 계산하는 데 성공하였다. 홍수와 가뭄이 빈번하고, 시기별 강수량이 상이했던 조선은 원활한 농경 생활을 위해서 강우량을 측정해야 할 필요가 있었다. 이에 따라 과학적 측량 도구를 개발한 것이다. 조선이 개발한 측우기의 배경을 살펴보면, 세종 7년(1425년)에 가뭄이 계속되는 와중에 비가 오자, 물이 땅에 스며든 깊이를 상세히 기록하여 보고하라는 기록이 있다(조선왕조실록).

측우기의 구조를 살펴보면, 고인 빗물을 측정하는 눈금자(주척), 빗물을 받는 원기둥 모양의 그릇(측우기), 측우기를 받치면서 빗물이 튀어 측우기 안으로 들어가는 것을 방지하는 기둥(측우대)으로 이루어져 있다. 신기하게도 크기가 서로 다른 두 측우기로 동일한 시간과 공간에서 강우량을 측정하면 측우기에 받힌 비의 높이는 같다고 한다. 이는 단위 면적당 내리는 비의 양이 일정하기 때문이다(국립대구과학관, 2019).

본 활동에서는 원통형의 측우기를 지층을 형상화한 매체에 연결하여 지하수의 양을 측정하는 것과 연계시켰다. 왜냐하면 실내 농원의 화단 속 토양의 수분을 측정하는 것은 훗날 토양의 습도에 따라 스프링클러나 호스의 작동을 명령할지의 여부를 결정하는 자동급수시스템의 원리와 관련이 깊기 때문이다.

온도계는 물체의 온도를 측정하는 도구이다. 17세기 초, 우리에게 다소 친숙한 과학자인 갈릴레오 갈릴레이는 온도에 따라 기체의 부피가 변한다는 사실에 착안하여 온도계를 발명했다. 1603년 갈릴레이는 가열된 공기가 든 유리관을 물 그릇 속에 거꾸로 세워두었다고 한다. 이때 유리관이 위치한 관의 온도가 따뜻해지면 관 속의 공기는 팽창하게 되면서 물이 높이가 내려갔고, 반대로 방의 온도가 추워지면 관 속의 공기가 수축하여 물의 높이가 올라가게 되었다. 이 물의 높이를 측정한 값이 방 안의 온도를 대변한 설정값이었던 셈이다. 그러나 공기의 압력에 따라 공기가 팽창하는 정도가 달라지기 때문에 온도계의 온도는 측정 장소에 따라 달라진다는 한계가 있었다. 예를 들어, 기압이 높은 고산지대에서는 온도계의 측정값이 그만큼 영향을 받는 것이다. 이러한 단점을 보완하고, 더불어 눈금을 갖추면서도 보다 체계적이며 과학적인 온도계가 세상에 모습을 드러냈다. 바로 독일의 과학자 파렌하이트(Fahrenheit)가 1714년 수은 온도계를 발명한 것이다. 얼음 속과 끓는 물 속에 수은을 넣어 만든 온도계이다. 열기가 수은에 전달되면 수은이 팽창하는 성질을 이용한 것이다.

본 활동에서는 갈릴레이가 최초로 발명한 물 온도계의 원리를 이용하여 아이들이 손쉽게 온도를 측정할 수 있도록 시도해 보았다. 이 작업은 농원의 온도 값에 따라 식물의 생장 유지에 필요한 온도 설정을 위해 인간이 어떠한 조치를 취해야 할지를 고민해보게끔 한다는 측면에서 농원 조성 프로젝트 과정에 필요한 선행 경험이 되었다.

• 함께 다룰 수 있는 관련 교과 지식

- 지층의 구조와 지하수의 개념 및 원리
- 강수량의 개념
- 냉온대 기후와 관련된 지역별 기온과 기후대별 서식하는 식물의 종
- 측우기의 발명 원리
- 온도계의 원리
- 식물이 성장하기에 가장 적합한 온도와 습도
- 액체 · 기체 · 고체의 성질과 관련된 물리과학적 개념

▶ 활동 전개를 위한 교사의 준비

• 자료 준비

시중에 측우기나 온도계 만들기와 관련된 과학 키트가 판매되고 있다. 그러나 아이들이 직접 온도계나 측우기의 원리를 이해하고 일상에서 쉽게 구할 수 있는 재료를 활용하여 도구를 재연해본다는 데에 의의가 있기 때문에 기성품보다는 폐품과 같이 친숙한 자원을 준비해주는 것이 좋다. 아이들이 직접 실제 기성품 혹은 완제품을 대체할 수 있는 재료가 무엇인지를 탐색하는 것이 선행되면 더욱 효과적인 활동이 될 수 있다.

• 연관 활동

지층과 지하수의 관계 실험하기

뿌리의 역할 탐구하고 표현하기

기후대별 식물의 종 조사해보기

다양한 재료로
지층 단면 모형 만들어보기

지층 구조 그림으로 그려보기

식물 도감 활용하여
식물의 서식환경 그려보기

▶ 활동 개요

활동명 식물이 살아가기 위해 필요한 것은 무엇일까요?

준비물 도화지, 다양한 필기도구, 공병, 고무찰흙, 식용 색소, 용기, 빨대, 스포이드, 식용유, 자갈, 자, 글루건, 지지대, 페트병, 수은 온도계 등

활동형태 융합 STEAM 예술 활동

활동내용 식물의 성장을 위한 환경적 요인에 대해 생각해보고 구체적인 수치로 온도와 물의 양을 측정하고 조절하기 위한 도구를 개발해본다. 본 활동은 과정별 난이도나 소요시간이 수준 이상이기 때문에 여러 차시에 걸쳐 나뉘어 진행되는 것이 효율적이다.

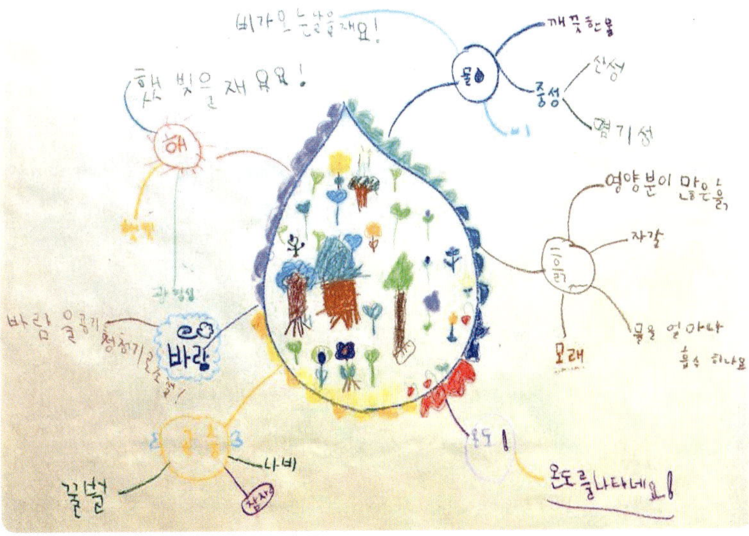

▶ 활동 계획표

<table>
<tr><td>활동명</td><td>식물이 살아가기 위해 필요한 것은 무엇일까요?</td><td>주제</td><td>식물의 생장 조건과 온도계와 측우기의 필요성 이해하기</td></tr>
<tr><td>대상</td><td>만 5세~만 7세</td><td>융합 교과</td><td>과학, 기술, 수학</td></tr>
<tr><td>초등학교 STEAM 교과의 영역과 핵심 개념</td><td colspan="3">• 과학: 생물의 구조와 에너지: 식물의 구조와 기능
환경과 생태계: 생태계와 상호작용
대기와 해양: 대기의 운동과 순환
• 기술: 기술 시스템: 창조 및 활용
• 수학: 측정: 양의 측정</td></tr>
<tr><td>누리과정 관련 요소</td><td colspan="3">• 의사소통: 읽기와 쓰기에 관심 가지기: 자신의 생각을 글자와 비슷한 형태로 표현한다.
• 자연탐구: 탐구과정 즐기기: 주변 세계와 자연에 대해 지속적으로 호기심을 가진다.
자연과 더불어 살기: 주변의 동식물에 관심을 가진다.
생활 속에서 탐구하기: 도구와 기계에 대해 관심을 가진다.
생활 속에서 탐구하기: 물체의 특성과 변화를 여러 가지 방법으로 탐색한다.</td></tr>
<tr><td rowspan="4">학습목표</td><td colspan="3">내용 목표</td></tr>
<tr><td colspan="3">• 식물의 생존과 성장에 영향을 미치는 환경적 요소에 대해 생각해보고 기온과 강수와 식물의 생장 간의 상관관계에 대해 이해해볼 수 있다.
• 온도계와 측우기의 원리에 대해 이해해보고, 간이 온도계와 간이 측우기를 제작할 수 있다.</td></tr>
<tr><td colspan="3">과정 목표</td></tr>
<tr><td colspan="3">• 식물에게 필요한 요소가 무엇이고, 요소별로 적절한 조건이 무엇인지를 탐구해볼 수 있다.
• 온도계와 측우기가 작동하는 원리를 이해해보고, 실생활에서 구할 수 있는 재료로 직접 그 원리를 실현시켜 볼 수 있다.
• 측우기의 원리를 활용하여 대기에 내린 강수량이 아닌, 지하수로 내려간 강수량은 어떠한지 토양의 수분 함유량을 측정할 수 있는 방법을 구상해보고 가정을 세워 새로운 도구를 창조해볼 수 있다.</td></tr>
<tr><td rowspan="2">STEAM 학습 준거</td><td>상황제시 혹은 1차시</td><td colspan="2">• 식물이 살아가는 데 필요한 환경적 요소 생각해보기
• 식물의 생장 조건과 관련하여 떠오르는 생각 브레인스토밍 하기
• 식물에 영향을 주는 외부 요인(물, 토양, 기온)을 인위적으로 조절할 수 있는 방법 생각해보기</td></tr>
<tr><td>창의적 설계 혹은 2차시</td><td colspan="2">• 농원의 온도를 측정할 수 있는 방법 알아보기
• 농원의 습도를 측정할 수 있는 방법 알아보기
• 간이 온도계와 간이 측우기 제작하기</td></tr>
</table>

STEAM 학습 준거	감성적 체험 (성공의 경험) 혹은 3차시	• 측우기의 원리를 이용하여 지하수 수분 측정 방식을 개발하고 물의 양을 구체적인 수치로 측정해보기 • 간이 온도계로 농원의 대기 온도 수치 측정해보기 • 농원의 온도와 토양의 습도를 측정할 수 있는 방안을 이후에 탐구할 아두이노 기계 시스템으로 전이시키기

▶ 활동 전개

"식물이 살아가기 위해 필요한 것은 무엇일까?"

아이들에게 식물의 생존에 필수적인 요소가 무엇인지를 물어보자 아이들은 물과 흙 정도를 이야기했다. 우리는 브레인스토밍 과정을 통해서 식물의 생장과 관련된 환경적인 조건을 범주화시켰는데 이 과정에서 처음에는 생각해내지 못했던 것들을 떠올리게 되었다. 예컨대, 바람이나 곤충과 같이 식물의 번식이나 공생관계와 관련된 요소를 이야기한 것이다. 최종적으로 아이들이 적어낸 범주는 온도, 곤충, 바람, 물, 흙, 해의 6가지 범주였다.

각 범주를 적은 이후에는 아이들 간 혹은 교사와 아이들 간의 대화를 토대로 각 범주를 세분화시켰다. 아이들은 마치 소크라테스식 문답법과 같은 교수 방식을 본능적으로 습득하고 있는 듯했다. 예컨대 우리는 '식물의 생존을 위한 물'이라 하면 어떤 물이 좋을지에 대해 끊임없이 이야기 나눴다. 또한 '식물이 살아가는 흙'에 대해서는 모래, 자갈, 양분 등의 상태를 고려하기도 했고 물을 얼마나 잘 흡수하고 배출하는지에 대해서도 생각해보았다. 물, 흙과 관련해서 아이들이 나눴던 대화 중 일부는 다음과 같다.

"자연적으로 하늘에서 내리는 비라면 흙 속으로 흘러들어갈 테니
흙의 상태도 깨끗해야 하지 않을까?
그래야만 뿌리가 깨끗한 물을 빨아들일 테니까."
"비가 내리지 않는다면 수돗물을 줘야 하는데 산성과 염기성, 중성 중

어느 것이 하늘에서 내리는 비와 가장 비슷할까?"
"모래, 자갈, 흙의 양이 얼마나 필요할까? 물을 잘 흡수하고
머금고 있는 흙이 좋은 것일까 잘 배출하는 흙이 좋은 것일까?"
"물의 양이 무조건 많다고 해서 좋은 것은 아니야.
흙에 물이 너무 많으면 뿌리가 썩을 수도 있고
물이 너무 없으면 뿌리가 마를 수도 있어."

그러고 나서 교사는 아이들로 하여금 앞서 열거한 범주들 중 식물의 서식 환경과 관련된 요소로 조절하고 관리해주어야 할 것에 대해 생각해 보게끔 유도했다. 농원을 조성하기 위해 고려해야 할 것들을 생각해볼 필요가 있었기 때문이다. 아이들은 바람이 필요한 이유로 꽃가루와 씨앗을 날려야 할 때만 필요하고 바람이 너무 많이 불면 줄기가 꺾일 수 있어 많이 필요하지는 않다고 대답했다. 그래서 바람의 경우는 필요할 때만 공기 청정기로 조절한다고 대답했고, 온도와 습도에 대해 보다 많은 것들을 이야기했다. 먼저, 온도는 식물이 생존할 수 있도록 따뜻해야 한다고 생각했는데 이를 위해서는 온도를 측정할 수 있는 온도계가 농원 내에 존재해야 한다고 언급했다. 습도와 관련해서는 대기 중의 습도보다는 흙과 연관 지어 생각하는 경향을 보였다. 즉, 아이들은 흙의 수분 상태를 점검하여 흙이 건조하다고 생각될 때에 물을 주는 것이 자신들의 임무라고 생각했다.

이와 관련해서 교사는 아이들이 온도계나 우량계의 원리를 이해해보는 것이 혹

날 아두이노를 통해 온습도계를 만들어보는 작업보다 선행될 필요가 있다고 판단했다. 습도계가 대기 중의 습도를 파악하는 것과 달리 우량계는 강우량을 측정한다. 다시 말해서 땅에 내린 비의 양을 측정하는 기구를 우량계라고 한다. 최종적으로 아이들의 목표는 토양의 수분을 측정하는 센서를 활용할 때 강우량의 개념을 선행지식으로 사용하는 것이다. 물론 우리는 자연의 힘을 빌리지 않고 오롯이 인공의 힘을 이용해 운영되는 실내 농원을 조성할 것이지만 그래도 그 원리를 파헤쳐 보고자 했다.

교사는 아이들의 연령이 다소 어리기 때문에 가시적으로 그 변화를 뚜렷하게 확인할 수 있는 활동이 좋다고 판단했고 이에 기초해서 색다른 우량계를 제작해 보았다. 먼저 우리는 비가 내릴 때의 지상층을 조성해보았다. 일반적으로 흙으로

뒤덮인 땅에 비가 내리면 비는 땅 위에 고이지 않고 지하로 스며든다. 그래서 우리는 물이 지하로 흘러갈 수 있도록 페트병 안에 자갈을 일정량 깔았다. 그런 뒤에 자갈의 크기가 커서 물이 너무 빨리 내려가지 않도록 찰흙을 덮었다. 찰흙은 지표면을 상징했다. 그러나 물이 통과할 수 있도록 찰흙에 날카로운 철사로 구멍을 소량 뚫어두었다. 마지막으로 실제 우량계는 수분이 증발하는 것을 방지하기 위해 여러 단의 몸통이 합체형으로 이루어져 있고, 빗물을 받는 깔때기형으로 기기 내부에 흐르는 빗물의 양을 측정하여 강우량을 예측한다. 이와 비슷하게 우리도 페트병의 상단부를 이용해 깔때기처럼 활용하여 위를 덮었다. 우리는 짧은 시간의 강수량을 측정한다는 점에서 이 작업이 불필요했지만, 아이들에게 우량계의 원리를 이해시키기 위해 진행했다. 참고로, 고무찰흙에 구멍을 뚫지 않은 상태로 바깥에 두면 내리는 비 중 일부가 우량계에 모이고 이것이 강수량을 측정하는 것을 가능케 한다.

교사는 여기서 한 단계 나아가 아이들에게 지하수의 개념을 보다 쉽게 이해시키기 위해 지표면 아래로 흘러내려간 물의 양을 잴 수 있게 했다. 그래서 자갈 아

래 페트병 하단부에 구멍을 뚫고 빨대를 끼운 뒤 글루건으로 물이 세지 않게 고정했다. 연결한 빨대는 또 다른 페트병으로 이어진다. 이 페트병은 물이 고인 양을 측정할 수 있도록 측면에 자를 붙여주었다. 숫자 개념이 익숙지 않은 5~6세의 어린아이들도 따로 참여해볼 수 있도록 깃발도 넣어주었다. 수면까지 깃발을 올려 깃발의 이동으로 물의 양을 가늠하도록 한 것이다. 마지막으로, 지하로 스며든 물이 측정통 안으로 잘 모일 수 있도록 두 개의 페트병 간의 높이 차이를 만들어주었다.

이윽고 깔때기에 물을 붓자 물은 천천히 찰흙과 자갈층을 지나 아래 페트병에 모였다. 시간이 흐를수록 물의 양도 늘어났다. 그러나 어느 정도 모이고 나서는 찰흙의 특정 성분이 물에 용해되고 응고되는 과정을 통해 찰흙 구멍이 막혀 물이 더 이상 아래로 내려오지 않고 위에 고여 있게 되었다. 이렇게 땅 위에 고여 있는 물은 어떻게 될지 묻자 아이들은 이내 곧 증발할 것이라고 대답해주었다. 이 방법은 아이들이 다음과 같은 전제조건을 형성할 수 있도록 해주었다.

"깔때기로 물을 10만큼 부으면 지하로 흘러내려간 물이
4만큼 고이니 식물이 4만큼의 물을 먹을 수 있겠구나!"
"식물에게 물을 줄 때 흙 속에 스며드는 물이
너무 많거나 적지 않게 양을 조절해야 해."

온도계는 물체의 뜨겁고 차가운 정도를 측정하는 도구이다. 온도계 중에서 가장 흔하게 쓰이는 것 중 하나가 액체 온도계이다. 액체가 얇은 관 속에 있으면서 온도의 변화에 따라 팽창하거나 수축하는 성질을 이용한 것이다. 물은 끊임없이 움직이는 분자들로 이루어져 있는데, 분자는 온도가 높으면 더 활발히 움직이는 경향이 있다. 이로 인해 물이 팽창하는 것이다. 온도가 올라가면 관 속 물의 높이

가 올라가고, 온도가 내려가면 물의 높이도 내려가는 것이다. 물론, 액체가 팽창하고 수축하는 데 시간이 필요하기 때문에 단기간에 온도를 측정하는 것은 쉽지 않다. 때문에 눈금은 온도계가 작동한 뒤에 매기는 것이 용이하다. 간이 온도계를 제작하는 것은 상대적으로 쉬운 작업 중 하나이다. 쓰이는 재료 또한 주변에서 쉽게 구할 수 있는 것들이라 가정에서도 충분히 해볼 만한 활동이다.

유리병의 윗부분까지 물을 채우고, 식용 색소를 넣어 희석한다. 색이 있어야 물의 수위 변화가 쉽게 보이기 때문이다. 빨대는 온도계에서 물이 타오르는 관의 역할을 한다. 그래서 빨대에는 한쪽 끝에서 각각 일정한 길이만큼 떨어진 곳에 선을 표시하는 것이 좋다. 우리는 각각 5cm, 10cm만큼 떨어진 곳에 선을 표시해두었다. 그런 뒤에 고무찰흙으로 빨대 주위를 감싼다. 이때 고무찰흙의 윗부분이 빨대에 표시한 선 중 아래쪽의 선과 같은 높이가 되도록 해야 한다. 이제 빨대를 병의 바닥에 닿지 않도록 넣고 고무찰흙으로 병의 입구를 잘 감싼다. 스포이드로 색소 물을 빨대의 위쪽 선까지 넣은 후 빨대 안으로 식용유를 한 방울 떨어뜨려 물의 증발을 방지하는 작업까지 하면 간이 온도계는 완성된다.

식물의 생장과 관련된 다양한 변인 요소들을 고려해보는 작업은 아이들이 실내 농원을 조성하는 데 필요한 과학적 지식과 기술을 활용하기 위한 플립러닝의 역할을 한다. 이러한 작업들은 아이들에게 식물을 기르기 위해 자신들이 구현해야 할 기술은 무엇이고 어떻게 해야 하는지에 대한 방향성을 제시해주었다.

2) 흙 속에 묻을 수 있는 화분을 만들어요

▶ 활동의 맥락과 필요성

• 활동 주제와 관련한 과학적 이슈

플라스틱은 복잡한 분자구조들로 이루어진 화학물질이므로, 분해가 쉽지 않다. 화학 분자의 구조를 조금씩 변형시키거나 조작하는 것만으로 새로운 종류가 생산되기 때문에 형태와 강도, 유연성, 질감, 색까지도 원하는 대로 재연해낼 수 있다는 점에서 무궁무진한 가능성을 가진 재료이다. 이러한 플라스틱의 장점에 매료된 현대인들은 플라스틱으로 만들어진 세상 속에 살고 있다고 해도 과언이 아니다. 그러나 앞서 언급한 바와 같이, 플라스틱은 분해가 어렵고 재활용이나 연료화조차 쉽지 않으니 그저 땅에 묻어버리거나 혹은 태워버리는 수밖에 없다. 땅속에 묻힌 플라스틱이 땅속 미생물에게 어떤 영향을 미치는지, 언제쯤에나 분해되어 사라질지 아무도 예측할 수 없다.

더욱이 플라스틱은 제조되거나 소각될 때 온실가스를 비롯한 여러 유해한 화학물질을 배출한다. 근래에는 썩지 않는 플라스틱이 일상생활에서 햇볕 아래에 놓여 있는 것만으로도 탄화수소가스를 배출한다는 새로운 연구 결과마저 나온 실태이다. 2018년에 발표된 연구에 의하면 플라스틱은 자연환경에서 태양광에 노출되었을 때 메탄과 에틸렌을 배출한다고 한다. 메탄가스는 이산화탄소와 더불어 지구온난화의 주범이 되는 요인이다. 그러나 우리들은 일상에서 그리고 교육 현장에서조차 플라스틱을 남용한다. 아이러니하게도 자연을 보호하고 존중한다는 차원에서 행하는 식물을 심는 행위조차 플라스틱으로 만들어진 화분과 화단을 활용하고 있다.

아이들과 함께 플라스틱의 유해성과 환경오염에의 영향에 대해 이야기 나눠보고, 이를 대체할 자원에 대해 조사해보는 시간을 가질 수도 있다. 최근에는 '친환경 플라스틱'으로 각광받는 새로운 형태의 플라스틱이 세상에 모습을 드러냈다. 혼합형 바이오베이스 플라스틱은 식물성 재료와 석유 화학물질을 섞어 만들어 탄소배출량을 감소시키고 환경호르몬을 발생시키지 않는다. 이렇듯 미래 세대에서 지속가능한 플라스틱에 대해 탐구해보고 또 다른 친환경 화분을 모색해보는 기회를 가져보도록 한다.

포트묘는 종이와 같이 쉽게 분해되는 재질의 포트에 배양토를 넣고 파종하여 키운 묘를 의미한다. 여기에 씨앗을 심어 파종하여 싹을 낸 후에 화분 자체를 흙에 묻어주면 된다. 화분은 친환경 재질로 흙 속에서 자체 분해될 것이다. 아이들은 농원에서 기를 묘를 파종하기 위한 친환경적인 수단으로 종이와 밀가루 반죽을 이용한 포트를 만들어볼 수 있다.

- **함께 다룰 수 있는 관련 교과 지식**
  - 식물을 기르기에 적합한 화분의 형태와 구조
  - 지구온난화 현상과 온실가스 및 환경 문제
  - 플라스틱과 환경호르몬
  - 물질의 분해 · 연소와 관련된 화학적 상태 변화

▶ 활동 전개를 위한 교사의 준비

• 자료 준비

시간이나 공간적 제약이 있는 경우에는 밀가루와 물, 폐지를 섞어 만드는 대신 시중에 판매되는 종이죽을 활용할 수도 있다. 그러나 아이들이 직접 밀가루를 물에 개고, 종이를 잘게 찢는 등의 과정은 그 자체로 큰 재미를 선사하기 마련이다. 포트묘는 아이들에게 다소 생소한 주제이다. 그러므로 포트묘와 관련된 사전 지식을 미리 형성하는 것이 중요하기 때문에 관련된 시각적 자료를 준비하여 이야기 나눈 뒤 활동을 진행하는 것이 좋다.

포트묘는 흙 속에서 분해될 수 있는 다른 재료로 대체할 수도 있다. 예를 들어, 밀가루 반죽 대신 진흙이나 황토가루를 활용해도 되고 점토를 이용할 수도 있다. 다만 진흙의 경우 배양토를 담고 수분을 머금어도 형태가 유지될 수 있도록 물기를 머금은 종이나 시판되는 종이죽을 섞어 활용하는 것이 좋다.

• 연관 활동

종이죽 촉감놀이하기

종이죽을 이용한 친환경 재활용지 만들기

▶ 활동 개요

활동명 흙 속에 묻을 수 있는 화분을 만들어요

준비물 밀가루, 폐종이, 이면지, 신문지, 물, 반죽용기, 보급형 톱니파쇄기, 종이컵 혹은 소형 화분(화분 반죽 틀로 사용할 만한 크기의 용기) 등

활동형태 융합 STEAM 예술 활동

활동내용 식물의 생장에 도움이 되는 친환경적인 요소 및 방식에 대해 생각해보고 포트묘라는 대안적 매체를 경험해본다.

▶ 활동 계획표

<table>
<tr><td>활동명</td><td>흙 속에 묻을 수 있는 화분을 만들어요</td><td>주제</td><td>포트묘의 분해 원리 이해하기</td></tr>
<tr><td>대상</td><td>만 5세~만 7세</td><td>융합 교과</td><td>과학, 미술, 기술</td></tr>
<tr><td>초등학교 STEAM 교과의 영역과 핵심 개념</td><td colspan="3">• 과학: 생물의 구조와 에너지: 식물의 구조와 기능
환경과 생태계: 생태계와 상호작용
물질의 성질: 물리적 성질과 화학적 성질
• 미술: 체험: 연결: 미술과 생활
표현: 제작: 표현 재료와 용구</td></tr>
<tr><td>누리과정 관련 요소</td><td colspan="3">• 자연탐구: 탐구과정 즐기기: 주변 세계와 자연에 대해 지속적으로 호기심을 가진다.
자연과 더불어 살기: 주변의 동식물에 관심을 가진다.
생활 속에서 탐구하기: 도구와 기계에 대해 관심을 가진다.
생활 속에서 탐구하기: 물체의 특성과 변화를 여러 가지 방법으로 탐색한다.</td></tr>
<tr><td rowspan="4">학습목표</td><td colspan="3">내용 목표</td></tr>
<tr><td colspan="3">• 씨앗을 보호하기 위한 포트묘에 대해 알아보고 포트묘의 친환경적인 분해 원리를 이해할 수 있다.
• 포트묘를 제작하기 위한 재료의 특성을 이해하고 이를 활용하여 결과물을 완성할 수 있다.</td></tr>
<tr><td colspan="3">과정 목표</td></tr>
<tr><td colspan="3">• 포트묘를 이루는 재료의 물리적 · 화학적 속성을 탐구하며 포트묘가 분해되는 원리와 포트묘의 친환경적인 특성을 이해할 수 있다.
• 조형 활동에 쓰이는 재료의 표현적 특성을 이해하고 이를 바탕으로 작품을 제작할 수 있다.</td></tr>
<tr><td rowspan="3">STEAM 학습 준거</td><td>상황제시</td><td colspan="2">• 씨앗을 보호하고 발아 과정을 관리할 수 있는 방안 떠올려보기
• 포트묘라는 친환경적인 특성의 대체 방안 제시하기</td></tr>
<tr><td>창의적 설계</td><td colspan="2">• 포트묘를 만들기 위한 재료(종이, 밀가루)의 물리적 · 화학적 속성 탐구하기
• 물에 불린 종이와 물과 섞은 밀가루 등의 형태 변화를 이해하고 포트묘 제작 순서 이해하기
• 종이를 잘게 찢기 위한 방안 모색하고 분쇄기와 톱니바퀴의 원리가 반영된 도구 활용하기</td></tr>
<tr><td>감성적 체험 (성공의 경험)</td><td colspan="2">• 포트묘를 만들어보고 씨앗 발아시키기
• 식물이 자란 포트묘를 다른 식물 모종과 함께 화단에 옮겨심기
• 포트묘의 분해 과정 장기적으로 추적 관찰하기</td></tr>
</table>

▶ 활동 전개

스마트 가드닝 프로젝트를 진행하기에 앞서 학령기 아이들은 씨앗과 모종을 농원에 심는 작업을 시작했다. 교사는 씨앗과 모종을 준비해주었는데 그 중 씨앗을 심을 때에는 발아 확률을 높이고 아이들이 그 과정을 관리하며 편리하게 관찰할 수 있도록 포트묘를 활용하기로 했다. 이 작업은 포트묘를 만들기 위한 과정과 포트묘가 흙 속에서 분해되는 과정 모두에서 물체의 화학적 변화를 체감할 수 있기 때문에 그 자체로 창의적인 융합 예술 활동이 되기도 했다. 또한 포트묘는 종이를 찢고 물에 불려 만든 펄프를 이용하기 때문에 땅에 묻혀도 토양을 오염시키지 않고 분해된다는 점에서 환경교육과 관련된 시사도 가능케 했다.

"종이 화분은 흙을 오염시키지 않으면서 씨앗을 보호할 수 있어."

포트묘를 만드는 작업은 아주 간단하다. 종이를 잘게 찢어 물에 불리는 것부터 시작된다. 우리는 수동 분쇄기를 활용해서 더욱 간단히 해결했다. 도구를 활용하는 것은 아이들에게 물리과학이나 복합기계의 원리를 탐구할 기회를 제공해준다는 점에서 이롭기까지 하다.

종이가 어느 정도 물에 불어난 것 같으면 물에 젖은 종이를 잘게 찢은 뒤 손으로 꼭 쥐어 물기를 짠다. 종이 반죽에 밀가루를 섞고 플라스틱 화분에 골고루 붙인다. 반죽을 화분 모양의 형태로 건조시키기 위함이다. 기온이 너무 낮지 않고 습하지 않은 곳에서 약 하루간 거꾸로 세워 건조시키면 종이가 바짝 마르게 된다.

건조된 종이 화분을 플라스틱 화분과 분리해서 안에 흙을 채우고 씨앗을 심는다. 씨앗이 싹을 틔우고 10cm 이상의 모종으로 자라나면 화단에 종이 화분 째로 심어준다. 시간이 지나면 종이 화분은 분해되고 식물만 안정적으로 뿌리내려 자랄 것이다. 이후에도 우리는 포트묘의 친환경적인 매력에 사로잡혀 여러 개의 포트묘를 만들었다. 그래서 일부는 씨앗을 발아시키기 위한 임시 화분으로 쓰고 하나는 물이 많이 필요하지 않은 다육 식물의 화분으로 사용했다. 물에 약하다는 종이 반죽의 특성상 물을 많이 줄 필요가 없는 식물을 고른 것이다.

화단에 옮겨 심을 씨앗을 발아시킨 뒤 우리는 본격적으로 농원에서 기를 식물을 모색하기 시작했다. 아이들은 과학기술로 운영되는 스마트 농원에서 기르기에 적합한 식물을 찾기 위해 식물의 서식

환경에 대해 조사했다. 먼저, 실내에서 유지하기에 적합한 온도인 20~25℃에서 서식하는 식물을 찾았다. 야외만큼 일조량이 많이 보장되지 않으므로 그늘에서도 서식하는 데 무리가 없어야 했다. 또한 물을 너무 많이 필요로 하지 않는 식물이면서도 자동급수기에서 제공되는 물의 양 정도는 필요로 하는 식물을 찾았다. 이와 관련해서 교사는 2~3일에 1번 정도 물을 주는 식물이 적당하리라고 이해하기 쉽게 비유해주었다. 마지막으로, 실내 화단의 규모를 고려해서 뿌리를 너무 깊거나 넓게 뻗지 않고 줄기와 잎 역시 지나치게 많이 확장되지 않는 것을 골랐다. 이렇게 고른 몇 가지 식물들의 모종을 아이들이 직접 화단에 심어 스마트 농원에서 기르게 되었다.

2. 과학예술로 농원을 꾸며요

1) 곤충 로봇을 만들어요

▶ 활동의 맥락과 필요성

• 활동 주제와 관련한 사회적 이슈

최근 MIT 대학의 연구진들이 발광 반딧불이 로봇을 개발하였는데, 붕괴 건물을 수색하는 데 활용할 수 있을 것으로 기대한다. 발광입자가 들어 있는 인공 근육 날개를 달고 하늘을 날며 빛을 활용하여 위치를 추적하고 통신까지 가능한 로봇이다. 한편 하버드 대학에서는 물 위에 떠 있고 잠수했다가 다시 튀어오르는 소금쟁이 로봇을 만들어 수중 탐사나 구조 등의 목적으로 활용하고 있다. 이렇듯 생체모방(biomimetics)을 기반으로 한 발명품은 무궁무진하다. 생체모방이란 생명을 뜻하는 bios와 모방이나 흉내를 의미하는 mimesis라는 그리스어의 합성어로 자연에서 볼 수 있는 디자인적 요소나 생물체의 특성을 연구하고 모방하는 학문이다(네이버 지식백과).

사실, 인류 역사상 자연으로부터 영감을 받아 만들어낸 발명품은 수없이 많다. 인간은 새가 나는 형상을 보고 날갯짓을 연구하여 비행기를 개발하였고 상어의 피부를 모방하여 전신 수영복을 만들어냈다. 인큐베이터는 동물의 알을 모방한 것이고, 물총새의 부리를 보고 고속열차의 외관을 재연해냈다.

최근에는 도래하는 4차 산업혁명과 과학기술의 발달로 인해 생체모방에서 나아가 생체공학(bionics)이라는 새로운 전공 분야도 생겨났다. 생물학(biology)과 기술(technics)이 합쳐진 말로 기존의 과학적 혹은 공학적 한계를 자연과 인간에 대한 숙고를 통해 극복하고자 하는 움직임이다. 오랜 기간 자연에 적응하여 진화하며 생존해 온 생물체의 우수한 특성을 과학기술에 접목시키는 학문이다. 곤충 로봇 만들기는 이러한 시대적 배경을 반영한 활동이다. 다만, 아이들이 실제 곤충의 움직임이나 습성을 재연해내는 로봇을 제작할 수는 없기 때문에 다양한 공학 부품을 활용하여 곤충의 외형으로부터 디자인적인 요소를 고안해내는 방식으로 접근해보았다.

단순히 공학 부품을 활용하여 곤충의 생김새를 나타내는 것에만 그치지 않고, 여기에 전류를 흐르게 하여 전구를 통해 발광시키거나 모터를 이용하여 진동을 주어 간단한 움직임을 시도해보는 작업을 진행할 수 있다. 브레드보드는 전류가 흐르는 라인이 배치된 보드의 일종으로 주로 교육용이나 간단한 전자회로 실험용으로 사용되는 기판이다. 이 브레드보드와 전구, 전지, 모터, 모터축 등을 활용하면 색다른 곤충 로봇을 완성시킬 수 있다.

- **함께 다룰 수 있는 관련 교과 지식**
  - 곤충의 구조와 생김새(머리 · 가슴 · 배의 구조, 홑눈과 겹눈, 더듬이의 역할, 다리의 마디와 털, 날개와 날개맥 등)
  - 전류 및 전지와 관련된 물리과학적 지식
  - 공학 부품의 명칭과 쓰임새
  - 생체모방 및 생체공학과 관련된 일상의 발명 사례

▶ 활동 전개를 위한 교사의 준비

• 자료 준비

크기와 형태, 질감이 다양한 공학 부품은 아이들에게 색다른 조형 활동의 재료가 될 수 있다. 그동안 접했던 미술 영역의 재료들과 달리 새로운 매체이기에 그 자체만으로도 아이들의 흥미를 유발하기에 적합하다. 그러나 이러한 공학 재료는 목공용 풀이나 순간접착제, 글루건 등의 도구를 활용해야 하기에 어린 유아일수록 성인의 손길이 절대적으로 필요하다. 그렇기 때문에 대집단보다는 소집단으로 진행되어야 적합한 활동이다.

활동을 진행하기에 앞서, 각각 공학 부품의 쓰임새나 기능이 무엇인지를 미리 아이들과 조사해본다면 곤충 로봇에서 어떤 역할을 하도록 의도하여 이 부품을 작품에 부착하였는지를 상상하고 논리적으로 표현해볼 수 있을 것이다.

• 연관 활동

공학 부품 예술 활동에 활용하기:
소형 모터로 진동 거미 로봇 만들기

공학 부품 발명 활동에 활용하기:
청소 솔과 모터로 물감놀이하기

▶ 활동 개요

활동명 곤충 로봇을 만들어요

준비물 곤충 사진, 세밀하게 묘사할 수 있는 그림 도구, 종이, 다양한 공학 부품, 각 공학 부품의 사진, 글루건, 자연물 등

활동형태 융합 STEAM 예술 활동

활동내용 다양한 공학 부품을 활용하고 연결하여 곤충의 생김새를 나타내면서도 공학적 기능이 있는 곤충 로봇을 만들어본다.

▶ 활동 계획표

<table>
<tr><th>활동명</th><td colspan="2">곤충 로봇을 만들어요</td><th>주제</th><td>곤충의 구조와 공학 부품 탐색하기</td></tr>
<tr><th>대상</th><td colspan="2">만 5세~만 7세</td><th>융합 교과</th><td>과학, 미술, 공학</td></tr>
<tr><th>초등학교 STEAM 교과의 영역과 핵심 개념</th><td colspan="4">• 과학: 생물의 구조와 에너지: 동물의 구조와 기능
• 미술: 표현: 발상: 다양한 주제
표현: 발상: 상상과 관찰
표현: 제작: 표현 재료와 용구
• 공학: 공학의 기초: 공학설계</td></tr>
<tr><th>누리과정 관련 요소</th><td colspan="4">• 자연탐구: 자연과 더불어 살기: 주변의 동식물에 관심을 가진다.
생활 속에서 탐구하기: 도구와 기계에 대해 관심을 가진다.
• 예술경험: 창의적으로 표현하기: 다양한 미술 재료와 도구로 자신의 생각과 느낌을 표현한다.</td></tr>
<tr><th rowspan="4">학습목표</th><th colspan="4">내용 목표</th></tr>
<tr><td colspan="4">• 곤충의 구조와 생김새를 관찰하고 구조별 기능을 이해할 수 있다.
• 곤충의 생김새와 물리적인 특징이 유사한 공학적 부품을 활용하여 색다른 조형 작품을 만들 수 있다.</td></tr>
<tr><th colspan="4">과정 목표</th></tr>
<tr><td colspan="4">• 곤충의 생김새를 관찰하고 이를 구체적인 그림으로 묘사해본 뒤 조형 작품을 계획할 수 있다.
• 조형 활동에 쓰이는 재료로 공학 부품을 활용해보고 각 부품의 기능이 무엇이고 어떻게 작동되는지를 이해할 수 있다.</td></tr>
<tr><th rowspan="3">STEAM 학습 준거</th><th>상황제시</th><td colspan="3">• 농원을 장식한 예술 작품으로 곤충을 주제로 한 작품 구상하기
• 스마트 가드닝에서 활용하는 공학적 부품을 예술 재료로 활용할 가능성 이해하기</td></tr>
<tr><th>창의적 설계</th><td colspan="3">• 실제 곤충의 사진을 관찰하면서 곤충의 생김새를 자세히 묘사해보기
• 곤충의 생김새와 물리적인 특성이 비슷한 공학 부품을 찾아보고 조립해보기</td></tr>
<tr><th>감성적 체험 (성공의 경험)</th><td colspan="3">• 공학 부품을 활용해서 곤충의 생김새 표상하기
• 곤충 로봇에 쓰이는 공학 부품의 작동원리 이해하고 연결해보기
• 완성된 곤충 로봇의 서식 환경을 다양한 자연물을 이용해서 만들어보고, 곤충 로봇과 함께 농원에 전시하기</td></tr>
</table>

▶ 활동 전개

아이들이 운영한 스마트 온실은 단순히 과학기술을 통해 식물을 기르기만 하는 곳이 아니라 SETAM형 융합 활동을 통해 예술적인 공간으로 재창조된 곳이었다. 그중 곤충 로봇을 제작한 활동은 아이들로 하여금 평소에 사용하던 미술 재료가 아닌 전선과 전구, 브레드보드, 스위치, 저항과 같은 공학 용품을 활용해서 미술 활동을 진행했다는 점에서 색다른 시도였다.

곤충 로봇은 아이들이 식물과 어울리는 대상이라는 점에서 선택한 주제였다. 아이들은 자신이 원하는 곤충을 골라서 스케치 작업을 선행했다. 조형물로 표현하고 싶은 대상의 생김새나 구조를 파악하기 위함이었다. 곤충을 그림으로 그려

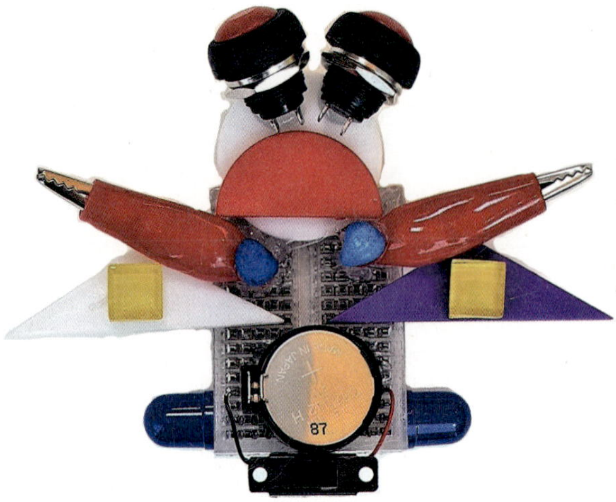

본 뒤에는 교사가 준비해 둔 공학 부품의 실제 사진을 인쇄하여 곤충의 어떤 부분을 어떤 부품으로 표현하는 것이 좋을지를 고민해보았다.

아이들은 날개나 겹눈, 다리나 집게다리 등과 같은 곤충의 생김새와 비슷한 형태나 크기 등의 공학 부품을 골라내는 데에 많은 시간을 할애했다. 그래서 최대한 다양한 공학 부품을 제공해주었는데, 저항, 다이오드, 각종 스위치, 집게전선, LED 전구, 브레드보드, 태양광 패널 등이 이에 해당했다. 아이들이 만든 곤충 로봇은 축의 끝을 막은 모터를 이용해서 진동과 같은 움직임을 유도하게끔 제작되거나 전구와 전지를 연결해서 빛을 내도록 하는 등의 기능을 수행하는 형식이었다.

완성된 곤충 로봇은 이후에 나무 조각, 나뭇가지, 말린 잎, 자갈, 돌, 커피 원

두, 조형풀 등과 같은 다양한 자연물로 만든 조형물과 함께 조성되었다. 아이들은 나무나 땅굴, 꽃 등과 같은 곤충의 서식지를 표현했다. 시중에서 구할 수 있는 학습 및 창작용 자연물은 재료를 다양한 크기로 가공시킨 것이 많아 미술 재료로 활용하기에 좋다. 또한 날카로운 부분을 제거하고 부패를 방지하도록 고안되어서 아이들이 사용하기에도 안전하다. 아이들이 만든 곤충 로봇과 서식지는 농원의 천장에 달려 온실을 장식했다.

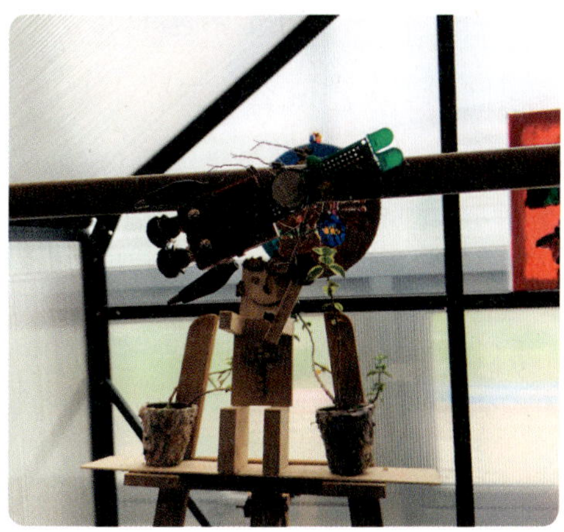

2) 스마트 가드닝을 상징하는 벽화를 만들어요

▶ 활동의 맥락과 필요성

• 활동 주제와 관련한 사회적 이슈

테크노아트 즉, 예술공학은 과학기술을 예술과 접목시켜 새로운 형태의 표현양식을 얻으려는 현대의 예술운동이다(네이버 지식백과). 국내에서는 서강대학교나 중앙대학교와 같은 고등교육기관에서도 정식적인 전공 분야 중 하나로 자리하고 있다. 예술과 기술을 접목한 실례 중 가장 우리에게 익숙한 것이 미디어 아트이다. 백남준 작가의 유명세와 그만의 독특한 작품 활동으로 인해 일반인에게도 미디어 아트는 하나의 거대한 예술 장르 중 하나로 고려되고 있다.

과학과 예술의 융합은 그 방향과 결과물이 무궁무진하다. 카타르의 작가 제임스 쉐(James She)는 최근 국내에서 전시회를 개최했다. 그는 중동에서 전통적인 기법과 매체를 표현한 '매 사냥'이라는 주제를 과거와는 다른 현대사회의 사회문화적 의미에 걸맞게 작업과정에 인공지능을 접목하여 표현해냈다. 작업과정에서 인공지능(AI)은 연산 기계를 통해 선별된 사진세트를 학습한 스타일로 자동 변환한다.

또 다른 예로 키네틱 아트를 들 수 있다. 키네틱은 영어로 움직이는 것을 의미하는데, 움직이는 요소가 포함되거나 작품 자체가 움직이는 미술을 말한다. 기계공학을 전공했던 알렉산더 칼더(Alexander Calder)는 모터로 움직이는 조각을 만들고 바람이나 빛 같은 주변 환경을 이용해 움직이도록 하여, 고정되어 있는 조각상에 대해 새로운 틀을 제시한 작가이다.

유아교육 현장에서 예술공학을 활용하기에 가장 적합한 방식 중 하나는 공학부품을 예술 활동의 재료로 사용하는 것이다. 본 활동에서는 태양광 전지와 전선, 전구 등을 작품에 부착하여 자연광이 있는 곳에서는 어디서든 빛을 내는 벽화를 완성해냈다.

태양 전지는 태양 에너지를 전기 에너지로 변환할 수 있는 광전지로 태양광선으로부터 빛 에너지를 흡수하여 전기 에너지로 바꾸는 반도체 소자이다. 이 태양 전지에 전선과 전구를 연결하면, 태양 전지가 생성해낸 전력으로 인해 전구는 발광한다. 만약, 태양 전지에 창작용 모터를 연결하고 모터에 프로펠러를 달면 태양 전지가 생성해낸 전력으로 인해 프로펠러가 돌아갈 것이다. 본 활동에서는 벽화를 제작해보았지만, 공학 부품이나 과학기술을 접목하여 3차원의 입체적인 조형물을 제작할 수도 있다.

- **함께 다룰 수 있는 관련 교과 지식**
  - 공학 부품의 기능과 쓰임새 및 물리적 속성
  - 대상을 표현하기 위한 예술적 방식의 탐색
  - 예술적 기법과 매체(표상과 조형, 콜라주, 조각 등)
  - 예술공학의 사례와 이에 접목된 과학기술의 원리

▶ 활동 전개를 위한 교사의 준비

• 자료 준비

아이들이 어떤 주제를 표현하고 싶고 어떤 형태의 작품을 완성하고 싶은지를 미리 구상해보고 이야기 나눌 수 있는 시간이 선행되어야 한다. 이후 교사가 이와 관련된 다양한 공학 부품과 미술 도구 및 재료를 준비하는 방식으로 활동이 진행되어야 작품 활동에 있어서의 아이들의 몰입과 주체성을 증진시킬 수 있다. 만약, 아이들이 벽화가 아닌 입체적인 조형물을 만들고 싶어 한다면 이를 위한 크고 작은 다양한 폐품을 모아놓는다. 공동의 벽화가 아닌 개별적인 그림을 완성시키고 싶어 한다면 액자나 캔버스와 같은 재료를 비치해놓고 이에 적합한 그리기 도구를 제공한다.

• 연관 활동

공학 부품을 활용한 캔버스 그림 그리기

공학 부품을 활용한 조형물 만들기

▶ 활동 개요

활동명 스마트 가드닝을 상징하는 벽화를 만들어요

준비물 벽화를 그릴 판, 크레파스, 아크릴 물감, 붓, 물통, 매직, 태양광 패널, 전구, 전선, 전원공급장치 등

활동형태 융합 STEAM 예술 활동

활동내용 사람과 로봇, 식물의 공생관계를 상징하는 스마트 가드닝의 원리를 상징적인 그림으로 그려보고 작품 제작에 공학적 원리와 부품을 활용해본다.

▶ 활동 계획표

<table>
<tr><td>활동명</td><td>스마트 가드닝을 상징하는 벽화를 만들어요</td><td>주제</td><td>공학 부품을 활용한 그림 그리기</td></tr>
<tr><td>대상</td><td>만 5세~만 7세</td><td>융합 교과</td><td>과학, 기술, 공학, 미술</td></tr>
<tr><td>초등학교 STEAM 교과의 영역과 핵심 개념</td><td colspan="3">• 과학: 생물의 구조와 에너지: 식물의 구조와 기능
생물의 구조와 에너지: 광합성과 호흡
• 기술: 기술활용: 지속가능
• 공학: 공학의 세계: 에너지와 재료
• 미술: 체험: 소통: 이미지와 의미
표현: 발상: 다양한 주제</td></tr>
<tr><td>누리과정 관련 요소</td><td colspan="3">• 예술경험: 창의적으로 표현하기: 다양한 미술 재료와 도구로 자신의 생각과 느낌을 표현한다.
• 자연탐구: 탐구과정 즐기기: 궁금한 것을 탐구하는 과정에 즐겁게 참여한다.
생활 속에서 탐구하기: 도구와 기계에 대해 관심을 가진다.
자연과 더불어 살기: 생명과 자연환경을 소중히 여긴다.
생활 속에서 탐구하기: 도구와 기계에 대해 관심을 가진다.
생활 속에서 탐구하기: 물체의 특성과 변화를 여러 가지 방법으로 탐색한다.</td></tr>
<tr><td rowspan="4">학습목표</td><td colspan="3">내용 목표</td></tr>
<tr><td colspan="3">• 식물의 광합성을 이해하고 식물과 환경 간의 유기적인 관계를 그림으로 표현할 수 있다.
• 스마트 가드닝의 상징적인 이미지를 표현하기 위해 사람, 식물, 로봇 간의 연관 관계를 벽화에 반영할 수 있다.
• 태양광 에너지라는 지속가능에너지를 이해하고, 태양광 패널을 사용해볼 수 있다.</td></tr>
<tr><td colspan="3">과정 목표</td></tr>
<tr><td colspan="3">• 식물의 광합성의 원리를 탐구해보고, 식물의 구조에 대해 이해해본 뒤 이를 식물 그림에 반영할 수 있다.
• 태양광 에너지라는 대체 에너지의 원리 및 필요성을 탐구하고, 태양과 패널 및 전구 등의 공학 부품을 그림에 활용할 수 있다.</td></tr>
<tr><td rowspan="3">STEAM 학습 준거</td><td>상황제시</td><td colspan="2">• 온실의 벽을 꾸미기 위해 벽화를 제작할 것을 이야기하기
• 벽화의 주제로 스마트 가드닝하에서의 사람, 로봇, 식물 간의 관계성을 상징할 만한 요소 생각해보기</td></tr>
<tr><td>창의적 설계</td><td colspan="2">• 식물이 생장 과정에서 광합성을 하기 위해 필요한 요소가 무엇인지 생각해보고 이를 충족시키기 위한 로봇과 사람의 역할 연관 지어보기
• 선정한 주제를 그림으로 표상해보고 창의적인 표현 재료와 방식 고안해보기</td></tr>
<tr><td>감성적 체험 (성공의 경험)</td><td colspan="2">• 공학 부품을 벽화의 일부로 활용하기
• 태양광 전지에 쓰이는 공학 부품의 원리 이해하고 연결해보기</td></tr>
</table>

▶ 활동 전개

아이들이 조성하는 농원의 크기는 약 3평 정도 되는 실내 온실이었는데 생각보다는 제법 넓은 공간이었다. 우리는 농원을 예술형 아뜰리에처럼 조성하기 위해서 농원 한켠에 거대한 벽화를 제작하기로 했다. 우선 벽화에 무엇을 그릴지에 대해 이야기 나눴다. 아이들은 스마트 가드닝이라는 공간적 특성을 고려해서 '사람'과 '로봇', '식물'의 3가지 대상을 조화롭게 그리기로 했다. 밑그림을 그릴 때에는 아이들이 조작하기에 가장 친숙하면서도 편리한 매직펜을 활용했다.

아이들이 벽화를 그릴 때는 몇 가지 흥미로운 과정들이 있었다. 먼저, 교사는 스마트 가드닝 프로젝트에 걸맞게 한 가지 묘수를 제안했는데 그것은 바로 태양광 패널과 전구를 벽화 그림에 삽입하는 것이었다. 그래서 아이들은 교사의 제안에 따라 태양광 패널과 전구가 작품에 삽입되었을 때 잘 어울릴 수 있도록 이들을 로봇의 몸체로 활용했다. 또한 사람을 그릴 때에는 한 친구가 바닥에 눕고 다른 친구가 몸을 따라 그리는 방식으로 그려 실제 사람 크기의 인체를 작품에 삽입했다. 또한 식물과 사람이 서로 관계성을 가질 수 있도록 사람이 식물에게 물

을 뿌리는 모습을 표현했는데, 물뿌리개 역시 실물을 활용해 그려 실제 크기로 나타낼 수 있었다. 마지막으로, 아이들이 그린 식물은 생명성을 강조하기 위해서 뿌리가 물을 빨아들이고, 줄기 속 물관과 체관에서 양분이 끊임없이 이동하는 모습으로 그려졌다.

작품의 채색은 크레파스와 물감이 함께 활용되었다. 아이들은 저마다 자유롭게 칠하고 싶은 곳을 원하는 색으로 색칠하되 서로의 선택을 존중하기로 했다. 다수의 아이들이 하나의 작품을 완성할 때에는 상호 간의 협의가 선행되어야 했기 때문이다. 태양광 패널은 전구와 연결하여 작품에 활용했는데 자연광이 패널을 비추면 전구 빛이 켜졌다. 이 과정에서 아이들은 로봇의 손에 전구를 붙여 '빛을 만드는 로봇'을 그리자고 주장했다. 아이들의 의견에 따르면, '빛을 만드는 로봇은 햇빛이 부족한 스마트 온실에서 식물들에게 태양광을 주는 역할을 담당한다.'라고 한다. 이렇게 완성된 벽화는 온실 내 화단 옆 벽면을 장식했고, 실제로도 식물에 빛을 주는 제 기능을 다해냈다.

3) 압화를 만들어요

▶ 활동의 맥락과 필요성

• 활동 주제와 관련한 사회적 이슈

최근 들어, 드라이 플라워를 활용한 공예품이 인기를 끌고 있다. 드라이 플라워는 유리병 안에 보관하여 장식하거나, 캔들이나 조형 작품 등에서 자주 쓰이고 있다. 드라이 플라워는 자연의 풀, 꽃, 과실 등을 건조시켜 관상용으로 만든 것을 말한다(네이버 지식백과). 플라워라고 해서 꽃만 활용하는 것은 아니고, 꽃받침, 과실, 씨, 잎, 줄기 등이 다양하게 포함된다. 드라이 플라워의 역사를 살펴보면 일조시간이 짧은 북유럽에서 꽃을 오래 보존하며 감상하기 위해 고안된 것이라 한다.

드라이 플라워를 만드는 방법으로는 크게 자연건조법, 건조제 이용법, 용액제 이용법의 3가지 방식이 존재한다. 자연건조법은 들판과 야산 등지에서 어떠한 환경적 요인으로 인해 자연히 건조된 것 혹은 우리가 자연에서 채취한 것을 건조시킨 것을 포괄하는 방식이다. 줄기가 있는 꽃이나 식물의 경우, 보통 직사광선을 피하고, 바람이 잘 통하는 곳에 거꾸로 매달아 건조시키는 것이 좋다. 이후 2~3주간의 시일이 소요되면 완벽히 건조된다.

건조제 이용법이란 분말 형태의 건조제 속에 자연물을 파묻고 밀봉하여 수분을 급속히 말리는 방식이다. 이때 건조제로는 모래, 붕사, 옥수수가루, 펄라이트, 실리카겔 등이 쓰인다. 이 방식은 건조시키는 대상의 모양을 훼손시키거나 변형시키지 않고, 색감이나 빛깔도 시초의 상태에 더욱 유사하게 건조시킬 수 있으며, 완성까지의 시간을 단축시킬 수 있다는 장점이 있다.

마지막으로, 용액제 이용법은 용액제를 흡수시켜서 잎, 줄기, 가지 등의 수분을 용액제의 성분으로 대체하는 방식이다. 이때의 용액제로는 알코올, 포르말린 등이 쓰인다. 보통 시험관에 용액을 담고 식물을 꽂아 빨아 올리게 하는 방법과 아예 담그는 방법으로 나뉜다. 이때에는 연녹색부터, 다갈색, 갈색까지 다양한 빛깔로 변색하는 것을 관찰할 수 있다는 장점이 있다.

드라이 플라워는 자연물의 생김새를 심도 있게 관찰할 수 있고, 이를 보관하며 심미적인 목적으로 활용할 수 있다는 점에서 아이들의 자연관찰 혹은 생태예술교육의 주제로도 적합하다. 드라이 플라워를 제작하는 활동은 '압화'라는 방식으로 교육 현장에서 보다 손쉽게 접근이 가능하다. 이때 아이들이 보존하기를 원하는 방식으로 자연물을 있는 그대로 혹은 해체시키거나 부분적으로 변형시키고 조합하는 등의 다양한 방법으로 압화를 만들게 하면 보다 자연스러운 자연물 탐색이 가능해진다. 본 활동에서는 생태 예술을 실시하고 농원을 조성하는 과정에서 수집할 수 있는 다양한 자연물을 압화로 만들어보면서 자연물을 활용한 여러 가지 활동에 이를 사용해보았다.

- **함께 다룰 수 있는 관련 교과 지식**
  - 자연물의 구조 및 생김새와 특징
  - 자연물을 건조시키기 위한 방식과 식물의 상태 변화
  - 대상을 변화시키는 화학적 요소

▶ 활동 전개를 위한 교사의 준비

• 자료 준비

드라이 플라워를 만드는 과정은 그 자체로 색다른 교육적 활동이 되지만, 완성된 드라이 플라워를 각종 조형 활동의 재료로 활용하는 것으로 연계할 수 있다는 점에서 그 가능성이 무궁무진하다. 드라이 플라워는 아이들이 그림을 그릴 때 작품의 콜라주 재료로 활용할 수도 있고, 하바리움(herbarium)과 같이 보존액과 함께 용기에 보관하여 감각 탐색병이나 관상용 장식품으로 만들 수도 있다. 하바리움이란 특수 용액이 담긴 병에 식물을 온전한 상태로 보존할 수 있도록 하는 것을 말한다. 하바리움은 전용 용액과 용기, 핀셋, 꽃가위 등을 준비해야 한다. 이때 전구를 같이 준비하면 완성된 하바리움에 빛을 추가해 보다 미적으로 아름다운 조형물을 만들 수 있다.

• 연관 활동

압화를 활용한 그림 작품 만들기

식물 보존액을 이용한 하바리움 만들기

▶ 활동 개요

활동명 압화를 만들어요

준비물 압화로 제작할 다양한 종류의 생화, 집게, 가위, OHP필름 혹은 종이 호일, 누름돌 혹은 두꺼운 책 등

활동형태 융합 STEAM 예술 활동

활동내용 암술, 꽃받침, 수술, 꽃잎 등 꽃의 구조를 탐구하면서 꽃을 해체하고, 이를 압화로 제작해본다. 제작된 압화는 미술 활동의 재료로 활용하여 새로운 예술 경험으로 연계할 수 있다.

▶ 활동 계획표

<table>
<tr><th>활동명</th><td>압화를 만들어요</td><th>주제</th><td>꽃의 구조 및 식물의 보존 방식 탐구하기</td></tr>
<tr><th>대상</th><td>만 5세~만 7세</td><th>융합 교과</th><td>과학, 미술</td></tr>
<tr><th>초등학교 STEAM 교과의 영역과 핵심 개념</th><td colspan="3">• 과학: 생물의 구조와 에너지: 식물의 구조와 기능
• 미술: 체험: 소통: 이미지와 의미
표현: 제작: 표현 재료와 용구</td></tr>
<tr><th>누리과정 관련 요소</th><td colspan="3">• 예술경험: 아름다움 찾아보기: 자연과 생활에서 아름다움을 느끼고 즐긴다.
• 자연탐구: 탐구과정 즐기기: 주변 세계와 자연에 대해 지속적으로 호기심을 가진다.
자연과 더불어 살기: 생명과 자연환경을 소중히 여긴다.
생활 속에서 탐구하기: 물체의 특성과 변화를 여러 가지 방법으로 탐색한다.</td></tr>
<tr><th rowspan="4">학습목표</th><th colspan="3">내용 목표</th></tr>
<tr><td colspan="3">• 꽃의 구조와 역할, 기능 등에 대한 생명과학적 지식을 함양할 수 있다.
• 꽃의 생김새를 주의 깊게 관찰하며 압화를 제작할 수 있다.</td></tr>
<tr><th colspan="3">과정 목표</th></tr>
<tr><td colspan="3">• 꽃을 해체하는 과정에서 꽃의 구조를 부분별로 따로 관찰하고 그 역할과 기능을 연계하여 탐구해볼 수 있다.
• 압화를 만드는 과정에서 식물이 함유하고 있는 수분을 제거하는 것이 무엇을 의미하는지 추론해볼 수 있다.
• 완성된 압화를 건조시킨 상태에서 다시 관찰해보며 전의 모습과 비교해볼 수 있고 예술 활동의 자원으로 활용해볼 수 있다.</td></tr>
<tr><th rowspan="3">STEAM 학습 준거</th><th>상황제시</th><td colspan="2">• 예술 활동의 자원으로 활용하기 위해서 자연물을 제작해볼 필요성에 대해 이야기해보기
• 자연물로 만들기에 적합한 재료를 고민해보고 생김새가 다양한 여러 가지 꽃 탐색해보기</td></tr>
<tr><th>창의적 설계</th><td colspan="2">• 농원에서 구할 수 있는 재료인 식물을 이용해서 자연물의 제작 과정 경험하기
• 꽃의 구조를 관찰하면서 압화를 만들기 위한 선행 과정으로 꽃 해체하기
• 여러 가지 꽃을 이용해서 다양한 모양의 압화 제작하기</td></tr>
<tr><th>감성적 체험 (성공의 경험)</th><td colspan="2">• 완성된 압화를 새로운 예술 활동 및 관찰 활동의 자원으로 활용해보기</td></tr>
</table>

▶ 활동 전개

압화란 조형 예술의 일종으로 꽃과 잎을 눌러서 말린 그림을 말하며 우리말로는 누름꽃 또는 꽃누르미라고도 일컫는다. 압화는 식물의 구조를 탐색할 수 있다는 점에서 생명과학과 예술의 융합을 가능케 하기도 하고, 물질의 변화를 경험할 수 있다는 점에서 화학 또는 물리과학과 예술의 융합을 가능케 하기도 한다. 또한, 재료의 다양한 질감과 생동감을 살려 조형 활동에 활용하기 때문에 아이들이 시도하는 조형 예술의 질을 제고시킬 수 있고, 꽃을 말리는 과정에서 아이들의 주의력과 집중력, 탐구력 및 관찰력 등을 향상시킬 수 있기에 학습 가치가 무궁무진한 작업이다. 압화 작업을 하기 위해서는 여러 종류의 생화를 제공하고 아이가 자유롭게 꽃잎과 나뭇잎 등을 채집하면 된다.

준비할 재료나 활동 과정 역시 간단해서 어린 아이부터 학령기 아이들까지 모두 함께 작업할 수 있다. 아이들마다 꽃의 형태를 보존하면서 말리길 원하는 경우도 있고 꽃잎을 따로따로 해체해서 말리길 원하는 경우도 있다. 자유롭게 하면 되는데 중요한 것은 꽃의 형태를 말릴 때에 꽃을 그대로 말리면 안에 수분이 많고 두께감도 있어 잘 건조되지 않는다는 점이다. 그러므로 꽃잎을 한 장 한 장 떼어서 원래의 형태를 만들어 건조시키기를 권장한다. OHP필름지나 유선지 위에

압화 재료를 놓고 다른 한 장으로 다시 덮은 뒤 두꺼운 책 사이에 끼워 넣으면 형태 보존력이 훨씬 높다.

압화를 만들 때에 다룰 수 있는 생명과학의 탐구 내용을 살펴보면 꽃을 해체하는 과정에서 자연스럽게 꽃잎과 꽃받침, 암술과 암술머리, 암술대, 수술과 꽃밥, 씨방 등의 구조를 탐색할 수 있다. 꽃 중에는 꽃송이에 암술과 수술이 다 있는 양성화와 따로 피는 단성화가 있는데 두 종류의 꽃을 함께 제공하여 서로 비교해 보는 과정이 동반될 수도 있을 것이다. 또한 꽃잎, 꽃받침, 암술, 수술 모두를 지

닌 꽃을 갖춘꽃이라 하고 이 중 하나라도 없다면 안갖춘꽃이 된다. 이왕이면 갖춘꽃을 제시해주어야 아이들이 꽃의 구조를 탐구하기에 용이하다. 갖춘꽃으로는 진달래, 코스모스, 매실꽃, 해바라기, 앵두꽃, 무궁화, 백합, 장미, 복숭아꽃, 강낭콩꽃, 민들레 등이 있다.

이렇게 만든 압화는 아이들의 그림에 콜라주 재료로 활용할 수도 있고, 압화 자체를 이용하여 조형 작품을 만들 수도 있다. 혹은 꽃을 주제로 한 명화를 조사해본 뒤 압화를 이용하여 패러디하고 재창조하는 것도 색다른 융합 예술 활동이 될 수 있다. 조형 활동에는 전등, 부채, 액자, 열쇠고리 등을 압화로 장식하기 등이 해당될 것이다.

4) 꽃 정밀화를 그려요

▶ 활동의 맥락과 필요성

• 활동 주제와 관련한 사회적 이슈

현미경이란 눈으로는 볼 수 없을 만큼 작은 물체나 물질을 확대해서 보는 기구를 말한다. 돋보기나 볼록 렌즈를 활용하여 대상을 어느 정도 확대해 보는 것, 나아가서 육안으로는 확인이 불가능할 만큼의 미세한 부분을 볼 수 있게끔 해주는 장치인 셈이다. 현미경은 렌즈, 조명장치 등으로 이루어져 있는데 근래에는 자외선 현미경, 전자 현미경, 광학 현미경 등 그 종류와 기술이 매우 다양해지고 있는 추세이다.

현미경은 관찰하고자 하는 대상을 올려놓는 재물대, 눈을 대고 확대된 대상을 관찰하는 접안 렌즈, 렌즈의 초점을 조절하는 조절 나사, 빛을 반사하는 반사경 등으로 구성된다. 현미경으로 대상을 관찰하기 위해서는 프레파라트라는 글라스를 사용한다. 프레파라트는 현미경으로 관찰하고자 하는 물질을 슬라이드 글라스 위에 얹고 그 위에 커버를 덮어 만드는 표본이다(네이버 두산백과). 이는 세포와 같이 관찰하고자 하는 부분이 오염되는 것을 방지하고 안정적으로 고정하기 위한 방식이다.

연령이 어린 유아의 경우에는 프레파라트 표본을 제작하거나 현미경의 초점을 맞추는 등의 조작이 어렵기 때문에 주로 USB형 현미경을 활용하는 것이 편리하다. 말 그대로 USB 컴퓨터 단자에 꼽으면 대상의 확대된 부분이 컴퓨터 모니터에 뜨기 때문에 아이들이 관찰하기 용이하다. 근래에는 무선 디지털 현미경이 개발되어 어플이나 QR코드를 스캔하는 등의 방법을 통해 핸드폰과 같은 이동형 전자기기에 손쉽게 연결이 가능한데 이 때문에 야외활동에서도 자유롭게 현미경을 활용한 관찰이 가능하게 되었다. 또한 가정에서 사용할 수 있는 교육용 보급형 현미경도 아이들이 사용하기에 큰 무리가 없다. 현미경은 먼지나 습기, 직사광선을 피해 보관하는 것이 좋으며 렌즈에 먼지가 묻을 경우에는 물로 닦지 말고 부드러운 붓으로 가볍게 털어내는 방식이 권장된다.

- **함께 다룰 수 있는 관련 교과 지식**
  - 식물의 구조(꽃, 줄기, 꽃받침, 잎, 잎맥, 물관, 체관, 꽃잎, 꽃잎맥, 뿌리, 암술, 수술, 씨방, 기공, 엽록체 등)
  - 현미경의 쓰임새
  - 식물의 구조와 생장 방식

▶ 활동 전개를 위한 교사의 준비

• 자료 준비

USB형 현미경으로 자유롭게 식물의 구석구석을 확대하여 관찰해보는 활동은 어린 연령의 아이들에게도 접근이 쉽고 관련 활동의 난이도를 선정하는 데에도 편리하다. 그러나 아이들이 사전에 식물의 구조를 조사하고 이와 관련된 식물의 광합성 및 증산작용을 이해한 경우에는 보다 정밀한 현미경 관찰 활동을 준비해줘도 좋다. 예를 들어, 과학사에서 판매하는 엽록체나 기공 세포 등을 관찰할 수 있는 식물 프레파라트를 함께 제공해주면 아이들이 이와 관련된 관찰을 할 수 있다. 그리고 이를 그림으로 그려보면 더욱 색다른 모양의 나뭇잎 그림이 완성되기도 한다.

• 연관 활동

기공 세포 관찰하기

나뭇잎 세포 그림 그려보기

▶ 활동 개요

활동명	꽃 정밀화를 그려요
준비물	정밀화로 그릴 자연물, USB형 현미경, 패드 혹은 컴퓨터, 모니터, 매직, 아크릴 물감, 붓 등
활동형태	융합 STEAM 예술 활동
활동내용	현미경을 활용해 우리 눈에는 잘 보이지 않는 꽃의 구조를 관찰해보고 이를 정밀화에 반영하여 이전에는 경험하지 않았던 색다른 묘사를 시도해본다.

▶ 활동 계획표

<table>
<tr><td>활동명</td><td>꽃 정밀화를 그려요</td><td>주제</td><td>도구를 활용한 대상 관찰 및 세밀 묘사하기</td></tr>
<tr><td>대상</td><td>만 5세~만 7세</td><td>융합 교과</td><td>과학, 기술, 미술</td></tr>
<tr><td>초등학교 STEAM 교과의 영역과 핵심 개념</td><td colspan="3">• 과학: 생물의 구조와 에너지: 식물의 구조와 기능
• 기술: 기술 활용: 적응
• 미술: 표현: 발상: 다양한 주제</td></tr>
<tr><td>누리과정 관련 요소</td><td colspan="3">• 예술경험: 아름다움 찾아보기: 자연과 생활에서 아름다움을 느끼고 즐긴다.
창의적으로 표현하기: 다양한 미술 재료와 도구로 자신의 생각과 느낌을 표현한다.
• 자연탐구: 탐구과정 즐기기: 궁금한 것을 탐구하는 과정에 즐겁게 참여한다.
생활 속에서 탐구하기: 도구와 기계에 대해 관심을 가진다.
자연과 더불어 살기: 생명과 자연환경을 소중히 여긴다.
생활 속에서 탐구하기: 물체의 특성과 변화를 여러 가지 방법으로 탐색한다.</td></tr>
<tr><td rowspan="4">학습목표</td><td colspan="3">내용 목표</td></tr>
<tr><td colspan="3">• 꽃을 주제로 한 정물화를 그리면서 대상의 생김새를 자세히 관찰하여 묘사할 수 있다.
• 현미경을 활용하여 과학기술의 편리함을 이해하고, 기술적인 도구를 활용하여 우리 눈에 보이지 않는 세밀한 부분을 정밀화 작업에 추가할 수 있다.</td></tr>
<tr><td colspan="3">과정 목표</td></tr>
<tr><td colspan="3">• 세밀하게 그리기 위해서 다양한 각도와 지점에서 꽃을 관찰해보고, 해당 부분은 왜 그렇게 생겼는지 그 기능을 추론하면서 탐구할 수 있다.
• 현미경을 활용해서 관찰할 때는 물체를 몇 배수로 볼 수 있다는 사실과 배수의 개념을 이해해볼 수 있다.
• 대상의 생김새를 미세하게 그려보는 작업을 통해 소근육과 관찰력 및 집중력을 기를 수 있다.</td></tr>
<tr><td rowspan="3">STEAM 학습 준거</td><td>상황제시</td><td colspan="2">• 다른 많은 정밀화를 감상해보고 보다 세밀하게 그릴 수 있는 방법에 대해 이야기 나눠보기
• 주변에서 '눈에 보이지 않지만 분명히 실존하는 것'을 찾아보기</td></tr>
<tr><td>창의적 설계</td><td colspan="2">• 현미경을 활용해 해바라기의 잔털, 백합의 암술과 수술 머리, 꽃잎의 맥 등을 찾아보기
• 수술머리에 있는 커다란 알갱이들이 꽃가루인 것과 같이, 현미경을 통해 대상을 관찰해보고 확대된 곳이 꽃의 구조에서 어떤 부분인지 알아보기</td></tr>
<tr><td>감성적 체험 (성공의 경험)</td><td colspan="2">• 현미경으로 확인한 꽃의 '눈에 보이지 않지만 실존하는 것'을 그림 속에 추가해서 묘사해보기
• 완성된 그림에 곤충이나 열매와 같이 다른 대상 추가해서 확장해보기</td></tr>
</table>

▶ 활동 전개

스마트 가드닝 농원에는 아이들이 그린 그림들이 가득하다. 이 그림들은 과학과 미술의 만남을 통해 창조되었다. 과학과 미술의 접목은 아이들로 하여금 이전에는 경험해보지 못했던 다양한 시도를 가능케 한다. 기존에 존재했던 많은 예술 작업에 탐구와 실험을 접목시킬 수 있다. 정물화를 그리는 일은 수많은 화가들이 즐겨하던 작업이다. 이는 일상생활의 여러 가지 사물들, 특히 꽃과 과일 등의 한 가지 혹은 몇 가지 대상을 주제로 하여 구도를 잡아 그리는 것이다. 정밀화의 주제가 되는 것들은 자기의 의사로는 움직일 수 없는 것 그러니까 정지된 물체들이다. 그림을 그리기 위해 대상을 관찰하다 보면 대상의 형태 외에도 구도와 배치, 빛의 방향과 그림자 등 고려해야 할 것이 많다. 그래서 정밀화 그리기는 아이들에게 고도의 집중력과 관찰력을 요구하는 작업이다.

교사는 정밀화 작업에 현미경이라는 과학적 도구를 끌어들였다. "이 세상에 분명히 존재하지만 눈에는 보이지 않는 것", 이것을 확인시켜주는 것만으로도 아이들은 흥분했고 감탄했다. 우리 눈으로 볼 수 있는 것이 실존하는 세상의 다는 아니라는 생각에 잠자고 있던 호기심이 분출된 것이다. 압화를 만들어보고 난 뒤로부터 아이들의 꽃 사랑은 지극했다. 그래서 교사는 꽃 정물화를 그릴 것을 제안했고 여기에 현미경을 활용했다. 처음에는 그저 눈으로 볼 수 있는 것들만 그려보았다. 그러나 여기서부터 벌써 이미 아이들은 정지해 있는 물체라는 정물화의 기본적인 특성에서 벗어나는 작업을 하고 있었다. 아이들은 돋보기로 관찰하거나 혹은 이리저리 대상을 다각도에서 돌려보며 자유로우면서도 열정적으로 대상을 그리기 시작했다. 아이들은 제법 진지한 과학자이자 예술가였다.

"현미경으로 꽃잎을 보니 아주 얇은 선들이 빼곡하게 있어요.
나뭇잎 말고 꽃잎에도 잎맥이 있는 걸까요?
이 선은 꽃잎맥이라고 하면 될까요?"

대상의 대략적인 외형을 그리고 난 뒤에는 본격적으로 현미경으로 꽃의 이곳 저곳을 살펴보기 시작했다. 아이들은 각각 백합과 해바라기를 관찰했는데 백합을 관찰한 아이는 꽃잎에 있는 미세한 선들과 수술에 붙은 꽃가루를 확대해보며 신기해했다. 현미경 속 세상은 아이들에게 새로운 탐구 주제와 조사 거리를 안겨주었다. 아이는 자신이 그린 백합에 반짝이는 꽃가루와 수많은 잎맥을 추가했다.

해바라기를 관찰한 아이는 해바라기의 중심에서 수분을 발견했다. 그러면서 "해바라기는 씨앗 부분에 물을 저장하는 게 아닐까?" 하는 의문을 제기했다. 또한 해바라기의 잎과 줄기, 꽃받침 등에서 무수히 많은 잔털을 관찰하며 그림에

추가해주었다. 현미경을 통해 발견한 사실들을 추가한 그림은 이전보다 훨씬 더 정교해져 있었다.

아이들이 그린 그림은 그 자체로 너무나 세밀해서 교사는 채색 작업을 하지 않고 흑백 정물화로 보존하는 것이 어떨지 견해를 물었다. 그러나 아이들은 대상의 색감을 그대로 재연하기 위해 채색 작업을 하길 원했고, 그 과정에서 물감으로 가려진 부분들은 이후에 다시 관찰하여 그릴 것이라고 대답했다. 아이들의 열의가 강하고 몰입 지속시간이 그 어느 때보다 긴 것을 확인하며 교사는 아이들의 흥미와 탐구 정신에 기반한 활동의 중요성을 실감할 수 있었다.

"왜 해바라기는 흙에서만 살 수 있을까요?
바다에 떠다니는 화분을 만들어서 해바라기가 바다에서도
살 수 있으면 좋겠어요. 바다에 둥둥 떠 있는 섬처럼요.
그럼 이 세상에 식물이 더 많이 자랄 수 있지 않을까요?"

마지막으로 채색을 마친 뒤 아이들은 OHP필름지에 자신이 그린 그림과 어울릴 만한 것들을 그려서 삽입했다. 백합에는 색색의 나비들이 날아들었다. 해바라

기에는 꿀벌이 찾아왔다. 그런데 흥미롭게도 해바라기 뿌리에는 꽃게와 물고기 등의 바다 생물들이 모여들었다. 기분 좋은 상상과 환경을 위한 발명에 대한 제언을 끝으로 아이들의 독특한 정밀화 작업은 마무리되었다.

5) 이젤로 화분 거치대를 만들어요

▶ 활동의 맥락과 필요성

• 활동 주제와 관련한 사회적 이슈

리사이클링(recycling)이란 폐품과 같이 일상에서 수거되는 제품을 다른 자원으로 만들어 새로운 제품의 원료로서 이용하는 일을 총칭한다(네이버 지식백과). 즉, 자원을 인공적으로 순환시켜 재생 이용 및 그 가치를 도모하는 방법이다. 리듀스(reduce, 쓰레기 줄이기), 리유스(reuse, 재사용하기)와 함께 3R로 불린다. 우리나라에서는 아나바다 운동(아껴쓰고, 나눠쓰고, 바꿔쓰고, 다시 쓰자)과 같은 사회적 캠페인이 이와 상통한다.

교육 현장에서는 가정에서 잘 쓰지 않는 물건들을 팔거나 교환하기 위한 기관 차원의 바자회를 개최한다거나 분리수거되는 폐품을 모아와 이를 조형 활동의 자원으로 활용한다거나 하는 등의 활동들이 이뤄지고 있다. 본 활동에서는 스마트 농원의 물리적인 환경을 조성하기 위한 방식으로 친환경적인 방법인 리사이클링을 실현해보기로 했다. 사실, 리사이클링은 자원을 순환시켜 새로운 제품의 원료로 만든다는 점에서 자원을 재처리하는 등의 화학적 조작이 이뤄지는 것이 일반적이다. 혹은 음식 쓰레기의 퇴비화나 소각 시설의 여열 이용 등에 의한 자연적인 에너지 자원의 절약도 이에 해당한다. 그러나 교육 현장에서 어린 아이들이 이러한 자원의 재가공이나 재처리를 시도할 수는 없기 때문에 우리는 버려지는 물건을 다른 제품으로 재창조하는 방식에 착안했다.

아이들은 기관에서 더 이상 쓰지 않는 이젤을 이용해서 농원에 쓸 화분 거치대를 만드는 작업을 했다. 이 과정에서 목공 작업을 해야 했고, 다양한 형태의 나무 조각을 필요로 했다. 교사는 이때 리사이클링이라는 본 활동의 취지에 맞게 시판하는 새 목재가 아니라, 가구나 다른 조형물을 제작하고 남은 자투리 목재를 아주 저렴하게 묶어 판매하는 거래처를 찾아 구매했다. 이로써 버려지는 자원을 새로운 제품의 자원으로 재활용한다는 리사이클링을 실천하게 되었다.

이젤을 화분거치대로 만드는 작업은 아이들로 하여금 선반의 균형을 유지시키기 위한 무게중심과 관련된 물리과학적 탐구와 수학적 탐색을 시도해볼 기회가 되었다. 또한 나무에 물리적임 힘을 가해 대상을 재단하고 절단하며 다듬는 등의 행위를 경험할 수 있었다.

- **함께 다룰 수 있는 관련 교과 지식**
  - 리사이클링을 비롯한 친환경 캠페인의 실제
  - 자원을 재활용할 수 있는 방법
  - 환경오염을 방지하고 지속가능한 발전을 추구하기 위한 사회적 움직임
  - 무게중심과 관련된 물리과학적 지식
  - 힘점과 받침점, 작용점
  - 중앙값을 구하기 위한 사칙연산의 기초

▶ 활동 전개를 위한 교사의 준비

• 자료 준비

목재는 아이들이 스스로 목공 작업을 하기 위해 가공하고 손질하는 과정을 거칠 수 있게 있는 그대로 제공해주는 것이 좋다. 그러나 아이들의 연령이 어린 경우에는 나뭇결의 거친 면에 의한 부상 위험이 있으니 교사가 미리 날카로운 부분을 사포로 정리하여 제공하도록 한다. 모든 경우에 안전 장갑은 필수다. 만약, 교사가 아이들과 함께 망치나 톱을 쓰거나 못질을 하는 등의 목공 작업을 진행하기에 현실적인 어려움이 있는 경우(보조 인력의 부재, 안전 사고의 위험, 작업 공간이나 여건의 미비 등), 목공풀이나 글루건을 이용해서 나무를 고정시키는 방식으로 대체해도 무방하다. 이 경우에는 무게가 무겁지 않은 가벼운 물건을 비치하여 붕괴 위험을 방지하도록 한다.

• 연관 활동

폐자전거를 활용한 리사이클링 작업으로 책상과 책꽂이 만들기

자투리 목재를 활용하여 목공 작품 만들기

▶ 활동 개요

활동명 이젤로 화분 거치대를 만들어요

준비물 다양한 자투리 나무 조각, 목공용 목재, 톱, 사포, 못, 망치, 글루건, 이젤 등

활동형태 융합 STEAM 예술 활동

활동내용 리사이클링 작업과 목공 작업을 통해 농원에서 화분을 보관하기 위해 필요한 거치대를 제작해본다.

▶ 활동 계획표

<table>
<tr><th>활동명</th><td>이젤로 화분 거치대를 만들어요</td><th>주제</th><td>나무 탐색하기 및 목공작업하기</td></tr>
<tr><th>대상</th><td>만 5세~만 7세</td><th>융합 교과</th><td>수학, 과학, 미술</td></tr>
<tr><th>초등학교 STEAM 교과의 영역과 핵심 개념</th><td colspan="3">• 수학: 수와 연산: 수의 연산
• 과학: 힘과 운동: 무게, 수평 잡기
• 미술: 체험: 연결: 미술과 생활
표현: 제작: 표현재료와 용구</td></tr>
<tr><th>누리과정 관련 요소</th><td colspan="3">• 예술경험: 창의적으로 표현하기: 다양한 미술 재료와 도구로 자신의 생각과 느낌을 표현한다.
• 자연탐구: 탐구과정 즐기기: 궁금한 것을 탐구하는 과정에 즐겁게 참여한다.
생활 속에서 탐구하기: 도구와 기계에 대해 관심을 가진다.
자연과 더불어 살기: 생명과 자연환경을 소중히 여긴다.
생활 속에서 탐구하기: 일상에서 길이, 무게 등의 속성을 비교한다.</td></tr>
<tr><th rowspan="4">학습목표</th><th colspan="3">내용 목표</th></tr>
<tr><td colspan="3">• 물건의 무게를 지탱하기 위해 지지대의 중간점을 계산할 수 있다.
• 나무의 특성을 탐색해보고 도구를 활용한 물리적인 힘으로 나무의 형태를 바꾸거나 연결시킬 수 있다.
• 주어진 재료와 도구를 활용하여 조형 작품을 만들고, 예술 활동으로 만든 결과물을 실생활에 도움이 되는 물건으로 활용할 수 있다.</td></tr>
<tr><th colspan="3">과정 목표</th></tr>
<tr><td colspan="3">• 화분을 올려놓아도 무너지지 않고 균형을 유지하도록 거치대의 중간점과 3분의 1지점, n분의 1지점 등을 찾아서 고정시키는 등 목공 작업에서 다양한 연산 활동을 진행할 수 있다.
• 나무의 결, 질감, 무늬, 색, 형태 등을 탐색하면서 다양한 나무 조각을 미술 활동의 자원으로 활용할 수 있다.</td></tr>
<tr><th rowspan="3">STEAM 학습 준거</th><th>상황제시</th><td colspan="2">• 농원에 비치된 화분을 거치할 수 있을 만한 공간이 필요함을 인식하기</td></tr>
<tr><th>창의적 설계</th><td colspan="2">• 거치대를 비치할 공간의 크기와 화분의 무게 등을 고려하여 사용할 재료와 도구, 방법 등을 고안해보기
• 거치대를 만들기 위해 주변에서 쓰지 않는 자원 중 재활용할 수 있을 만한 물건 찾아보기</td></tr>
<tr><th>감성적 체험 (성공의 경험)</th><td colspan="2">• 교사의 안내하에 안전 수칙을 준수하며 목공 작업을 시도하고 작업 과정에서 다양한 문제해결 과정 경험하기
• 목공 활동에 필요한 수 · 과학적 학습 개념을 인식하고 활용하기
• 완성된 거치대를 농원에 비치하여 실생활에서 농원을 조성하는 데 사용하기</td></tr>
</table>

▶ 활동 전개

스마트 농원에는 실내형 화단 외에도 여러 개의 화분이 비치되어 있다. 다육식물을 심은 포트묘부터 크고 작은 화분에 공기정화식물을 비롯한 다양한 식물이 심어져 있다. 우리는 볕이 잘 드는 곳에 작은 화분들을 올려놓을 만한 거치대가 필요했고 목공 작업을 통해 직접 제작했다. 아이들이 작업하는 데에는 한계가 있기 때문에 쓰지 않는 오래된 이젤을 리사이클링해서 활용하기로 했다.

목공 작업은 아이들에게 힘과 균형의 원리와 관련된 물리과학적인 감각과 동시에 측정과 계산, 비교와 같은 수학적인 능력도 요구했다. 거치대는 물건을 올려

놓아야 하기 때문에 중간점과 물체가 힘을 받는 방향 등을 고려해야 했다. 또한 나무판을 자르고 손질하는 과정에서 길이와 두께를 측정하는 것이 수반되었다. 못을 박을 위치를 정하기 위해 나무 길이의 3분의 1지점 혹은 2분의 1지점 등을 찾고자 전체값을 n분의 1로 나누는 사칙연산의 과정도 진행되었다.

이렇게 거치대의 틀을 완성하고 난 뒤에는 다양한 나무 조각을 활용해서 거치대를 장식하기 위해 목공예를 해보았다. 아이들은 여러 가지 크기의 질감, 무늬 및 모양의 나무 조각을 탐색하며 자연물을 통한 공예 활동을 즐겼다. 목공예는 못과 망치, 톱과 사포, 글루건 등을 사용해야 한다는 점에서 어린 아이들에게는 안전상 다소 제한점이 많은 활동이지만 학령기 아이들에게는 수·과학적으로 다뤄야 할 개념들이 무궁무진한 작업이었다.

6) 곤충 모양 전구를 만들어요

▶ 활동의 맥락과 필요성

• 활동 주제와 관련한 사회적 이슈

3D프린팅에서 D는 dimension(차원)을 의미한다. 즉, 3D프린팅은 프린터로 평면으로 된 문자나 그림을 종이에 찍어내는 인쇄술이 아니라, 입체적인 도형물을 만들어내는 기술이다. 보통 프린터는 잉크를 사용하지만, 3D프린터는 플라스틱을 비롯한 경화성 소재를 사용한다. 3차원의 프린팅은 연속적인 계층의 물질을 뿌리면서 3차원의 입체적인 대상을 만들어내는 제조 기술로 적층(3D잉크를 쌓아올리는 형식) 구조를 나타낸다.

이 작업은 마치 찰흙으로 입체적인 작품을 빚어내는 것과 같이 다양한 각도에서 바라본 사물의 모습을 생생하게 표현할 수 있다는 장점이 있다. 3D프린팅은 무엇이든 원하는 형태의 제품을 생산해낼 수 있다는 점에서 의학, 공학, 건축학, 미학 등의 다양한 분야에서 폭넓게 활용된다. 인공지능(AI), 사물인터넷(IoT), 로봇 등과 함께 4차 산업혁명 기술의 핵심으로 거론되는 만큼 3D프린팅은 유치원과 학교를 비롯한 교육 현장에서도 접할 수 있다.

3D프린팅 제품을 탄생시키는 과정을 예로 들면, 3D 프린팅 설계를 위한 프로그램 툴을 이용하여 대상을 스케치하고, 원하는 결과물에 맞는 앞모습, 옆모습, 뒷모습을 저장하여 3D프린터로 인쇄하는 방식이다.

그러나 근래 들어 3D프린터와 관련한 위험성이 드러났다. 미국에서 발표된 한 자폐증 연구결과에 따르면, ABS와 PC로 3D프린팅 출력 시, 비스페놀A와 같은 환경호르몬이 검출되었다는 것이다. 비스페놀A는 아동에게 뇌 손상 및 성조숙증 등 다양한 질환을 유발하는 물질이다. 이뿐 아니라 특히 ABS는 출력 시 상당히 많은 발암물질인 초미세입자가 발생해 미국의 일부 학교에서는 이에 대한 사용이 금지되기도 했다. 이와 관련하여 발암물질과 환경호르몬이 검출되지 않는 새로운 3D 프린팅 소재가 개발되었으니 교사가 이를 잘 확인하여 활용할 수 있어야 한다.

3D프린팅 기술은 해보다는 득이 많다. 유해성과 같은 부분에서 조심해서 접근하

면 교육 현장에서 다양하게 활용될 수 있을 것이다. 본 활동에서는 3D프린터를 이용해서 농원을 장식할 곤충 조명을 제작하였다. 곤충 조명을 만들기 위해 필요한 곤충 모형 틀을 3D프린터로 인쇄하여 전구와 접목하는 방식으로 조명 장식을 완성시켰다.

- **함께 다룰 수 있는 관련 교과 지식**
  - 곤충의 종류와 특징
  - 3D프린팅 기술의 활용과 가치
  - 3D프린터 사용 방법 및 관련 컴퓨터 프로그램
  - 4차 산업혁명과 관련한 미래 기술

▶ 활동 전개를 위한 교사의 준비

• 자료 준비

3D프린터를 활용할 때에는 아이들의 안전을 위해 환경호르몬이나 발암물질이 검출되지 않는 신소재를 이용한다. 미국 FDA의 규격을 만족시키는 폴리에스테르 소재나 탄성 소재를 확인하도록 한다. 또한, 3D프린터가 작동되는 동안 아이들로 하여금 짧은 시간 내로 관찰과 탐색을 마무리하고 기계 근처에서 머물지 않게끔 주의시킨다. 3D프린터가 작동하고 있는 동안 혹은 끝난 뒤 일정 시간 동안 창문을 열어 환기를 자주시킬 수 있도록 한다.

• 연관 활동

3D프린터를 활용한 미술 작품 만들기:
3D프린터를 이용하여 만든 공룡 화석을 작품에 붙여 콜라주하기

▶ 활동 개요

활동명	곤충 모양 전구를 만들어요
준비물	3D프린터, 전선, 전지 소켓, LED전구, 납땜 기기 혹은 글루건, 아크릴 물감, 붓, 물통 등
활동형태	융합 STEAM 예술 활동
활동내용	3D프린터를 활용해서 곤충 모형을 제작해보고, 이를 토대로 곤충 모양의 전구를 만들어 농원을 장식한다.

▶ 활동 계획표

<table>
<tr><td>활동명</td><td>곤충 모양 전구를 만들어요</td><td>주제</td><td>전류 전지 및 3D프린팅 기술 활용하기</td></tr>
<tr><td>대상</td><td>만 5세~만 7세</td><td>융합 교과</td><td>과학, 기술, 미술</td></tr>
<tr><td>초등학교 STEAM 교과의 영역과 핵심 개념</td><td colspan="3">• 과학: 물질의 변화: 물질의 상태 변화
전기와 자기: 전기
• 기술: 기술 활용: 혁신
• 미술: 체험: 연결: 미술과 생활
표현: 제작: 표현 재료와 용구</td></tr>
<tr><td>누리과정 관련 요소</td><td colspan="3">• 예술경험: 창의적으로 표현하기: 다양한 미술 재료와 도구로 자신의 생각과 느낌을 표현한다.
• 자연탐구: 탐구과정 즐기기: 궁금한 것을 탐구하는 과정에 즐겁게 참여한다.
생활 속에서 탐구하기: 도구와 기계에 대해 관심을 가진다.
생활 속에서 탐구하기: 물체의 특성과 변화를 여러 가지 방법으로 탐색한다.</td></tr>
<tr><td rowspan="4">학습목표</td><td colspan="3">내용 목표</td></tr>
<tr><td colspan="3">• 3D프린터의 원리를 이해해보고 3D프린팅 기술이 만들어낸 개체를 대상으로 미술 활동을 연계할 수 있다.
• 전류와 전지, 전구, 전선 등의 유기적 관계를 이해하고, 공학 부품을 직접 연결해볼 수 있다.
• 곤충 전구를 만들기 위해 곤충의 생김새나 예술적 요소를 고려하여 조형 활동을 할 수 있다.</td></tr>
<tr><td colspan="3">과정 목표</td></tr>
<tr><td colspan="3">• 고체 형태의 필라멘트가 열에 의해 용해되고, 다시 응고되는 과정을 통해 3D프린팅 기술을 구현하기 위한 물질의 화학적 변화를 이해할 수 있다.
• 층을 쌓아올려 입체적인 조형물을 만들어내는 3D프린팅 기술의 원리를 토대로 점, 선, 면, 입체와 차원의 개념을 생각할 수 있다.
• 전구의 불을 밝히기 위해 전류가 흘러야 하고, 전선과 전지가 필요하다는 전기 과학의 기본을 이해할 수 있다.</td></tr>
<tr><td rowspan="3">STEAM 학습 준거</td><td>상황제시</td><td colspan="2">• 식물과 어울릴 만한 조명 장식의 필요성과 표현하고 싶은 주제 및 제작 방법 생각해보기
• 3D프린팅 기술의 쓰임새에 대해 이야기 나눠보기
• 입체 형식의 곤충 모양 전구를 만들기 위해 모형 틀이 필요함을 인식하기</td></tr>
<tr><td>창의적 설계</td><td colspan="2">• 3D프린터를 활용해서 원하는 모양의 입체물을 만들 수 있음을 이해하기
• 3D프린터의 원리를 곤충 모양 전구를 만드는 데 접목시키기
• 전류 전지의 개념과 더불어서 효과적인 전선 연결을 위해 납땜이 필요함을 이해하기</td></tr>
<tr><td>감성적 체험 (성공의 경험)</td><td colspan="2">• 교사의 안내 하에 안전 수칙을 준수하며 전선 연결 작업과 3D프린팅 기술 경험하기
• 완성된 곤충 모양 전구를 농원 내 빛이 필요한 곳에 비치하여 실생활에서 사용하기</td></tr>
</table>

▶ 활동 전개

3D프린팅 기술은 인간이 시각적으로 느끼는 원리를 모방해서 대상을 평면이 아닌 입체적으로 구현하는 방식이다. 이 기술은 사실 어느 평범한 아버지의 일상에서 기원했다고 한다. 1989년 스콧 크럼프(S. Scott Crump)는 어린 딸의 개구리 장난감을 만들기 위해 글루건을 사용하다가 3D프린팅 기술에 대한 아이디어를 생각해냈다. 글루건은 고체형 원료가 뜨거운 노즐을 통과하면서 액체로 변하고, 이것이 상온에서 다시 응고되는 원리의 발명품이다. 크럼프는 글루건을 이용해서 층을 쌓아 올려 물체를 만들면 3차원의 대상이 될 것이라고 생각했다. 3D프린터는 이렇게 고체형의 필라멘트가 열로 인해 녹으면서 미리 입력해 놓은 구현 값에 따라 프로그래밍된 대상을 층으로 쌓아 올려 재연해낸다.

사실 3D프린터를 작동시키려면 관련된 컴퓨터 프로그램을 통해 3차원의 도면을 제작해야 한다. 이때 사용하는 프로그램이라고 하면 크게 3D모델링 프로그램과 슬라이싱 프로그램으로 나뉘는데 이미 시중에는 아이들이 쉽게 접근할 수 있

도록 하는 교육용 프로그램이 많이 보급되어 있다. 그러나 유아들이 단시간에 학습하기는 다소 어렵기 때문에 여기서는 3D기술에 대한 노출에 초점을 맞추었다. 실제로 미국의 여러 교육 관련 사이트와 캘리포니아와 같은 일부 주정부에서 주관하는 교육 포털에는 현장의 교사와 아이들을 위해서 이미 프로그래밍되어 있는 도안들이 많이 배포되어 있다. 이는 아이들에게 3D프린터로 만든 교수 자료를 수업에 활용할 수 있도록 하고, 어린 연령부터 미래 과학기술에 대한 노출을 가능케 하기 위함이다. 교사 역시 이러한 사이트에서 곤충 도면을 다운받아 수업에 활용했다. 비록 직접 도안을 프로그래밍화하지는 않았지만 아이들은 3D프린터가 작동하면서 입체적인 조형물을 완성해 나가는 과정을 육안으로 확인하는 것만으로도 매우 흥미로워했다. 이렇게 완성된 3D곤충을 보면서 아이들은 어떤 방식으로 층이 쌓여 있는지를 관찰해보기도 했고, 필라멘트가 어떤 구조로 구성되어 있는지를 확인해보기도 했다.

우리는 이 3D곤충 모형을 통해 농원에 비치할 전구 장식을 만들기로 했는데, 하얀색 모형을 원하는 대로 채색하는 것에서부터 작업을 시작했다. 해당하는 곤충의 실제 생김새와 비슷하게 만드는 경우도 있었고 자신만의 미적 감각을 살려 자유롭게 만드는 경우도 있었다. 아이들은 자신들이 만든 곤충 전구가 식물과 함

께 어우러져 농원을 조성할 모습을 상상하며 작품 활동에 임했다.

채색을 마친 모형에는 전구와 전선, 전지 소켓 등을 서로 연결하여 전등 장식의 역할을 할 수 있도록 했다. 전구는 항상 켜져 있으면 그 수명이 기하급수적으로 줄 수밖에 없다. 그래서 스위치가 필수적이다. 전구로 활용하려면 전구와 스위치, 전지 등이 안정적으로 고정되어야 하기 때문에 납땜하는 과정을 추가했는데 안전상의 이유로 교사의 철저한 관리하에 일대일로 작업이 진행되었다. 또한 납 연기의 유해성 때문에 안전 안경과 마스크를 착용하고 창문을 열고 작업해야 한다. 이렇게 완성된 곤충 로봇은 다육 식물을 기르는 미니 온실을 장식하는 기념물로 활용되었다.

3. 과학기술로 농원을 유지해요

1) 미래 과학기술로 미니 온실을 유지해요

▶ 활동의 맥락과 필요성

• 활동 주제와 관련한 사회적 이슈

아두이노는 다양한 스위치나 센서로부터 입력값을 받아들여 LED나 모터와 같은 전자장치들로 출력을 제어함으로써 물리적인 환경과 상호작용이 가능한 각종 기계장치를 만들어낼 수 있는 도구이다(네이버 지식백과). 다시 말해서 마이크로컨트롤러 보드를 기반으로 한 컴퓨팅 플랫폼과 소프트웨어 개발 환경을 일컫는데, 쉽게 생각하면 아주 작은 손바닥만 한 컴퓨터라고 생각하면 된다. 마이크로컨트롤러란 프로세서와 입출력 모듈을 하나의 칩으로 만들어서 특정 기능을 수행하는 작은 컴퓨터를 말한다. 아두이노는 이러한 마이크로컨트롤러 보드와 관련된 개발 도구 및 환경을 모두 포괄한다. 아두이노의 활용 사례를 살펴보면 단순한 로봇, 온습도계, 센서를 이용한 동작 감지기, 음악이나 각종 사운드 및 녹음장치, 스마트 홈 구현, 장난감, 로봇 교육 프로그램 등의 다양한 제품들을 만드는 데 이용된다.

코딩은 이러한 아두이노를 비롯한 다양한 컴퓨터 프로그램을 구동하기 위한 명령 작업이라고 할 수 있다. 즉, 알고리즘을 컴퓨터가 이해할 수 있는 언어로 바꾸어 컴퓨터에 입력하는 행위를 총칭한다. 이 때문에 보다 넓은 의미에서는 프로그램을 만드는 행위인 프로그래밍과 동일한 개념으로 혼용되기도 한다. 코딩은 컴퓨터 프로그램이나 기계가 어떤 기능을 수행할지, 인공지능이 어떤 명령을 하고 어떤 행동을 수행할지를 입력해주는 것이기 때문에 4차 산업혁명 시대라고 일컫는 미래 사회에서 인간이 갖춰야 할 기본적인 핵심 역량으로 자리매김하고 있는 추세이다. 또한 과거에는 기계가 인식하는 언어 즉, 프로그래밍 언어를 이해해야 할 수 있었던 코딩이 지금은 편리하게 도와주는 프로그램이 개발되어 있어 누구나 코딩에 손쉽게 접근할 수 있다. 이는 교육 현장의 아이들도 예외가 아니다.

이러한 디지털 문화는 교육계에도 크고 작은 영향을 미치고 변화를 요구한다. 도래하는 디지털 시대에서 필요로 하는 창의적 사고는 컴퓨팅적 사고라는 말까지 있다. 이 중심에는 코딩 교육의 유행이 자리 잡고 있다. 이러한 교육적 흐름에 맞춰 정부 차원에서의 국가 수준 교육과정에도 코딩 교육이 들어와 있고, 근래 들어서는 교육 및 기술 전문가의 협업에 따른 코딩 교육 콘텐츠와 교수법, 매체, 프로그램 등이 줄줄이 등장하고 있다. 마이크로소프트의 창업자인 빌 게이츠(Bill Gates), 페이스북 설립자인 마크 저커버그(Mark Zuckerberg), 드롭박스의 설립자인 드류 휴스턴(Drew Houston) 등 전 세계적으로 주목받고 있는 IT 개발자들이 모두 유년 시절부터 코딩 개념을 이해하고 프로그래밍을 즐겨 했다는 사례는 이러한 코딩 교육의 유행에 더욱 박차를 가하는 인자들이다. 비단 IT나 컴퓨터 공학 관련 프로그래머로 아이들을 양성하기 위해 코딩 교육을 실시하는 것은 아니다. 미래 사회에서 디지털화된 문명을 습득하고 급변하는 세상에서 적응하여 살아가기 위한 기본적인 상식이자 역량으로서 코딩은 필수가 된 셈이다.

이렇듯 어린이 코딩 교육에 대한 수요가 급증하자, 스크래치(Scratch)와 같은 코딩 교육 도구가 등장했다. 스크래치는 MIT미디어랩에서 개발한 교육 도구로 게임 방식을 이용해 프로그래밍 원리를 쉽게 이해하도록 한다. 일반적인 프로그래밍은 명령어와 소스코드를 입력하는 형태이지만 스크래치는 특정 기능과 연동되는 아이콘을 마우스로 끌어 옮기면서 기능을 구현하도록 한다는 점에서 아이들이 사용하기에 적합하다.

본 활동에서는 스마트 가드닝에서 요구하는 농업기술을 기계로 구현할 수 있도록 아이들이 코딩 작업을 하고, 아두이노를 통해 구체적인 기계장치로 현실화시키는 과정이 포함되어 있다. 이 때문에 아이들이 코딩의 기본적인 원리와 목적, 방식이 무엇인지를 이해하는 작업을 선행 경험으로 계획하였다. 그리고 나서 스마트 온실에서 필요로 하는 온습도측정장치의 원리를 코딩 작업과 아두이노를 통해 직접 실현시켰다.

- **함께 다룰 수 있는 관련 교과 지식**
  - 코딩의 개념과 목적 및 방법
  - 인간의 언어와 기계의 언어(인간의 문해능력과 디지털 리터러시)
  - 온도와 습도의 개념
  - 스마트 가드닝에서 필요로 하는 기술
  - 식물이 살아가는 데 적합한 온도와 습도
  - 센서와 아두이노
  - 4차 산업혁명과 관련한 미래 기술

▶ 활동 전개를 위한 교사의 준비

- 자료 준비

아이들이 시중에 개발되어 있는 프로그램을 접해보고 직접 시연해보는 것에만 국한된 코딩 교육은 그리 바람직하지 않다. 코딩 교육의 가장 근본적인 목적은 디지털 리터러시, 즉 미래 사회에서 필요로 하는 새로운 언어를 이해해야 할 필요성을 인식하는 것이다. 그렇기에 컴퓨터가 이해할 수 있는 용어를 임의로 아이들과 함께 설정하여 문장을 번역해보는 작업을 진행해보면 좋다. 마치 한글 문장을 영어로 번역하는 것처럼 말이다. 아이들이 설정한 용어(영어 약자, 기호, 화살표, 도형 등)를 단어 카드로 만들어서 활용하면 아이들이 활용하기에 좋다.

• 연관 활동

열 화상 감지 카메라로 온실 및 식물 촬영해보기

▶ 활동 개요

활동명	미래 과학기술로 미니 온실을 유지해요
준비물	온실 케이지, 다육 식물 및 벌레잡이 식물과 같이 서식 환경이 비슷한 소형 식물, 아두이노 보드, 스케치 프로그램이 깔린 노트북, 온도측정센서, 토양수분측정센서, 전원공급장치 등
활동형태	융합 STEAM 예술 활동
활동내용	센서와 아두이노 및 코딩 기술을 활용해서 농원의 온도와 습도 상태를 표시해 주는 스마트 가드닝 시스템을 확립해본다.

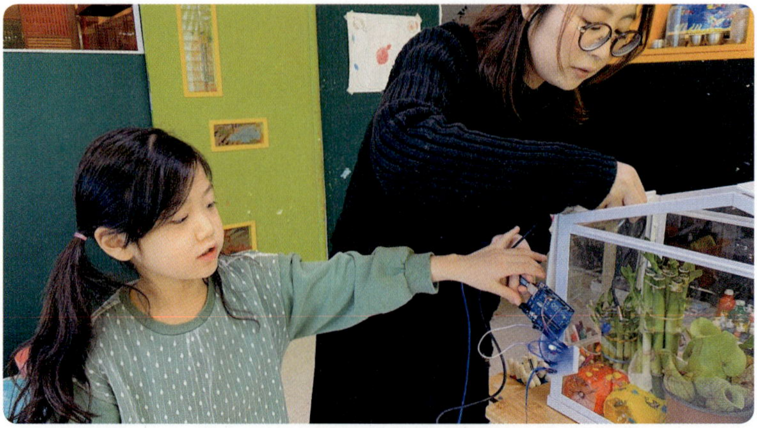

▶ 활동 계획표

활동명	미래 과학기술로 미니 온실을 유지해요	주제	코딩과 아두이노 접근하기
대상	만 5세~만 7세	융합 교과	과학, 기술, 미술
초등학교 STEAM 교과의 영역과 핵심 개념	• 과학: 대기와 해양: 대기의 운동과 순환 전기와 자기: 전기 • 기술: 기술 시스템: 소통 기술 활용: 지속가능 • 미술: 체험: 연결: 미술과 생활		
누리과정 관련 요소	• 의사소통: 읽기와 쓰기에 관심 가지기: 주변의 상징, 글자 등의 읽기에 관심을 가진다. • 예술경험: 창의적으로 표현하기: 다양한 미술 재료와 도구로 자신의 생각과 느낌을 표현한다. • 자연탐구: 탐구과정 즐기기: 궁금한 것을 탐구하는 과정에 즐겁게 참여한다. 생활 속에서 탐구하기: 도구와 기계에 대해 관심을 가진다.		
학습목표	**내용 목표**		
	• 아두이노와 코딩의 개념 및 필요성을 이해하고 스마트 가드닝에서 필요로 하는 기술이 무엇인지를 이해할 수 있다. • 코딩의 원리를 탐구하고 자신이 기계에 입력하고 싶은 명령문을 기호와 단어 및 수식 등을 활용하여 암호화할 수 있다.		
	과정 목표		
	• 미니 온실에서 사용할 온습도표시계를 만들기 위해 필요한 공학 부품이 무엇인지를 조사해볼 수 있다. • 코딩 작업에 필요한 알고리즘을 이해하고 코딩의 기본 개념을 인식할 수 있다. • 아두이노의 역할이 무엇인지를 알고, 아두이노 보드에 명령값을 입력하는 과정을 이해해볼 수 있다.		
STEAM 학습 준거	상황제시	• 식물이 살아가는 데 적절한 온도와 습도에 대해 조사해보기 • 온도와 습도를 조절하기 위해 현재의 상태를 점검해줄 필요성이 있음을 인식하기	
	창의적 설계	• 온습도측정센서의 역할 이해하기 • 센서와 전구 간의 상관성과 코딩의 필요성 인식하기 • 온습도표시계를 위한 명령값과 아두이노의 필요성 이해하기	
	감성적 체험 (성공의 경험)	• 교사와 함께 공기 중의 온도와 토양의 수분량을 측정하는 센서를 활용하여 코딩 작업을 거쳐 실내 온습도표시계 만들어보기 • 아두이노 보드를 활용하여 만든 온습도표시계를 다육 식물을 보관하는 미니 온실 유지에 사용하기	

▶ 활동 전개

코드란 특정 정보를 전달하기 위해 사용하는 기호나 그림 등을 의미한다. 코딩 교육에서 말하는 코드란 어떤 정보를 다른 형태로 변환하고자 규정한 규칙을 의미한다. 그리고 코딩이란 이러한 코드를 입력하는 행위를 일컫는다. 다시 말하면, 코딩이란 코드를 만드는 과정이나 행위를 말한다. 즉, 코딩이란 컴퓨터에 지시하는 제어 명령 등의 코드를 만드는 과정 및 행위이며, 프로그래밍 언어로 작성된 프로그램을 만드는 과정 및 행위를 의미한다.

4차 산업혁명 시대가 도래하면서 인공지능(AI)과 사물인터넷(IoT) 등의 미래 기술이 교육의 전반에 들어오게 되었다. 이제 코딩은 미래를 살아갈 아이들이 핵심적으로 갖춰야 할 과학적 소양이자 기본적인 능력이 된 셈이다. 코딩과 컴퓨터 과학에 대한 이해는 더 이상 선택이 아닌 필수이다. 빌 게이츠(마이크로소프트웨어 창업자)나 스티브 잡스(애플 창업자)와 같이 성공한 기업가들은 이를 더욱 강조한다. 빌 게이츠는 "컴퓨터 프로그래밍은 사고의 범위를 넓혀주고 더 나은 생각을 할 수 있게 만들며 분야에 상관없이 모든 문제에 대해 새로운 해결책을 생각할 수 있는 힘을 길러준다."라고 이야기했다. 스티브 잡스 역시 "이 나라에 살고 있는 모든 사람은 컴퓨터 프로그래밍을 배워야 한다. 프로그래밍은 생각하는 방법을 가르쳐주기 때문이다."라며 코딩의 중요성을 강조했다.

컴퓨터 코딩 과목이 다른 외국어보다 중요하다고까지 말하는 교육학자들도 있다. 이러한 코딩의 필요성 및 중요성에 힘입어 1994년에 이스라엘은 소프트웨어 과목을 정규과목에 포함했으며, 2009년 일본도 소프트웨어 교육을 필수 과목으로 지정했다. 영국에서는 청소년 교육과정의 12개 정규 과목 중 영어, 수학, 과학, 스포츠와 더불어 컴퓨터과학이 5개 필수 과목 중 하나로 지정되었다.

본론으로 돌아와서, 다소 어린 연령의 아이들이 코딩의 원리를 이해하기 위해서는 "알고리즘"과 "프로그래밍 언어"에 대한 개념을 이해하는 것이 선행되어야 한다. "알고리즘(Algorithm)"이란 문제에 대한 해결 방법을 잘게 쪼개어 순서대로 나열한 것이다. 언어는 사람들이 서로 소통하고 공동체를 구성하기 위해 사용하는 일종의 도구이자 협약된 규칙이라고 할 수 있다. 사람과 사람 사이의 소통 수단으로 언어를 만들어 사용하듯 사람과 기계 사이의 소통을 위해서 사람들은 또 다른 종류의 언어를 만들고 규정했는데 이것이 바로 "프로그래밍 언어(Programming Language)"이다. 즉, 사람이 기계에게 원하는 작업을 시키기 위해 명령 전달 수단으로 사용할 언어를 만든 셈이다.

프로그래밍 언어는 사람의 언어와 무척 유사한 점이 많은데, 예를 들면 단어들이 있고 또 그 단어들을 나열하여 문장을 만드는 순서를 정하는 문법이 존재한다는 것이다. 스마트 가드닝을 구현하기 위한 코딩의 가장 기본이 되는 개념은 다음과 같다.

상수(Constant)

한번 정해지면 변경되지 않는 값

변수(Variable)

변수는 프로그램 실행 중에 변경되는 값을 저장하기 위해 필요한 것

If 조건문

if 조건문은 다음과 같은 형태로 사용된다.

```
If(조건)
    // 조건이 참(true) 일 때 실행할 내용
```

조건문은 명령을 내릴 때에 가장 많이 쓰이는 형태인데 이는 어떤 상황을 가정하고 어떻게 대처해야 할지를 알려주는 것이 목적인 구문이기 때문이다. 예컨대, 농원에서 스마트 가드닝 기술을 구현하기 위해서는 온도조절장치가 필요하다. 이때 코딩작업을 통해 온도조절장치에게 이러한 명령을 내리는 것이다.

"(사람이 없을 때) 기온이 24℃ 아래로 떨어지면 네가 스스로 작동해서 기온을 24℃ 이상으로 올려놔."

이 때문에 아이들은 스마트 가드닝 활동에서 쓰일 If 조건문에 대해 이해해보는 시간을 가졌다. 이 과정에서 코딩 작업을 하기에 앞서 아이들은 컴퓨터에 직접 프로그래밍하지 않고 카드를 이용해 문장을 도식화하는 과정을 선행했다. 이때 어린 아이들이 실존하는 수많은 프로그래밍 언어를 모두 암기하기는 어려

우므로 교사는 코딩의 원리를 교수하는 데 도형과 그림의 개념을 가져왔다. 즉, 푸른색(blue), 붉은색(red), 물(Water의 약자 W), 온도(Temperature의 약자 T), 켜다(On), 끄다(Off)와 같이 아이들에게 익숙한 영단어 외에는 모든 명령어를 도형화시켰다. 참고로, 여기서 아이들이 처음 접한 영어 단어는 Temperature뿐이었다.

이제 본격적으로 명령문을 도식화할 차례가 되었다. 7세의 아이들(만 5세)이 코딩할 장치는 '실내온도표시장치'와 '수분측정장치'였다. 아이들은 각각의 장치에 요구할 사항에 대해 생각해 보았다.

"온도표시장치는 온도가 너무 추우면 파란 불을, 너무 더우면 빨간 불을 표시해주면 좋을 것 같아요. 그럼 우리가 그 표시를 보고 히터를 틀어주거나 창문을 열어주면 되잖아요."

그래서 우리는 우리가 기르는 식물이 성장하기에 가장 적합한 온도인 28℃를 기준으로 문장을 만들어보았다. "만약에 온도가 28℃보다 낮으면 파란색 불이 켜져라." 그리고 이렇게 우리말로 쓰인 문장 아래에 단어 하나씩 매칭해가며 약속해 놓은 수식어와 도형 기호를 코딩하기 시작했다.

수분측정장치는 토양 안에 있는 수분의 양을 측정하는 장치이다. 토양의 수분에 따른 저항값을 제공하는 방식으로 수분을 측정할 수 있는 센서를 아두이노에 연결하여 쓴다. 수분 함량이 높을수록 저항은 작아지고, 수분 함량이 적으면(건조

하면) 저항은 높아진다. 그러나 유아가 어떤 대상의 저항값 즉, 상충하는 인과관계를 이해하는 것은 어렵기 때문에 반대로 전류의 흐름과 수분의 상관관계를 통해 문장식을 설정해보았다. 이는 물이 전기를 흐르게 하는 성질을 갖고 있다는 아이들의 선행지식을 토대로 한 결과였다. 예컨대, 수분측정센서 안에 전류가 흐를 수 있는 구리판이 여러 칸으로 이뤄져 있고 이 칸들은 서로 떨어져 있는 상태라고 가정해보자. 토양의 수분이 많아지면, 물이 센서 내에서 떨어져 있는 구리칸을 이어주는 징검다리 역할을 할 것이고 많은 칸이 연결될수록 물의 양이 많다는 것을 의미할 것이다. 그 결과 수분측정센서 내의 전도성 물질에서 흐르는 전류의 양과 물의 양이 서로 비례한다. 이를 바탕으로 문장식을 세워보면 이런 식들이 성립될 수 있다. 다음은 아이들이 직접 적어낸 문장식들이다.

"만약에 전기가 4칸 흐르면 숫자 800을 나타내줘."
"물이 전기를(구리 칸을) 3칸 이어주면 숫자 700을 보여줘."

이렇게 된 결과값을 바탕으로 한 가지 명령문을 더 추가해보면,

"수분 측정값의 숫자가 700보다 낮으면 빨간색 불을 켜줘."

이로 인해 수분측정센서등에 빨간 불이 켜지면 아이들은 토양이 건조함을 깨닫고, 식물에 물을 주게 될 것이다.

이제 이렇게 문장을 합의된 수식으로 번역하는 과정을 통해 코딩의 원리와 필요성을 이해해본 아이들은 교사가 미리 코딩 프로그램에 번역해 놓은 C언어에 값을 입력해보는 과정을 경험해보았다. 사람이 프로그래밍 언어로 코딩한 내용을 기계가 사용하는 언어인 이진 실행 파일로 바꾸어 주는 과정을 "컴파일(Compile)"이라고 하는데, 컴퓨터 프로그램이 자동으로 번역하는 것을 "컴파일한다"라고 말한다. 이 컴파일 작업을 해주는 프로그램으로는 시중의 스케치 프로그램이라는 것을 사용했다. 이번에는 아이들이 농원이 지나치게 더우면 전구에 파란 불이 켜지게 해서 농원을 시원하게 만들 필요가 있다는 사실을 알리고, 지나치게 추우면 빨간 불이 켜지게 해서 농원을 따뜻하게 만들 필요가 있다는 사실을 알리는 장치를 의도했다. 그래서 스케치 프로그램에 28℃ 이상이면 파란 전구가 켜지고 24℃ 이하이면 빨간 전구

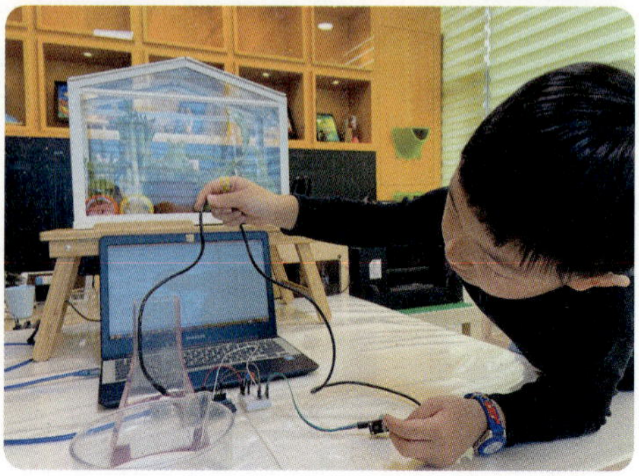

가 켜지도록 코딩값을 입력했다. 그리고 온도측정센서에 입김을 불어 28℃ 이상이 되도록 하면 실제로 파란 불이 들어오고, 24℃보다 낮은 차가운 물에 센서를 담그면 빨간 불이 들어오는 것을 눈으로 확인할 수 있었다.

토양의 수분을 측정하는 센서 역시 아이들이 코딩값을 입력해보았는데 이때에는 센서가 수분의 양을 측정할 수 있다는 사실을 직접적으로 확인시켜주기 위해 결과값을 그래프로 나타내 보았다. 그래서 아이들이 수분측정센서를 물에 담가보거나 공기 중에 두거나 혹은 흙 속에 묻어볼 때마다 수분량을 나타내는 그래프가 움직이는 것을 실시간으로 확인할 수 있었다.

마지막으로, 프로그램을 소형 하드웨어에 저장하여 컴퓨터에 연결하지 않고도 장치를 활용할 수 있는 방식으로 아이들은 아두이노 보드를 접했다. 아두이노 보드는 하드웨어를 제어하기 쉽게 나온 보드형 제품으로, 입력한 값에 따라 여러 가지 기능을 실행하도록 하는 장치이다. 예컨대, 온도표시센서와 전구를 명령값을 입력한 아두이노 보드에 연결하면 컴퓨터 없이 이 장치만으로 온실에서 활용할 수 있는 것이다. 아이들은 이것을 '미니 컴퓨터'라고 인식했다. 아이들은 이 미니 컴퓨터를 신기해하며 보드의 생김새, 센서와 전구 등을 연결해 놓은 부분을 유심히 관찰하는 모습을 보였다.

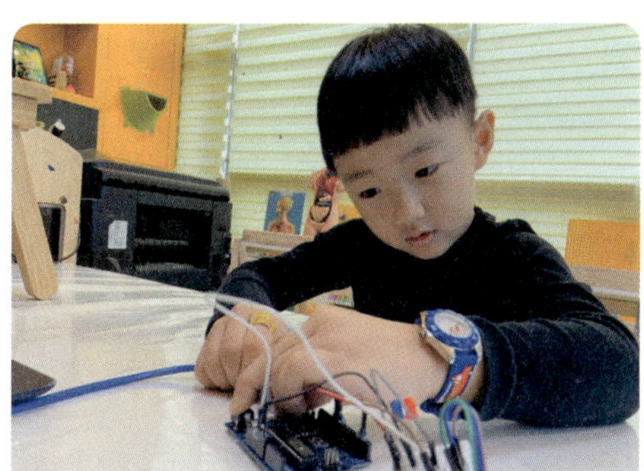

이렇게 코딩 작업을 통해 완성된 온도표시장치는 주로 더운 기온에서 사는 벌레잡이 식물과 다육 식물 등이 모여 있는 미니 온실에 부착되었다. 온도측정센서는 온실 케이지 내부에 비치하고 온도를 표시하는 전구 보드는 온실 외벽에 붙여 두었다. 그리고 장치가 정상적으로 작동하고 있는지 확인하기 위해 온도계도 함께 넣어주었다. 아이들은 보드에 파란 불이 켜지면, 내부 공기가 춥다는 뜻으로 인식하고 온실 케이지 안에 더운 바람을 넣어주며 식물들을 길러냈다.

2) 식물에게 태양광을 비춰줘요

▶ 활동의 맥락과 필요성

• 활동 주제와 관련한 사회적 이슈

광합성을 하는 식물에게 있어서 태양광은 필수적이다. 광합성이란 식물이 태양빛을 이용해서 스스로 양분을 만드는 과정이다. 그렇기에 대부분의 식물들에게 햇빛의 존재는 생장에 필수적이다. 이 때문에 식물을 실내에서 기르는 과정은 꽤나 까다로운 일이다. 어느 정도의 일조량이 보장되는 테라스와 같은 곳에서 소량의 식물을 키우는 것은 무리가 아닐 테지만, 다량의 식물을 기르거나 꽃을 피워 열매를 수확하는 과정은 생각보다 쉽지 않다.

아이들이 조성한 스마트 온실에서 화단에 많은 양의 식물을 기르는 작업이 이와 같았다. 일단, 우리가 선택한 폴리카보네이트 재질의 온실은 교육기관 내에 위치해 있었기 때문에 마치 집 안의 작은 집과 같은 곳이었다. 창문을 이중으로 거쳐야 하는 곳이기에 여러 종의 식물을 한 번에 길러내기에는 일조량이 부족했다. 그래서 우리는 인공의 힘으로 태양광을 생산해낼 필요가 있었다. 이때 활용한 것이 식물성장 LED램프(발광다이오드)였다.

최근, 충청북도 충주시에 4,900평 규모에 달하는 스마트 팜 유리 온실이 건설되었다고 한다. 여기에 활용된 기술이 전문 재배 단지를 위한 맞춤형 원예 조명인 식물성장 LED조명이다. 이 조명은 태양광을 대체함은 물론이거니와 식물을 더 빠르게 성장시키고 더 많은 수확과 더 높은 품질의 식물 생산을 돕는다고 한다. 이 결과 일조량이 적은 겨울에도 수확량을 증가시키고 식물의 품질을 개선할 수 있었다.

일반적으로 식물성장 LED조명을 스마트 온실에서 활용하는 방법은 식물의 상단부에서 전용 램프 조명을 내리쬐는 방식이다. 그래서 보통 행잉(거리)에 LED와 드립퍼를 적용하는 방법을 이용한다. 본 활동에서는 줄 간격에 따라 소형 발광다이오드 LED전구가 부착되어 있는 접착식 조명을 행잉에 부착하고, 행잉을 온실 천장에서 내려오게 하는 방식으로 화단 상단에 설치했다. 또한, 손전등과 같은 램프형 조명에 백색 전구 대신 상호 호환되는 식물성장 LED전구를 달아 화분 옆에 거치하는 방식을 적용해보았다. 이 과정에서 STEAM형 예술 활동의 목적에 맞게 아이들의 심미적 감각과 의도에 따른 조형 작업을 진행하여 접목시켰다.

- **함께 다룰 수 있는 관련 교과 지식**
  - 태양과 식물 생장 간의 관계
  - 광합성의 개념 및 원리
  - 엽록체와 엽록소
  - 스마트 가드닝에서 태양광을 대체하는 방안
  - 식물성장 LED전구의 원리
  - 스마트 팜의 실제와 스마트 기술로 생산한 수확물

▶ 활동 전개를 위한 교사의 준비

• 자료 준비

식물성장 LED조명은 시중에 다양한 크기와 형태로 판매 중이다. 테이프처럼 긴 접착형 재질에 일정한 간격으로 발광다이오드가 박혀 있는 형태의 조명은 행잉이나 상판, 벽 등지에 붙여 활용하기에 편리하다. 만약 식물을 기르는 곳에 차양막과 같은 지붕이 있거나 벽면이 있다면 테이프처럼 간단히 붙이면 된다. 이와 달리 전구 형태의 식물성장 LED조명을 활용할 수도 있다. 이때 전구의 크기나 모양이 매우 다양하므로, 용도에 맞게끔 선택의 폭이 넓게 보장된다. 소형 램프는 간단히 전지와 전선으로 연결하여 동작하게끔 할 수 있다. 만일 전구의 크기가 크다면 그만큼 발광에 필요한 전력의 양도 증가하므로, 기성품으로 존재하는 전력 생성 도구를 활용하는 것이 필수적일 것이다.

• 연관 활동

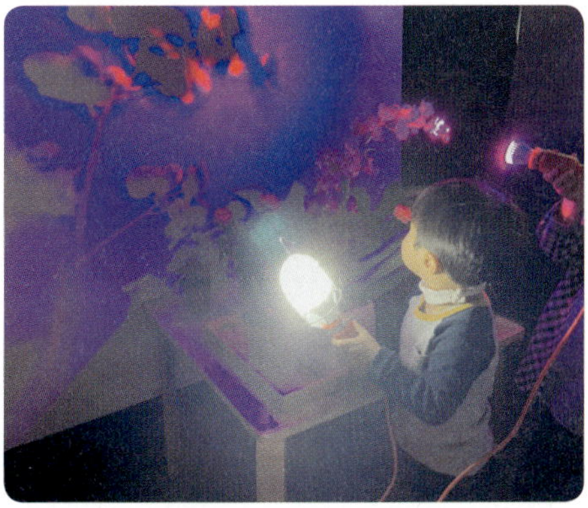

백색 전구와 식물성장 LED전구의 차이를 관찰하기 위한 그림자 놀이하기

일반적인 식물이 아닌 식물의 그림자를 주제로 한 그림 그려보기

▶ 활동 개요

활동명	식물에게 태양광을 비춰줘요
준비물	식물성장 LED램프, 이동용 소켓, 우드락판, 글루건, 우레탄줄, 아크릴물감, 붓, 페트병, 연결형 LED 성장램프 등
활동형태	융합 STEAM 예술 활동
활동내용	식물성장 LED램프를 활용해서 고정식 조명판과 이동식 램프를 만들어보고 이를 토대로 실내에서 서식하는 식물에게 충분한 태양광을 제공한다.

▶ 활동 계획표

<table>
<tr><td>활동명</td><td>식물에게 태양광을 비춰줘요</td><td>주제</td><td colspan="2">식물성장 LED램프 활용하기</td></tr>
<tr><td>대상</td><td>만 5세~만 7세</td><td>융합 교과</td><td colspan="2">과학, 기술, 미술</td></tr>
<tr><td>초등학교 STEAM 교과의 영역과 핵심 개념</td><td colspan="4">• 과학: 생물의 구조와 에너지: 식물의 구조와 기능
전기와 자기: 전기
열과 에너지: 열평형
• 기술: 기술 활용: 적응
• 미술: 체험: 연결: 미술과 생활</td></tr>
<tr><td>누리과정 관련 요소</td><td colspan="4">• 예술경험: 아름다움 찾아보기: 자연과 생활에서 아름다움을 느끼고 즐긴다.
창의적으로 표현하기: 다양한 미술 재료와 도구로 자신의 생각과 느낌을 표현한다.
• 자연탐구: 탐구과정 즐기기: 궁금한 것을 탐구하는 과정에 즐겁게 참여한다.
생활 속에서 탐구하기: 도구와 기계에 대해 관심을 가진다.
자연과 더불어 살기: 생명과 자연환경을 소중히 여긴다.
생활 속에서 탐구하기: 물체의 특성과 변화를 여러 가지 방법으로 탐색한다.</td></tr>
<tr><td rowspan="4">학습목표</td><td colspan="4">내용 목표</td></tr>
<tr><td colspan="4">• 빛의 스펙트럼과 식물의 성장에 도움이 되는 파장이 존재하고 있음을 이해하고 스마트 가드닝에서 필요로 하는 기술이 무엇인지를 이해할 수 있다.
• 공학적 부품과 기술을 활용해서 실생활에서 필요로 하는 도구를 개발할 수 있다.</td></tr>
<tr><td colspan="4">과정 목표</td></tr>
<tr><td colspan="4">• 미니 온실에서 사용할 식물성장 LED램프를 만들기 위해 필요한 공학 부품이 무엇인지를 조사해볼 수 있다.
• 태양광의 스펙트럼과 굴절, 파장 등의 개념 및 식물의 광합성 간의 상관관계를 이해할 수 있다.</td></tr>
<tr><td rowspan="3">STEAM 학습 준거</td><td>상황제시</td><td colspan="3">• 식물의 광합성에 필요한 태양광의 역할 조사해보기
• 실내에서 자라 태양광이 부족한 식물들에게 필요한 조치에 대해 인식해보기</td></tr>
<tr><td>창의적 설계</td><td colspan="3">• 문제해결 과정에서 알아낸 대안 구체화시키기
• 식물성장 LED램프를 활용한 조명장치 설계하기
• 식물성장 LED램프를 작동시키기 위한 전원공급장치와 전류전선 등의 필요성 이해하기</td></tr>
<tr><td>감성적 체험 (성공의 경험)</td><td colspan="3">• 식물성장 LED램프를 활용하여 고정식 및 이동식 조명장치를 만들어 온실 내 식물의 광합성을 유도하기
• 식물성장 LED램프를 활용한 또 다른 발명품 고안해보기(결과: 자동광합성 화분)</td></tr>
</table>

▶ 활동 전개

태양광을 프리즘에 통과시켜보면 무지개와 같이 여러 색이 펼쳐진 상을 얻을 수 있다. 프리즘이란 빛의 분산이나 굴절을 유도하기 위해 유리나 수정으로 만들어진 기둥 모양의 광학장치를 말한다. 빛은 파장에 따라 다르게 굴절하므로 백색으로 보이는 빛도 여러 파장의 빛들이 중첩되어 이루어진 것이다. 이렇게 한 단위의 빛이 파장에 따라 갖는 여러 분포를 스펙트럼(spectrum)이라고 한다(네이버 지식백과). 다시 말하면, 빛은 여러 파장의 빛이 합쳐져 있는데, 파장에 따른 성분의 분포를 스펙트럼이라고 하는 것이다.

식물은 광합성을 하기 위해 햇빛을 필요로 한다. 식물은 물과 공기 중의 이산화탄소, 햇빛을 토대로 양분을 만들어낸다. 따라서 햇빛은 식물의 생장에 필수적인 요소이다. 이 때문에 실내에서 식물을 키우다 보면 햇빛이 부족해서 말라가는 경우가 더러 있다. 그러나 스마트 가드닝을 실현하는 온실에서는 과학기술을 통해 이를 해결한다. 바로 태양광에서 식물의 성장에 도움을 주는 파장을 LED전구에 담은 램프를 활용하는 것이다. 일반적으로 400~510nm(청색)이 엽록소와 카로티노이드 흡수율이 가장 크고 광합성을 촉진한다고 한다. 그리고 610~700nm(적색)이 엽록소 작용 최대 구간이며, 발아와 잎 배포 형성에 기여한다고 한다. 그래서 보통 적색의 램프와 청색의 램프를 혼합하여 키우는 식물에 맞게 보조 광원

으로 도움을 주는 제품들이 시중에 나와 있다. 아이들은 일반 백색등과 식물성장 LED전구의 빛깔을 비교하면서 이에 대한 원리를 이해했다.

식물성장 LED전구를 가드닝에 활용하기 위해 우리는 고정식 판넬과 이동식 램프를 만들기로 했다. 고정식은 넓은 화단에 천장처럼 달아주는 것이고, 이동식은 아이들이 직접 들고 식물 곳곳에 비춰주기 위한 것이었다. 먼저, 고정식 태양광 판넬은 화단의 분포만큼 넓은 보드판에 식물성장 LED전구를 붙여서 천장에 설치하는 방식으로 제작했다. 그래서 커다란 하드보드판을 가져와 꾸미는 것부터 작업을 시작했다. 어떤 주제를 토대로 조명판을 꾸미고 싶은지 묻자 아이들은 꽃과 나비 같은 가드닝에 어울리는 대상을 그리고 싶어 했다. 아크릴물감을 이용해서

나뭇잎과 꽃, 나비, 꿀벌 등의 그림을 그려넣은 뒤 채색 작업까지 하여 조명판 장식을 마무리했다.

보드에 그린 그림이 완전히 마르면 뒤집어서 식물성장 LED램프를 부착한다. 중요한 것은 LED램프와 스위치, 전원공급선을 함께 연결하는 것이다. 이 과정은 그리 어려운 작업이 아니기에 모두 아이들의 손으로 직접 해낼 수 있었다. 아이들은 LED램프가 제대로 발열되는 것을 확인하고 난 뒤에 보드판 하단 부분에 램프를 부착했다.

그러고 나서는 보드판을 농원으로 옮겨 천장에 매달았다. LED램프는 야외에서 낮과 밤이 존재하는 것과 같이 타이머콘센트를 활용해 하루에 일정 시간씩만 전원이 공급되도록 설정하였다. 아이들이 만들어준 또 다른 태양과 작은 하늘이 농원의 식물들을 든든하게 비추고 있었다.

이동식 램프는 식물성장 LED전구를 휴대용 소켓장치에 연결하는 방식으로 제작된다. 이때 아이들은 폐품을 비롯한 다양한 만들기 재료를 이용해서 나비 모양의 LED장치를 만들어냈다. 플라스틱 페트병이 나비의 몸체가 되어 소켓 손잡이

부분에 부착되었고 빨대와 병뚜껑 등의 폐품이 나비의 머리와 더듬이, 대롱이 되었다. 나비 날개는 OHP필름지에 데칼코마니로 염색한 색지를 붙여 만들었다. 이 휴대용 램프는 이동이 용이하여 아이들이 농원 구석구석을 돌아다니며 식물에게 태양광을 비춰줄 수 있었고, 간혹 시들어가는 식물에게 집중적인 지원을 가능케 했다.

3) 자동광합성 화분을 만들어요

▶ 활동의 맥락과 필요성

• 활동 주제와 관련한 사회적 이슈

요즘에는 실내에서 식물의 생장을 촉진하는 다양한 기능이 탑재된 신식 화분이 여럿 개발되어 보급되고 있다. 4차 산업혁명 시대를 살아가는 우리 아이들에게 플라스틱형 화분에 식물을 심어 베란다나 창가에 두고 물을 주는 전통적 방식은 오히려 낯선 모습일지도 모르겠다. 풍부한 발광다이오드의 광량으로 식물을 비추고, 자동으로 물을 분사하는 작물 재배기가 비단 교육 현장뿐만 아니라 식당이나 가정에도 구비되어 있는 경우가 있다. 식물에게 영향을 주는 400~700nm 파장대의 LED조명을 적용하여 채광이 원활하지 못한 실내에서도 식물을 재배할 수 있도록 하는 재배기의 실제 예를 살펴보자. 온실환경제어시스템인 '파르팟'이라는 애플리케이션과 연동하면 실시간 모니터링도 가능하며 실내의 대기 상태와 온습도, 토양의 수분, 동작 감지센서, 조도 등을 점검할 수 있다. 삼투압의 원리를 이용한 자동급수시스템을 갖춘 화분도 있다. 이 화분은 실내에서 가습 및 정화 기능을 수행하기도 한다. 이러한 스마트 화분 및 식물 재배기는 원격제어로 야외에서도 쉽게 전원을 제어할 수 있다.

국내 굴지의 대기업 중 한 곳에서는 식물생활가전이라는 아예 새로운 장르의 가전을 선보이며 스마트 원예 생활을 가정 내로 끌어들이는 데 일조하고 있다. 물과 영양제를 섞은 배액을 담고 식물성장 LED조명을 켜주는 것만으로 식물은 쑥쑥 자란다. 관상을 위한 꽃이나 식용 재료로 활용할 수 있는 허브 및 채소 등을 키우는 데 용이하다.

장성교육지원청과 관내 지역사회의 지원을 받아 전라남도의 삼서초등학교에서는 고학년 학생들을 대상으로 스마트 팜 화분 만들기 체험을 실시하기도 했다. 이 체험은 학교 교육과정 통합 지원시스템 프로그램 중 하나로 2021년도부터 새롭게 운영되고 있는 프로그램이다. 온습도센서 및 토양수분감지센서 등 여러 부품을 메인 보드에 연결하여 식물에 물을 공급하게 만드는 것이다. 이러한 프로그램은 4차 산업혁명 시대를 대비한 진로 교육의 일환으로 간주되기도 한다.

본 활동에서는 유아의 수준에서 아이들이 직접 고안하고 완성해 낸 자동광합성 화분에 대해 다루고 있다. 아이들은 식물성장 LED조명을 이용해서 식물에 태양광을 제공하는 화분을 만들고자 했다. 더불어서 아이들은 건전지 없이 전구가 작동할 수 있는 친환경적인 화분을 재연해냈다. 즉, 지속가능발전의 태양광 패널을 활용했던 지난 수업에서 영감을 얻어 소형 태양광 패널에 식물성장 LED조명을 연결했다. 여기서 태양광 패널은 농원 안에서 소량의 일조량만으로도 작은 식물성장 발광다이오드를 밝히는 데에 충분한 전력을 생산해낼 수 있었다.

• 함께 다룰 수 있는 관련 교과 지식

- 스마트 가드닝의 기술
- 스마트 식물 재배기의 실제 사례 조사 및 원리 이해
- 식물이 살아가는 데 필요한 환경적 요소
- 태양광 패널과 전력

▶ 활동 전개를 위한 교사의 준비

• 자료 준비

아이들이 만들 자동광합성 화분의 핵심은 건전지나 별도의 전원공급장치 없이, 식물성장 LED전구를 발광시키는 것이었다. 그렇기에 많은 양의 전기 에너지를 필요로 하는 크기의 전구를 사용하면 태양광 패널만으로 LED전구를 발광시키는 것이 불가능할 수도 있다. 교사가 태양광 전지를 구매할 때에 제품 설명을 참고하여 가능한 생산 전력의 양을 확인하고, 식물성장 LED전구가 필요로 하는 최소 전력과 매치하여 구입하는 것이 중요하다. 또한, 아이들이 만약 자동급수시스템이나 스피커 혹은 해충 방지 등의 기능을 하는 스마트 화분을 제작하고 싶어 한다면 이와 관련한 센서 및 전자기기와 아두이노 보드를 함께 준비해도 좋다.

• 연관 활동

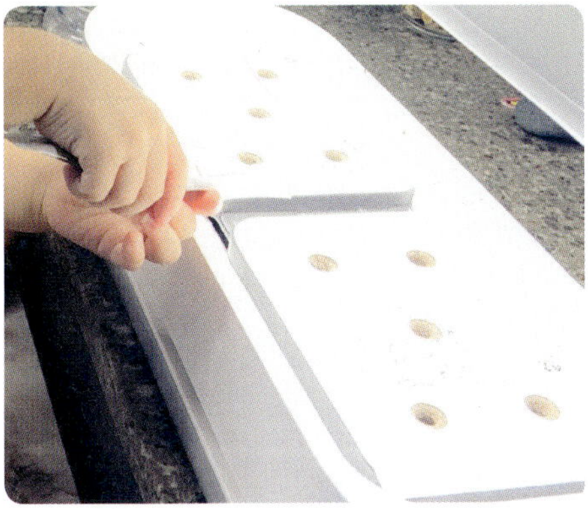

실생활에서 개발되어 사용되고 있는 식물 재배기의 사례 조사하기

▶ 활동 개요

활동명 자동광합성 화분을 만들어요

준비물 받침대로 사용할 목재, 태양광 패널 전지, 전선, 식물성장 LED 램프, 등갓으로 활용할 만한 모양의 폐품, 식물모종, 흙, 다양한 콜라주 재료, 글루건, 막대 등

활동형태 융합 STEAM 예술 활동

활동내용 식물성장 LED조명장치를 만들었던 성공적 경험을 토대로 자동광합성 화분이라는 새로운 문제해결 과정을 시도해본다. 태양광 패널을 활용한 지속가능에너지의 원리를 이해해본다.

▶ 활동 계획표

<table>
<tr><td>활동명</td><td>자동광합성 화분을 만들어요</td><td>주제</td><td>태양광 패널 전지를 통한 지속가능에너지 활용하기</td></tr>
<tr><td>대상</td><td>만 5세~만 7세</td><td>융합 교과</td><td>과학, 기술, 미술</td></tr>
<tr><td>초등학교 STEAM 교과의 영역과 핵심 개념</td><td colspan="3">• 과학: 생물의 구조와 에너지: 식물의 구조와 기능
전기와 자기: 전기
열과 에너지: 열평형
• 기술: 기술 활용: 지속가능
• 미술: 체험: 연결: 미술과 생활</td></tr>
<tr><td>누리과정 관련 요소</td><td colspan="3">• 예술경험: 아름다움 찾아보기: 자연과 생활에서 아름다움을 느끼고 즐긴다.
창의적으로 표현하기: 다양한 미술 재료와 도구로 자신의 생각과 느낌을 표현한다.
• 자연탐구: 탐구과정 즐기기: 궁금한 것을 탐구하는 과정에 즐겁게 참여한다.
생활 속에서 탐구하기: 도구와 기계에 대해 관심을 가진다.
자연과 더불어 살기: 생명과 자연환경을 소중히 여긴다.
생활 속에서 탐구하기: 물체의 특성과 변화를 여러 가지 방법으로 탐색한다.</td></tr>
<tr><td rowspan="4">학습목표</td><td colspan="3">내용 목표</td></tr>
<tr><td colspan="3">• 태양광 없이 식물의 광합성을 유도할 수 있는 방법을 고안해보고 구체적인 조형물로 현실화시킬 수 있다.
• 태양광 패널과 지속가능에너지의 원리에 대해 이해할 수 있다.</td></tr>
<tr><td colspan="3">과정 목표</td></tr>
<tr><td colspan="3">• 식물성장 LED조명장치를 이용해서 스마트 가드닝에 적용할 수 있는 새로운 발명장치를 개발해보고 이 과정에서 필요한 공학 부품과 기술이 무엇인지를 조사해볼 수 있다.
• 태양광 패널 전지의 전류생성원리를 이해해보고 지속가능에너지의 의의를 탐구해볼 수 있다.</td></tr>
<tr><td rowspan="3">STEAM 학습 준거</td><td>상황제시</td><td colspan="2">• 식물성장 LED조명장치의 한계점(전원공급장치가 있어야만 작동할 수 있다는 점과 작동 시간을 조절하기 어렵다는 점)에 대해 이야기 나누기
• 야외에서 서식하는 식물처럼 태양이 있는 동안 스스로 광합성을 하도록 유도하는 장치에 대해 이야기 나누기</td></tr>
<tr><td>창의적 설계</td><td colspan="2">• 문제해결 과정에서 알아낸 대안 구체화시키기
• 식물성장 LED램프와 태양광 패널을 활용한 화분 설계하기</td></tr>
<tr><td>감성적 체험 (성공의 경험)</td><td colspan="2">• 자동광합성 화분을 농원에 비치하여 그 지속가능성과 효과에 대해 평가해보기
• 태양광 에너지뿐만 아니라, 다른 지속가능에너지에 대한 탐구로 확장시킬 수 있음을 인식해보기</td></tr>
</table>

▶ 활동 전개

태양광 전지(태양광 패널)는 태양 에너지를 전기 에너지로 변환할 목적으로 제작된 광전지로, 태양으로부터 생성된 빛에너지를 전기 에너지로 바꾸는 반도체 소자이다. 간혹 현장에서 혼란스러워하는 것이 태양광 전지와 태양열 전지를 혼용하는 것이다. 그러나 이 둘은 서로 다르다. 태양열 전지는 태양열을 이용해 터빈을 회전시킬 증기를 발생시키는 장치이고, 태양광 전지는 반도체 성질을 이용해 햇빛을 전기 에너지로 변환시키는 장치이다. 태양광 패널과 식물성장 LED램프를

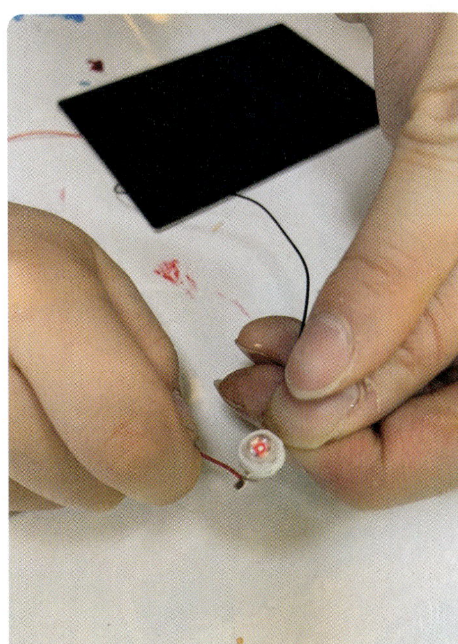

활용하면 식물의 광합성을 더욱 촉진시킬 수 있는 기술응집형 화분을 만들 수 있다. 앞서 아이들이 활용했던 식물성장 LED램프 중 초소형으로 시판되는 전구와 소켓을 활용하면 자가광합성 화분을 만드는 데 유익하게 사용할 수 있다.

태양광 패널 전지와 초소형 식물성장 LED전구를 연결하면 작은 빛에도 반응하는 패널 전지로 인해 거의 무한한 전력이 전구에 공급된다. 이 패널은 실내의 백열등도 빛으로 인식해서 전력을 생산해낸다. 그래서 우리는 태양광 패널을 손으로 가려보고 손을 치워 빛을 비춰보면서 정말로 전력이 생산되고 있는지를 확인했다. 전구에 빨간 빛이 들어오기 시작했다. 태양광 전지가 식물의 광합성에 도움이 되는 파장을 생산해내기 시작한 셈이다.

태양광 패널 전지와 LED가 준비되었으면, 이제 식물을 심을 화분을 만들 차례

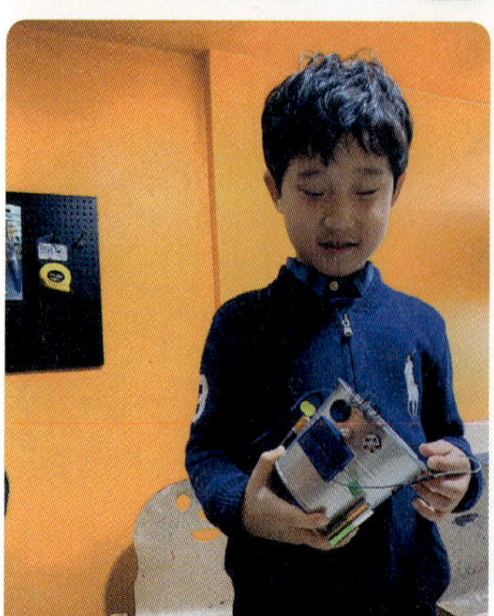

이다. 아이들은 다양한 공학 부품과 미술 재료를 활용해서 나만의 화분을 디자인하기 시작했다. 토끼와 동물, 로봇 모양까지 개성이 가득했다. 이때 만 5세의 아이들은 안전장갑을 끼고 글루건을 직접 이용해보기도 했다. 교사의 지도가 있고, 안전장치가 있다면 교사 대 유아의 비율을 최소로 하거나 일대일로 협업함으로써 유아 수준에서도 가능한 작업이었다.

화분을 꾸미고 난 뒤에는 화분과 태양광 패널을 놓을 거치대를 만들어보았다. 아이들마다 나무 조각을 이용해서 다양한 형태의 거치대를 만들었는데 패널에 연결해 놓은 전선의 길이를 고려해서 높낮이를 산정하는 것이 중요했다. 채색까지 마치고 건조 후 니스칠을 하면 거치대는 완성된다. 스마트 화분을 만들 때 거치대까지 하나의 작품이 될 수 있도록 고려하여 디자인과 설계 작업을 진행하면 식물을 심고 난 뒤에 완성작이 더욱 조화롭다. 예를 들어, 토끼 모양의 화분을 만든 아이는 거치대에 풀이나 꽃을 그려넣을 수도 있다. 로봇 모양의 화분을 만든 아이는 거치대에도 다양한 공학 부품을 붙여 장식하면 화분과 거치대가 합쳐져 마

치 거대한 하나의 로봇처럼 보일 수 있을 것이다. 또한 가지가 많거나 무게가 있는 식물을 심을 예정이라면, 거치대의 발판이나 다리를 균형감 있게 설계하여 화분을 올려놓아도 안정감 있게 버틸 수 있어야 한다.

이후에는 LED전구를 넣어 놓을 전구 갓을 만들었다. 원통 모양의 플라스틱 용기를 이용해서 만들면 뒤집었을 때 용기의 바닥 면에 전구를 붙이면 되니 편리하다. 화분에서 기를 식물까지 심으면 완성이다. 이제 전구 갓에 나무젓가락이나 빨대와 같은 막대를 붙여 지지대 삼아 흙에 고정시키면 된다. 전구 갓 하단에 위치한 식물성장 LED가 위에서 아래로 수직 방향으로 식물을 비출 수 있도록 막대의 높이를 산정하는 것이 좋다. LED가 엽록체가 있는 식물의 잎을 비추도록 하는 것이 식물의 광합성을 촉진하는 데 효과적이다.

아이들이 만든 자동광합성 화분은 전원공급장치나 건전지가 없는 친환경적인 목적으로 설계된 화분이었기 때문에 적당한 일조량이 보장되는 위치에 두어야 한다. 어느 정도의 태양광이 있어야 태양광 패널이 전기 에너지를 생산할 수 있기 때문이다. 실제 스마트 팜 중에서도 파프리카나 토마토같이 과채류를 키우는 스마트 팜의 경우에는 자연광과 인공 LED 태양광 모두를 활용해 식물의 생육 환경

을 조절하고 더욱 많은 일조량을 보장하는 경우가 있다. 이처럼 아무리 기술이 발전하더라도 자연 본연의 힘을 빌려 여기에 인공의 기술을 접목한다면 더욱 효과적이고 또 효율적으로 지속가능한 발전을 도모할 수 있을 것이다.

4) 식물들을 응원하는 무당벌레 스피커를 만들어요

▶ 활동의 맥락과 필요성

• 활동 주제와 관련한 사회적 이슈

인간과 식물의 차이를 물으면 가장 많이 돌아오는 답변이 '사람은 자유롭게 움직일 수 있지만 식물은 그렇지 않다.'와 더불어서 '사람은 감정을 느끼고 생각을 하지만 식물은 그렇지 않다.'이다. 식물은 정말 감정을 느끼거나 함께 살아가는 다른 존재와 교감은 전혀 하지 못할까? 환경학자 수잔 시마드(Suzanne Simard)는 이와 관련해서 재미있는 실험을 진행했다. 그녀는 실험을 위해 전나무, 자작나무, 삼나무 세 종류의 나무 80그루를 키웠다. 그러고 나서 모든 나무에 추적용 동위원소 이산화탄소를 주입하고, 탄소의 흐름을 추적했다.

결과는 매우 흥미로웠다. 나무들끼리 영양분이 되는 탄소를 서로 공유하는 모습이 관찰된 것이다. 예를 들어, 하나의 나무가 이산화탄소를 흡수하여 포도당을 합성한 뒤 그 주변의 나무들에게 탄소를 공유해나갔다. 상대적으로 일조량이 적은 곳에 심어져 있거나 엽록체가 위치한 잎사귀가 부족한 나무들이 광합성을 어려워하는 경우, 잘 성장하고 있는 다른 나무가 탄소를 보내주는 것이었다.

그렇다면 나무들은 어떻게 서로 소통을 하고 양분을 교류하는 것일까? 이들의 매개는 땅속에서 공생하는 곰팡이 '균근'이었다고 한다. 식물의 뿌리에 서식하는 균근이 서로의 영양분을 교환한 것이다. 또 다른 실험에서는 나무끼리 서로 협력하는 경우, 공생을 위해 친구의 가지에 해를 입히지 않게 과한 성장을 지양하고 나무끼리 경쟁하는 경우에는 자신의 가지를 더욱 강하게 만들어 다른 나뭇가지를 밀어내는 모습을 보였다고 한다.

사실 이러한 식물의 교감에 대한 회의론도 적지는 않다. 혹자는 식물이 서로 교류하는 것이 아니라 화학물질을 뿜어내거나 햇빛과 양분을 찾기 위해 자극에 반응하는 일련의 행동이 유전자에 입력된 방식으로 사물을 감지하고 외부 환경에 적응해나가는 방식이라고 주장한다. 식물은 뇌나 신경세포를 갖고 있지 않기 때문이다.

그러나 식물이 감정을 갖고 있는지의 여부와 상관없이 실제로 농원에서 농작물을 기를 때 클래식 음악이나 긍정적인 메시지를 전달하는 언어를 들려주었을 때 식물의 생장이 더욱 촉진된다. 듣기 좋은 음악을 들려줄 때 식물은 더 잘 자라며, 병에 강해지고 해충을 막는 물질을 생성해낸다. 뿐만 아니라 더욱 예쁘게 자라며 열매의 질도 상승한다. 1960년대에 미국의 과학자 도로시 레털랙(Dorothy Retallack)의 실험에 따르면 호박에 고전 클래식과 록 음악을 각각 들려준 결과, 고전 음악을 들은 덩굴은 스피커를 감쌌지만 록 음악을 들은 덩굴은 반대편으로 도망갔다고 한다. 이와 관련해서 농산물 생산에 직접 음악을 이용한 사람이 있다. 미국의 작물육종학자인 댄 칼슨(Dan Carlson) 박사는 뽕나무 품종을 육성하는 재배장의 한쪽 방에는 음악감상 시간을 매일 제공하고 다른 한쪽 방에는 들려주지 않았다. 실험 결과 한 달 뒤에 음악을 들려 준 쪽의 뽕나무의 키가 더 크고 잎을 더욱 많이 유지했다고 한다. 이 연구 결과가 오늘날 세계적으로 이용되고 있는 소닉블룸(Sonic Bloom)이라는 농업음악의 개발 동기가 된다.

실제로 음악을 들려준 식물은 체내의 전류가 심하게 진동하며 이것이 엽록소의 생성을 촉진하고 광합성을 활발하게 한다. 음악은 기공을 많이 열게 해 가스 교환과 양분 흡수를 용이하게 한다. 식물이 가장 좋아하는 소리는 음역이 2000HZ 대의 고전음악, 현악기 소리, 그린음악(동요풍 음악에 자연에서 녹취한 소리를 섞은 음악) 등이라고 한다.

본 활동에서는 이런 다양한 연구결과에 입각하여 농원에 식물들이 좋아하는 소리와 식물들에게 전하는 응원의 메시지를 녹음하여 이를 스피커로 일정 시간 동안 증폭시키기로 했다. 여기에서는 스피커와 녹음센서 및 아두이노 등이 활용되었다.

- **함께 다룰 수 있는 관련 교과 지식**
  - 스피커의 원리
  - 식물의 생장에 영향을 주는 요소
  - 녹음센서와 아두이노
  - 소리의 진동과 음파

▶ 활동 전개를 위한 교사의 준비

• 자료 준비

본 활동에서는 소리를 증폭하기 위한 스피커장치를 만들 때에 상자와 플라스틱 용기 등을 이용했다. 즉, 전기 에너지를 별도로 사용하지 않고, 확성기와 같이 공기의 진동 폭을 크게 만들어주는 증폭장치를 만든 것이다. 그러나 실제 스피커와 아두이노를 연동할 수도 있다. 스피커는 코일이 자석과 반응하면서 위아래로 움직이고, 코일과 연결되어 있는 진동판이 덩달아 움직이면서 소리를 재생하는 기기이다. 이때 재생하는 소리의 진동 폭을 크게 하여 음량을 확장시키는 것이다. 실제 스피커와 아두이노를 사용하면 아이들이 다양한 공학장치를 활용할 수 있고 스피커의 원리를 이해하는 데 도움이 될 수 있다.

• 연관 활동

스피커의 진동을 이용한 미술놀이하기

▶ 활동 개요

활동명 식물들을 응원하는 무당벌레 스피커를 만들어요

준비물 스피커로 활용할 만한 박스, 소리를 모아주는 역할의 플라스틱 원통컵, 아두이노 보드, 스케치 프로그램이 깔린 노트북, 스피커, 녹음장치, 전원공급장치 등

활동형태 융합 STEAM 예술 활동

활동내용 스피커와 아두이노 및 코딩 기술을 활용해서 농원에 서식하는 식물들에게 긍정적인 소리를 제공하며 안정감을 줄 수 있는 스마트 가드닝 시스템을 확립해본다.

▶ 활동 계획표

<table>
<tr><th>활동명</th><td>식물들을 응원하는 무당벌레 스피커를 만들어요</td><th>주제</th><td>코딩 키트와 스피커 및 녹음장치 활용하기</td></tr>
<tr><th>대상</th><td>만 5세~만 7세</td><th>융합 교과</th><td>기술, 미술, 과학</td></tr>
<tr><th>초등학교 STEAM 교과의 영역과 핵심 개념</th><td colspan="3">• 기술: 기술 시스템: 창조
• 미술: 표현: 발상: 다양한 주제
표현: 제작: 표현 재료와 용구
체험: 연결: 미술과 생활
• 과학: 파동: 파동의 종류: 소리의 전달</td></tr>
<tr><th>누리과정 관련 요소</th><td colspan="3">• 예술경험: 아름다움 찾아보기: 자연과 생활에서 아름다움을 느끼고 즐긴다.
창의적으로 표현하기: 다양한 미술 재료와 도구로 자신의 생각과 느낌을 표현한다.
• 자연탐구: 탐구과정 즐기기: 궁금한 것을 탐구하는 과정에 즐겁게 참여한다.
생활 속에서 탐구하기: 도구와 기계에 대해 관심을 가진다.
자연과 더불어 살기: 생명과 자연환경을 소중히 여긴다.
생활 속에서 탐구하기: 물체의 특성과 변화를 여러 가지 방법으로 탐색한다.</td></tr>
<tr><th rowspan="4">학습목표</th><th colspan="3">내용 목표</th></tr>
<tr><td colspan="3">• 사람의 목소리나 클래식 음악을 녹음하여 식물 재배 환경에 긍정적인 영향을 미칠 수 있는 방법을 고안해보고 구체적인 조형물로 현실화시킬 수 있다.
• 코딩 키트를 활용하여 스피커와 녹음장치와 아두이노 보드를 연관 지어 사용할 수 있다.
• 소리를 모아주고 증폭시키는 스피커의 원리에 대해 이해해볼 수 있다.</td></tr>
<tr><th colspan="3">과정 목표</th></tr>
<tr><td colspan="3">• 코딩 키트를 토대로 하여 스마트 가드닝에 적용할 수 있는 새로운 발명장치를 개발해보고 이 과정에서 필요한 공학 부품과 기술이 무엇인지를 조사해볼 수 있다.
• 스피커와 녹음장치를 작동시키기 위해 필요한 아두이노와 코딩 기술을 탐구해볼 수 있다.
• 스피커의 원리를 구현할 수 있도록 다양한 재료와 도구를 활용하여 기능이 있는 조형물을 설계하고 제작해볼 수 있다.</td></tr>
<tr><th rowspan="3">STEAM 학습 준거</th><th>상황제시</th><td colspan="2">• 식물 성장에 긍정적인 영향을 미치는 요소들에 대해 이야기 나누고 소리를 전달할 수 있는 방식(녹음)을 구상해보기
• 식물에게 음악 소리나 응원의 메시지를 들려줄 수 있는 장치에 대해 이야기 나누기</td></tr>
<tr><th>창의적 설계</th><td colspan="2">• 문제해결 과정에서 알아낸 대안 구체화시키기
• 코딩 키트 내 스피커와 녹음장치를 활용한 스피커 설계하기</td></tr>
<tr><th>감성적 체험 (성공의 경험)</th><td colspan="2">• 무당벌레 녹음 스피커를 농원에 비치하여 그 지속가능성과 효과에 대해 평가해보기</td></tr>
</table>

▶ 활동 전개

코딩 키트는 누구나 간단하게 코딩을 하여 소리를 내거나 듣고 빛을 내고 이동할 수 있도록 제작된 코딩 실습용 키트이다. 아두이노 우노 보드 기반으로 되어 있으며, 마이크, 스피커, 컬러 LED와 조도 센서 그리고 초음파로 거리를 측정하는 센서 등 다양한 장치를 연결하여 사용할 수 있다. 이 장치들은 단 몇 줄의 코드를 작성하여 제어할 수 있는 유용한 기능을 갖추었다. 어린 아이들의 경우 이러한 키트를 활용하면 더욱 손쉽게 다양한 결과물들을 만들어 낼 수 있다.

아이들은 코딩 키트 중에서 그동안 사용해보지 않은 녹음 모듈과 스피커를 활용해보기를 원했다. 그리고 이 기술을 스마트 가드닝에 접목시키기 위해 아이디어를 내본 결과, 식물들을 위한 음향장치를 만들기로 했다.

"원래 식물들이 클래식 음악을 틀어주면 마음이 안정되어서 더 잘 자란대요."
"그리고 사랑해. 잘 자라. 이런 말들을 녹음해서 들려줘도
더 쑥쑥 큰다고 했었어요."

우리는 토론 끝에 아두이노와 녹음 모듈을 통해 직접 우리의 목소리로 식물들에게 긍정적인 말들을 녹음해보고, 스피커를 통해 농원 내에서 소리를 증폭시킬 로봇을 만들기로 했다. 그래서 교사와 함께 아두이노로 명령값을 입력하고 난 뒤, 녹음 모듈에 다 같이 한마음으로 외쳤다.

"식물들아 사랑해. 식물들아 잘 자라."

이후 교사는 아이들에게 스피커의 몸통 역할을 할 수 있는 튼튼한 종이상자를 구해주었다. 이 상자는 증폭된 소리가 흘러나올 수 있도록 여러 개의 구멍이 뚫려 있었다. 여기에 원통형의 플라스틱 증폭기관과 아두이노 스피커장치를 연결할 예정이었다. 아이들은 스피커에 음악을 튼 핸드폰을 넣어보고 소리가 어떻게 들리는지를 확인해보기도 했다.

그러고 나서 상자를 붉은 물감 반죽으로 물들이고 원통형의 증폭 기관을 검은색으로 채색해서 무당벌레 모양의 스피커를 완성해주었다. 반죽으로는 핸디코트를 이용했다. 핸디코트의 경우, 완전히 건조된 뒤에는 석고처럼 단단한 질감을 갖기 때문에 식물이 길러지는 농원 내에서 물이나 흙이 튀어도 손상되지 않는다는 장점이 있었다. 특히나 물에 약한 종이 상자가 몸체였기 때문에 더욱 그럴 필요가 있었다.

반죽이 완전히 마른 뒤에는 아두이노 보드를 부착했다. 눈을 그리고 나무막대로 다리를 만들어 붙여주자 더욱더 완성된 형태의 무당벌레가 되었다. 이렇게 만든 스피커를 통해 농원에서 식물들에 긍정의 메시지와 다양한 그린 음악을 들려주었다. 훗날 아이들은 식물이 쑥쑥 자라는 것이 자신들의 사랑을 식물도 느껴서 그런 것이라고 말했다.

5) 온습도 표시 신호등을 만들어요

▶ 활동의 맥락과 필요성

• 활동 주제와 관련한 사회적 이슈

센서란 어떠한 대상의 물리량을 검출하거나 측정하고 이를 전기적인 신호로 변환시켜주는 장치이다. 이 때문에 센서의 기능을 보통 인간의 오감에 비유하기도 한다. 예를 들어, 광센서는 빛을 감지하기에 우리의 눈과 같다. 빛을 통해 특정 색을 식별하거나 빛의 강도 및 파장을 검출하는 등의 기능을 수행한다. 음파를 감지하는 초음파센서는 인간의 귀와 같이 마이크로폰이나 자동차 범퍼 등에서 장애물까지의 거리를 감지하거나 특정 소리에 반응한다. 물체의 압력이나 온도를 감지하는 촉각과 같은 온도센서도 있다. 가스와 같은 유해 성분이나 특성 냄새를 검출하는 가스센서는 우리의 코와 같은 역할을 한다.

이 때문에 센서는 첨단산업 현장에서 우주항공사업, 자동차사업, 의료사업, 환경측정사업 등 다양한 분야에서 활용되고 일상의 여러 발명품에 내장되어 있다. 일반적으로 센서는 대상의 특성을 감지하거나 측정하는 역할에 그치기에 단독으로 사용되기보다는 다른 기계장치와 결합되어 이용된다. 예를 들어, 자동문을 살펴보자. 자동문에서 센서의 기능은 적외선으로 사람을 감지하는 것이다. 적외선 센서가 사람의 존재를 감지하고 나면 서브모터가 문의 개폐를 조절한다. 앞서 자동급수시스템을 만들었을 때에도 센서가 토양의 수분을 측정하고 나면 이 값에 따라 펌프가 작동 여부를 결정하는 것이다.

본 활동에서 온습도표시계는 센서 본연의 기능에 보다 집중한다. 아이들이 대상의 물리량을 측정하고 점검하는 것의 필요성에 보다 초점을 맞춘 것이다. 그 이유는, 온실의 상태를 점검하는 것에서부터 이후의 기계 및 인간의 행위가 결정되기 때문이다. 스마트 온실의 온도와 습도 등을 점검하는 것이 온실의 기능을 유지하는 일차적인 출발점이 되는 것이다. 아이들이 만든 온습도계는 3D프린팅 기술, 발광 전구와 결합되어 측정값을 시각적으로 한눈에 보기 쉽게 표시하여 온실의 상태를 아이들이 쉽게 확인할 수 있도록 하였다.

- **함께 다룰 수 있는 관련 교과 지식**
  - 스마트 가드닝의 기술
  - 센서의 역할과 실제 사용 사례
  - 온도의 개념과 측정
  - 습도의 개념과 측정
  - 대상의 측정값을 표시하기 위한 그래프의 기능
  - 온습도와 관련된 용어(섭씨, 화씨 등) 및 수 개념
  - 식물을 기르기에 적합한 환경
  - 3D프린팅 기술의 사용과 관련 프로그램의 기능
  - 아두이노와 코딩

▶ 활동 전개를 위한 교사의 준비

• 자료 준비

온도와 습도는 아이들이 자연과학 혹은 물리과학적 탐구를 진행하고 연관해서 수학적 활동을 진행하기에 좋은 주제이다. 이를 위해서 센서를 이용해 측정하기 이전에 직접 온도계와 같은 도구를 활용하여 값을 확인해보고 이를 수치화하여 그래프와 같은 시각적 자료로 변환해보는 활동을 진행해볼 수 있다. 유년기 아이들도 막대그래프나 꺾은선그래프와 같은 수학적 자료를 제작해볼 수 있다. 블록의 개수나 등원하는 아이들의 출결 인원 수 등 일상에서 쉽게 접할 수 있는 물리량을 토대로 그래프와 수치화 작업을 시작해본 뒤 이를 점차 다양한 대상으로 확장해보는 것이 좋다. 또한 온습도를 측정하기 이전에 온습도표시계에 표시하도록 설정할 수치를 산정해야 하기 때문에 사전에 미리 식물이 살아가기에 적합한 온도와 습도를 조사해보는 것이 필요하다. 본 활동에서는 3D프린터를 활용하여 온습도표시등의 틀을 제작했지만 상황이 여의치 않다면 폐품과 같은 재료를 활용하여 완성해도 좋다. 예를 들어 상자나 플라스틱 용기, 페트병 등에 전구와 아두이노 보드를 부착하고 이를 센서와 연결하면 된다.

• 연관 활동

코딩 키트와 센서를 이용한 라인트레이서(센서로 특정 색을 인지하여 따라 움직이는 이동 물체) 만들어보기

태양광 패널과 모터, 빛센서를 이용해서 빛을 감지하여 이동하는 친환경 자동차 조종해보기

▶ 활동 개요

활동명	온습도 표시 신호등을 만들어요
준비물	3D프린터, 아두이노 보드, 스케치 프로그램이 깔린 노트북, 전선, 3가지 색깔의 LED전구, 전원공급장치, 온도측정센서, 습도측정센서 등
활동형태	융합 STEAM 예술 활동
활동내용	아두이노 및 코딩 기술과 3D프린팅 기술을 활용해서 농원 주변의 대기 상태를 표시해줄 수 있는 시스템을 확립해본다.

▶ 활동 계획표

<table>
<tr><td>활동명</td><td>온습도 표시 신호등을 만들어요</td><td>주제</td><td>아두이노와 3D프린팅 프로그램 사용하기</td></tr>
<tr><td>대상</td><td>만 5세~만 8세</td><td>융합 교과</td><td>기술, 미술, 과학, 공학</td></tr>
<tr><td>초등학교 STEAM 교과의 영역과 핵심 개념</td><td colspan="3">• 기술: 기술 시스템: 창조
기술 시스템: 소통
• 미술: 체험: 연결: 미술과 생활
• 과학: 대기와 해양: 대기의 운동과 순환
• 공학: 공학의 기초: 공학 설계</td></tr>
<tr><td>누리과정 관련 요소</td><td colspan="3">• 예술경험: 아름다움 찾아보기: 자연과 생활에서 아름다움을 느끼고 즐긴다.
창의적으로 표현하기: 다양한 미술 재료와 도구로 자신의 생각과 느낌을 표현한다.
• 의사소통: 읽기와 쓰기에 관심 가지기: 주변의 상징, 글자 등의 읽기에 관심을 가진다.
• 자연탐구: 탐구과정 즐기기: 궁금한 것을 탐구하는 과정에 즐겁게 참여한다.
생활 속에서 탐구하기: 도구와 기계에 대해 관심을 가진다.
자연과 더불어 살기: 생명과 자연환경을 소중히 여긴다.
생활 속에서 탐구하기: 물체의 특성과 변화를 여러 가지 방법으로 탐색한다.</td></tr>
<tr><td rowspan="4">학습목표</td><td colspan="3">내용 목표</td></tr>
<tr><td colspan="3">• 온실 주변의 공기 온도와 습도의 상태를 전구 불빛의 색깔로 나타낼 수 있는 관련 입력값을 코딩해볼 수 있다.
• 필요한 모양의 부품을 생산하기 위해 3D프린팅 프로그램을 활용해서 설계해볼 수 있다.</td></tr>
<tr><td colspan="3">과정 목표</td></tr>
<tr><td colspan="3">• 스마트 가드닝에서 활용할 수 있는 온습도 표시 신호등을 설계 및 개발해보고 이 과정에서 필요한 공학 부품과 기술이 무엇인지를 조사해볼 수 있다.
• 온습도 표시 신호등을 작동시키기 위해 필요한 아두이노에 직접 명령값을 코딩해보는 과정을 경험해볼 수 있다.
• 온습도 표시 신호등의 틀을 제작하기 위해 3D프린팅 프로그램에 도안을 설계해보는 과정을 경험해볼 수 있다.</td></tr>
</table>

STEAM 학습 준거		
	상황제시	• 식물 성장에 긍정적인 영향을 미치는 요소들에 대해 이야기 나누고 온습도 표시 신호등을 구상해보기 • 온도와 습도를 측정하고 그 상태를 시각적으로 표현할 수 있는 장치의 현실가능성에 대해 이야기 나누기
	창의적 설계	• 문제해결 과정에서 알아낸 대안 구체화시키기 • 센서의 측정 결과값에 따라 전구 빛이 꺼지고 켜지는 상관관계를 명령문으로 수식화하여 코딩해보기 • 원하는 모양과 크기, 높이 등의 부품을 생산해보기 위해 3D프린팅 프로그램 활용해보기
	감성적 체험 (성공의 경험)	• 온습도 표시 신호등을 농원 근처에 비치하여 그 지속가능성과 효과에 대해 평가해보기

▶ 활동 전개

그동안 아이들은 스마트 가드닝을 운영하기 위해 다양한 과학기술을 접해보고 어렴풋이나마 코딩의 원리를 이해하고 아두이노에 명령값을 입력하는 것 등에 접근해왔다. 그러나 사실 아이들의 연령 특성상 C언어로 수식을 짜고 명령문을 입력해보는 것까지는 나아가지 못하고 교사가 짜놓은 프로그램에 수치 정도를 기입하는 것에 그쳤었다. 그러나 이번에는 7세 학령전 아이들과 학령기 아이들이 짝을 이뤄 보다 적극적으로 코딩작업을 해보기로 했다.

우리는 온습도 표시 신호등을 만들기로 했는데 먼저, 온습도센서와 전구를 아두이노 보드에 연결하고 스케치 프로그램에 명령문을 코딩하는 작업부터 시작했다. 아두이노 보드는 하드웨어를 제어하기 쉽게 나온 보드 제품으로, 우리가 연결한 기기와 입력한 값에 따라 여러 가지 기능을 실행해 볼 수 있다. 가장 보편적으로 사용되는 보드가 아두이노 우노이고 본 수업에서 사용한 제품은 제시되는 사진과 같다. 또한 우리는 입력한 명령문을 기계어로 번역해 주는 프로그램으로 시중에서 흔히 사용되고

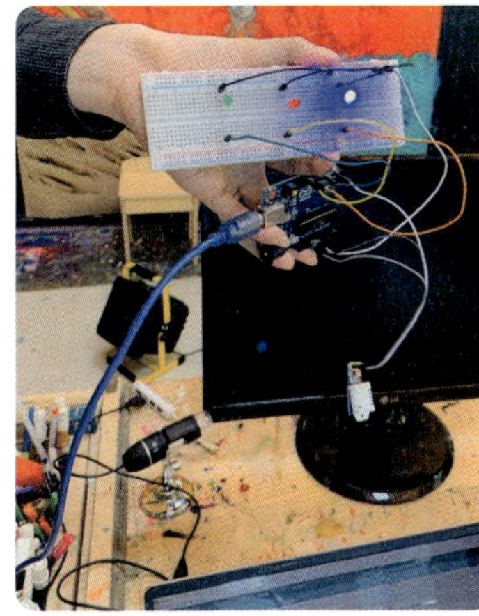

있는 스케치 프로그램을 활용했다.

스케치 프로그램은 코딩 언어로 C언어를 사용하는데, 아이들이 코딩 키트를 제어하는 명령문을 코딩하기만 하면, 실행될 결과물로 컴파일하고 업로드해 주는 기능을 가지고 있는 프로그램이다. 일단 코딩 키트로 컴파일된 실행 파일을 업로드시키면 그 다음부터 아두이노 보드에 전원을 넣거나 리셋 버튼을 누르면 자동으로 프로그램이 실행되기 때문에 농원 어디에나 비치하기에 편리하다.

온습도 표시 신호등을 만들기 위해 사용한 전기 부품은 다음과 같다. 먼저, LED이다. 특히 RGB LED는 전기가 흐르면 빛을 내는 전기 부품으로 빨강, 초록, 파랑의 세 가지 색상을 이용하여 다양한 색상의 불빛을 낼 수 있는 장치이다. 두 번째는 온도센서로 온도를 측정할 수 있는 센서이다. 마지막으로, 워터센서이다. 이 부품은 직접적으로 물이 닿았을 때를 감지하는 센서로 대기 중에 습도를 인식할 수 있기에 필요하다.

If(조건)

```
   // 조건이 참(true)일 때 실행할 내용
```

만약 조건이 참일 때 실행할 내용을 여러 줄로 작성해야 한다면 { } 괄호로 묶어준다.

```
If(조건)
{
   // 조건이 참(true)일 때 실행할 내용들
}
```

조건이 참이 아닌 경우를 작성해야 한다면 else와 함께 사용할 수 있다.

```
If(조건)
   // 조건이 참(true)일 때 실행할 내용
else(조건)
   // 조건이 거짓(false)일 때 실행할 내용
```

이 경우도 실행할 내용을 여러 줄로 작성해야 한다면 { } 괄호로 묶어준다.

```
If(조건)
{
   // 조건이 참(true)일 때 실행할 내용
}
else(조건)
{
   // 조건이 거짓(false)일 때 실행할 내용
}
```

while 반복문

조건이 참인 동안 내부의 작업을 반복해서 실행

```
while( 조건 )
{
        //조건이 참(true)인 동안 실행할 작업
        ,,,,,,,,,,,,,
        if( repeatAgain ) // 만약 repeatAgain이 참이면
         continue;     // while문의 처음으로 되돌아가 반복한다.
        if (exitLoop )     // 만약 exitLoop가 참이면,
         break;      // while 반복문을 끝내고 빠져나간다.
        .........
}
```

for 반복문

for 반복은 다음의 형식과 같이 특정 조건이 만족할 때까지 반복해서 실행할 때 사용한다.

```
for( ① 시작_동작; ② 조건_비교; ④ 완료_동작 )
{
    ③ // 조건_비교 값이 참(true) 일 때 실행할 내용
}
```

switch 조건문

어떤 변수의 값이나 연산 후의 값에 따라 서로 다른 해당 동작을 실행할 때 사용한다.

```
Switch(변수)
{
        case 값 1:
          //변수의 값이 값1 일 때 실행
          break;
        case 값 2:
          //변수의 값이 값2 일 때 실행
          break;
        .........
        default:
        //변수의 값이 위의 모든 case 문에 해당하는
        //값이 아닐 때 실행되며, default 문은 생략할 수 있다.
        break;
}
```

아이들은 교사와 함께 상수와 변수값을 파악하고 필요한 몇 가지 형태의 구문에 값을 채워 넣는 식으로 명령수식을 완성해 나갔다. 그리고 완성된 명령문을 프로그램에 코딩하기 시작했다. 학령 전 아이들에게는 다소 어려운 작업이었기에 학령기 아이들과 짝을 지어 의논하고 자신이 타이핑하는 것이 무엇을 의미하는 것인지를 다시 한 번씩 되새김하면서 코딩작업을 진행했다. 그리고 자신들이 입력한 수식이 제대로 작동하는지 확인하기 위해 아두이노 보드의 온습도측정센서

에 입김을 불어 온도를 올려보거나 분무기로 물을 뿌려 대기 중의 습도를 올려본 뒤 어떤 색 전구의 불빛이 켜지는지를 확인해보았다.

실내 온도 표시기 아두이노 입력값 공식

```
void loop(){
  float temperature = getTemp();   //온도 측정 후 변수에 저장
  Serial.println(temperature);
  if(temperature < 24){            //온도가 24도 이하일 때, 파란색 LED 점등
    digitalWrite(red, LOW);
    digitalWrite(blue, HIGH);
    delay(100);
  }
  else{                            //온도가 24도 이상일 때, 빨간색 LED 점등
    digitalWrite(red, HIGH);
    dititalWrite(blue, LOW);
    delay(100);
  }
}
```

코딩 작업을 맞춘 뒤에는 프로그래밍화되어 있는 아두이노 보드를 끼워 넣을 신호등 모양의 틀이 필요했다. 이 작업은 3D프린팅 기술을 활용했는데 아이들은 직접 프로그램에 도안을 그려 제작했다. 아이들이 활용한 프로그램은 플래시프린트(FlashPrint)라는 특정 3D프린터 전용 소프트웨어였다. 아이들은 신호등 모양의 틀을 제작하기 위해 직사각 형태에 둥근 구멍이 3개 뚫려 있고, 받침대가 있게 도안을 짰다. 그리고 아두이노 보드의 크기를 측정하여 틀에 꼭 맞게 제작했다.

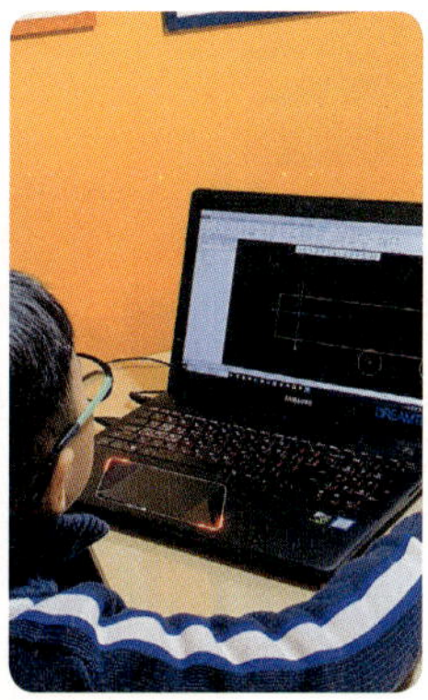
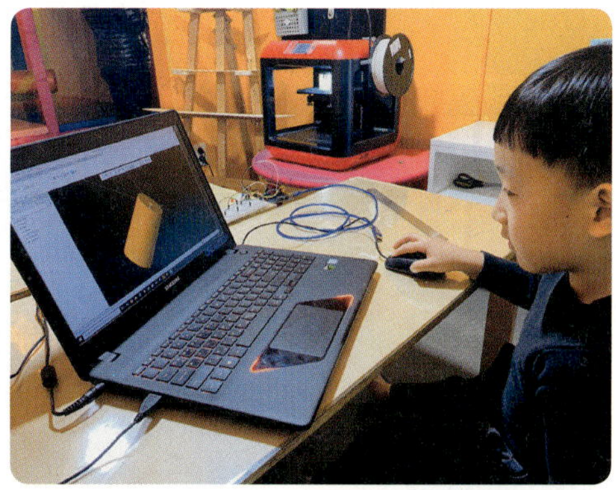

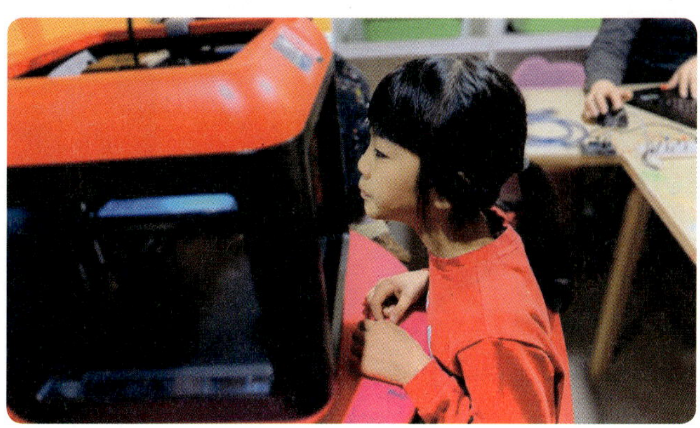

신호등에 뚫린 3개의 구멍에는 각각 빨강, 파랑, 초록색의 전구가 들어간다. 빨간색은 실내 온도가 24℃보다 낮으면 히터를 틀어 달라고 요구하는 불빛이다. 그래서 아이들은 불 모양의 그림을 OHP필름지에 그려 넣었다. 파란색은 실내 온도가 30℃보다 높으면 에어컨을 틀거나 환기시켜 달라고 요구하는 불빛이다. 그래서 아이들은 얼음 결정체 모양의 그림을 OHP필름지에 그려 넣었다. 마지막으로, 초록색은 실내 습도가 지나치게 낮으면 식물들에게 물을 줄 것을 요구하는

불빛이다. 그래서 아이들은 물뿌리개 모양의 그림을 OHP필름지에 그려 넣었다. 이 필름지는 신호등 틀 구멍 표면에 부착되었다. 이렇게 아두이노와 3D프린터 기술을 이용해서 만든 온습도 표시 신호등은 농원 입구 옆에 부착되어 아이들이 농원의 상황을 한눈에 알아볼 수 있도록 돕는 안내가 되어 주었다.

참고로, MIT 미디어 연구소의 미치 레스닉(Mitch Resnick) 교수는 다음과 같은 창의 컴퓨팅의 학습 모형을 제안하고 있다. 아이들의 온습도표시장치 제작 사례를 해당 학습 모형에 적용하면 다음의 과정을 따랐음을 알 수 있다.

- 상상하기(Imagine) : 기존의 생각에서 한 단계 더 발전된 상상을 함
  → 온습도측정센서를 전구와 연결하여 온습도표시장치로 만들어보자.
- 창조하기(Create) : 상상한 내용을 구체적인 사물 등으로 완성함
  → 3D 프린터기로 신호등 모양의 표시장치를 제작하여 활용하자.
- 적용하기(Play) : 자신이 만든 내용을 실험하고 여러 활동에 적용함
  → 완성된 결과물은 스마트 가드닝 농원에서 사용하자.
- 공유하기(Share) : 과정과 방법을 공유하고 토론함
  → 자신들이 만든 온습도표시장치의 장단점에 대해 토론해보자.
  (장점-전구 불빛색만으로 농원의 온도 상태를 점검할 수 있어 눈에 쉽게 띄고 효율적임.
  단점- 구체적인 온도가 몇 도인지 몰라 온도 조절을 어느 정도 해야 하는지 가늠하기 어려움.)
- 반영하기(Reflect) : 자신의 경험을 다시 생각하여 반영함
  → 온습도표시장치를 구체적인 값을 제공해주는 전광판으로 제작해본다면?

6) 자동급수시스템을 만들어요

▶ 활동의 맥락과 필요성

• 활동 주제와 관련한 사회적 이슈

농림축산식품부에 따르면 스마트 팜은 비닐하우스, 유리온실, 축사 등에 정보통신기술(ICT), 빅데이터 및 인공지능, 로봇 등 4차 산업혁명 기술을 접목해 작물과 가축의 생육환경을 원격 및 자동으로 유지 · 관리할 수 있는 농장을 일컫는다. 여기에는 농작물 재배 시설의 온도와 습도, 일조량 등을 측정하거나 분석하고 모바일 기기를 통해 제어 및 조절하는 기능이 필수적으로 들어간다. 스마트 팜 즉, 스마트 가드닝은 전 세계 인구의 증가와 다양한 환경오염에 따른 식량난을 해소할 수 있는 지속가능한 방안으로 각광받고 있는 추세이다.

식물을 성장시키고 작물을 재배하기 위해서는 이에 따른 환경적 요인의 변수를 제어해야 하는데, LED광원분배, 자동급수시스템 및 배액시스템, 냉난방기, 미트스 분사기, 복합환경제어기 등의 기기가 이에 해당한다. 최근에는 애플리케이션 하나로 냉방과 발광다이오드, 영양분이 첨가된 배액을 통한 수분 관리 등을 용이하게 하기도 한다. 스마트 팜은 크게 노지형 스마트 팜과 시설원예형 스마트 팜으로 분류된다. 노지형 스마트 팜은 설치형과 농기계를 활용한 형태로 나뉘며 시설원예형은 수평재배와 수직재배로 분류된다. 가장 흔하게 접할 수 있는 것이 수직재배인데, 수직 공간을 사용하는 것을 말하므로 식물성장 LED전구가 필수로 탑재되어야 하고 토양이 아닌 양액으로 재배된다. 양액이란 물에 영양액을 주입하여 식물 성장에 필요한 영양분을 갖춘 토양의 역할을 대신하도록 하는 방식이다. 이 때문에 양액의 산도 및 성분을 제어하는 기술과 식물성장 LED전구를 관리하는 기술 등이 필요하다.

스마트 팜은 정보통신기술을 이용하여 온도, 습도, 햇볕의 양, 이산화탄소, 토양의 수분 등을 측정해야 하므로 센서를 이용해야 한다. 여기에서 센서란 열, 빛, 온도, 소리 등의 물리적인 양이나 그 변화를 감지하여 알려주는 부품이나 기구로 여러 종류의 물리량을 검출 및 계측하는 기능을 갖춘 소자를 말한다(네이버 지식백과). 예를 들어 본 활동에서 만들어낸 자동급수시스템의 원리를 살펴보면 토양의 수분을 측정하는 센서가 토양의 상태를 점검하여 일정 수준 이하로 수분량이 떨어지면, 수조에 연결된 펌프식 모터를 가동시켜 물을 분사하도록 하는 것이다. 물론 이 과정에서의 설정값 설정과 결과 명령은 아두이노를 통해 코딩되어 있는 것이다. 아이들은 자동급수시스템을 현실화시켜 봄으로써 스마트 팜의 가능성과 원리를 이해하고 이를 직접 실천해볼 수 있었다.

스마트 팜에서 자동급수시스템으로 주로 활용하는 기술은 '펌프'와 관련된 기계장치이다. 펌프란 압력작용을 이용하여 관을 통해 액체를 수송하는 기계이다. 물이 담긴 수조에 전용 모터가 장착된 펌프를 담가놓으면 물을 자동으로 빨아들여 연결되어 있는 호스관으로 물을 수송하게 된다. 이 호스는 식물 상단에 위치한 행거에 연결되어 있다. 호스에 적당한 간격을 두고 구멍을 뚫어 놓으면 여기에서 물이 떨어져 식물로 물을 제공하게 된다. 만약, 아두이노 보드에 토양의 수분을 측정하는 센서를 연결하여 수분값에 따라 자동으로 펌프를 작동하게 한다면 스마트 팜에서 이용하는 자동급수시스템을 간편하게 만들어볼 수 있다.

- **함께 다룰 수 있는 관련 교과 지식**
  - 아두이노와 코딩의 실제
  - 자동급수시스템의 원리
  - 수분의 양에 따른 토양의 상태
  - 펌프와 관련된 물리과학의 원리
  - 센서의 기능
  - 물체의 변인에 따른 상태값 측정

▶ 활동 전개를 위한 교사의 준비

• 자료 준비

모터를 장착한 펌프는 분수대나 자동급수시스템과 같이 수중에서 활용할 수 있도록 제작된 전용 장치를 구입해야 한다. 펌프에 연결할 호스는 시중에서 판매하는 수조용 혹은 다용도용 호스를 활용해도 무방한데, 연결할 모터 축의 크기와 일치해야 물이 세지 않고 유관으로 이동하게 된다. 만약, 크기가 적합하지 않다면 여백이 있는 공간에 글루건을 묻히고 굳혀 틈새를 막아도 무방하다. 자동급수시스템을 만들기 이전에 모터나 펌프 등을 이용한 다양한 활동을 사전에 진행하면 아이들이 자동급수시스템의 원리를 보다 잘 이해할 수 있다. 또한 토양의 수분을 측정하는 센서를 이용할 때에는 측정값을 모니터 화면에 표시하여 아이들이 토양의 상태에 따라 측정값을 나타낸 그래프나 숫자가 변화하는 것을 직접 확인하는 과정이 필요하다. 더불어서, 토양의 수분량에 따라 토양의 상태가 어떠한지를 다양한 방법으로 관찰하고 탐색해보는 자연과학적 활동이 함께 병행되어도 좋다.

• 연관 활동

펌프의 원리 이해하기: 펌프를 이용한 분수대 조성해보기

급수시스템에 활용된 모터의 역할 이해하기: 모터배 만들기

급수시스템에 활용된 모터의 역할 이해하기: 모터와 축으로 자동 컴퍼스 만들기

▶ 활동 개요

활동명 자동급수시스템을 만들어요

준비물 아두이노 보드, 스케치 프로그램이 깔린 노트북, 전선, 전원공급장치, 펌프, 모터, 호스, 송곳, 토양습도측정센서, 수조 및 용기, 다양한 미술재료 등

활동형태 융합 STEAM 예술 활동

활동내용 아두이노 및 코딩 기술을 활용해서 습도의 결과값이 일정량보다 줄게 되면 농원 내 식물에 자동으로 급수할 수 있는 시스템을 구현해본다.

▶ 활동 계획표

<table>
<tr><td>활동명</td><td colspan="2">자동급수시스템을 만들어요</td><td>주제</td><td>아두이노와 예술 활동 결합하기</td></tr>
<tr><td>대상</td><td colspan="2">만 5세~만 8세</td><td>융합 교과</td><td>기술, 미술, 공학</td></tr>
<tr><td>초등학교 STEAM 교과의 영역과 핵심 개념</td><td colspan="4">• 기술: 기술 시스템: 창조
기술 시스템: 소통
• 미술: 체험: 연결: 미술과 생활
• 공학: 공학의 기초: 공학 설계</td></tr>
<tr><td>누리과정 관련 요소</td><td colspan="4">• 예술경험: 아름다움 찾아보기: 자연과 생활에서 아름다움을 느끼고 즐긴다.
창의적으로 표현하기: 다양한 미술 재료와 도구로 자신의 생각과 느낌을 표현한다.
• 자연탐구: 탐구과정 즐기기: 궁금한 것을 탐구하는 과정에 즐겁게 참여한다.
생활 속에서 탐구하기: 도구와 기계에 대해 관심을 가진다.
자연과 더불어 살기: 생명과 자연환경을 소중히 여긴다.</td></tr>
<tr><td rowspan="4">학습목표</td><td colspan="4">내용 목표</td></tr>
<tr><td colspan="4">• 화단의 토양 상태를 점검하여 습도가 일정량 이상 낮아지면 자동으로 물을 줄 수 있는 시스템을 만들기 위한 입력값을 코딩해볼 수 있다.
• 자동급수시스템을 만들기 위해 미술 활동을 진행할 수 있다.</td></tr>
<tr><td colspan="4">과정 목표</td></tr>
<tr><td colspan="4">• 스마트 가드닝에서 활용할 수 있는 자동급수시스템을 설계 및 개발해보고 이 과정에서 필요한 공학 부품과 기술이 무엇인지를 조사해볼 수 있다.
• 자동급수시스템을 작동시키기 위해 필요한 아두이노에 직접 명령값을 코딩해보는 과정을 경험해볼 수 있다.
• 펌프, 모터와 같이 자동급수시스템을 현실적으로 가능하도록 설계해보는 과정을 경험해 볼 수 있다.</td></tr>
<tr><td rowspan="3">STEAM 학습 준거</td><td>상황제시</td><td colspan="3">• 사람이 부재할 때에 수분이 필요하면 저절로 공급해주는 기계의 존재에 대해 이야기 나누기
• 토양의 상태를 측정해보고 자동급수시스템 장치의 현실 가능성에 대해 이야기나누기</td></tr>
<tr><td>창의적 설계</td><td colspan="3">• 문제해결 과정에서 알아낸 대안 구체화시키기
• 센서의 측정 결과값에 따라 급수시스템이 동작하는 것과 같이 그 상관관계를 명령문으로 수식화하여 코딩해보기</td></tr>
<tr><td>감성적 체험 (성공의 경험)</td><td colspan="3">• 수조 및 용기에 물을 담은 자동급수시스템을 화단 근처에 비치하여 그 효과에 대해 평가해보기</td></tr>
</table>

▶ 활동 전개

자동급수시스템이란 말 그대로 어떠한 조건 하에서 기계장치가 자동으로 물을 급수하는 것을 의미한다. 보통 가축을 기르거나 식물을 기를 때에 많이 활용하는 장치이다. 아이들은 자신들이 집에 있어 부재하거나 혹은 농원을 자주 방문하지 못하는 상황에서 식물에게 물이 부족할 때마다 물을 줄 누군가가 필요하다고 생각했다. 스마트 가드닝에서는 그 역할을 사람 아닌 기계가 대신할 수 있다.

자동급수시스템을 만들기 위해서 필요한 부품은 다음과 같다. 토양습도센서는 토양에 직접 닿아서 습도를 측정할 수 있는 센서이고, 토양수분측정장치를 만드는 데 활용된다. 이는 온습도 표시 신호등 장치에서 활용했던 대기 중의 습도를 인식하는 센서와는 다르다. 이 센서를 이용하여 화분 내 토양의 습도에 따라 자동으로 물을 주는 장치를 만들 수 있다. 또한 토양습도센서가 토양 내에 수분이 부

족하다고 판단하면, 물이 나와야 할 급수시스템이 필요하다. 이 급수시스템은 펌프식 모터와 호스를 활용했다.

아이들은 급수시스템을 만들기에 앞서 스케치 프로그램에서 토양의 수분값을 측정하는 센서의 기능을 확인했다. 우리는 4개의 페트병에 흙을 담고 각각 다른 양의 물을 흙에 뿌려주었다. 그리고 수분센서를 수분량이 다른 4개의 흙에 순차적으로 넣어보았다. 그러자 각각의 흙에서 수분 함량이 어느 정도인지 그 수치가 모니터에 표시되기 시작했다. 우리는 그 측정값을 기준으로, 토양의 수분량이 얼마 이하이면 펌프식 모터가 구동되어 물이 호스를 타고 오르게끔 코딩작업을 해 놓았다. 호스를 타고 올라온 물은 아이들이 호스의 끝 방향을 수분이 부족한 화분 쪽으로 틀면 중력에 의해 흙으로 떨어지게 된다. 이것이 자동급수시스템의 기본적인 작동 원리이다.

1. 물을 담아둘 용기 바닥에 펌프 모터와 호스를 부착한다.
2. 토양수분측정센서는 화단 벽면에 비치하고 센서 끝을 흙에 꽂아 놓는다.
3. 모터의 호스는 LED 광합성 램프가 부착되어 있는 고정식 보드 하단에 붙인다.
4. 천장 보드 하단에 부착되어 있는 호스 곳곳에 구멍을 뚫어준다.
5. 토양의 수분이 부족하면 모터가 작동하여 수분이 호스를 타고 올라가고, 화단을 따라 깔린 호스 안을 지나다가 뚫려 있는 구멍에서 아래로 떨어지게 된다.

아이들은 물을 담아둘 용기를 꽃 모양으로 예쁘게 장식하고, 아두이노 보드를 부착했다. 보드에는 토양수분측정센서와 모터가 함께 연결되어 있었다. 아두이노 보드와 연결된 센서 부분은 토양의 수분을 측정하기 위해 화단에 심겨 있는 상태이다. 아두이노 보드와 연결된 모터의 펌프 부분은 아이들이 만든 수조에 담겨 있는 상태이다. 화단의 흙이 부족하게 측정되면 일정 수준 아래로 수분량이 내려올 때 펌프가 작동하게 된다. 펌프가 수송 호스로 빨아 올린 물은 호스에 뚫린 구멍을 통해 식물에게 공급된다. 아이들이 만든 자동급수시스템 덕분에 식물들은 사람이 없을 때에도 자신들이 필요로 할 때에는 언제든지 수분을 공급받을 수 있게 되었다.

마지막으로, 자동급수시스템 제작 과정을 MIT 미디어 연구소 미치 레스닉(Mitch Resnick) 교수의 창의 컴퓨팅 학습 모형에 따라 분류하면 다음과 같을 것이다.

- 상상하기(Imagine) : 기존의 생각에서 한 단계 더 발전된 상상을 함
  → 토양수분측정센서를 모터와 연결하여 급수장치로 만들어보자.
- 창조하기(Create) : 상상한 내용을 구체적인 사물 등으로 완성함
  → 펌프식 모터와 호스를 이용해서 물이 이동할 수 있도록 하자.
- 적용하기(Play) : 자신이 만든 내용을 실험하고 여러 활동에 적용함
  → 완성된 결과물은 스마트 가드닝 농원에서 사용하자.
- 공유하기(Share) : 과정과 방법을 공유하고 토론함
  → 자신들이 만든 자동급수장치의 장단점에 대해 토론해보자.
  (장점- 사람이 없을 때에도 식물에게 물을 공급할 수 있음.
  단점- 용기에 물이 없을 때에는 급수장치가 작동할 수 없음.)
- 반영하기(Reflect) : 자신의 경험을 다시 생각하여 반영함
  → 자동급수장치에 자동으로 물을 채워 넣을 수 있는 방법을 찾는다면?

Chapter

3

우리들의 또 다른 시도, 아쿠아포닉스

1. 물고기와 식물이 함께 살아가요

1) 수생식물이란 무엇인가요? 생태 연못을 만들어봐요

▶ 활동의 맥락과 필요성

• 활동 주제와 관련한 사회적 이슈

'공생관계'의 뜻을 살펴보면, 서로 다른 종류의 생물이 같은 시공간에서 살며 상호 간의 이익을 주고받는 관계적인 특성을 의미한다(네이버 국어사전). 그러나 생물학적으로 공생관계는 다른 종의 생물에 서로 이득을 주고받는 관계로만 국한되지는 않는다. 서로 협조 또는 의존하며 사는 관계를 포괄하여 지칭한다. 혹은 어떤 공생관계는 한 종류의 생물에만 도움이 되는 경우도 있다. 서로 다른 두 종 모두가 이득을 얻는 관계를 '상리 공생', 한쪽만 이득을 얻고 다른 한쪽은 이득도 손해도 보지 않는 관계를 '편리 공생', 한쪽은 피해를 보고 다른 한쪽은 아무 영향을 받지 않는 관계를 '편해 공생', 마지막으로 한쪽은 이득을 얻고 다른 한쪽은 피해를 보는 관계를 '기생'이라고 한다.

상리 공생의 대표적인 예가 흰동가리와 말미잘이다. 말미잘은 흰동가리에게 보금자리를 제공해주고, 말미잘의 촉수는 큰 물고기로부터 흰동가리를 보호해주는 방패막이 된다. 반면 흰동가리는 말미잘의 병든 촉수를 제거해주고, 찌꺼기를 청소해준다. 식물과 곤충의 관계 중에는 상리 공생의 실제가 많다. 꽃은 꿀벌에게 꿀을 제공하고, 꿀벌은 다리에 꽃가루를 묻혀 다른 꽃에 전달해줌으로써 번식의 매개가 된다.

편리 공생의 예로는 고래의 피부에 사는 따개비, 황로와 초식 동물 등이 있다. 황로는 초식 동물들 사이에서 흔히 목격되는 새인데, 초식 동물들이 풀을 뜯어먹거나 초원 위를 이동할 때 놀라 뛰거나 날아오르는 벌레들을 잡아먹는다.

편해 공생의 예로는 잔디와 토끼풀이 있다. 토끼풀은 잔디 속에 싹을 틔워 햇빛을 받으며 잘 자라지만, 잔디는 토끼풀로 인해 햇빛을 제대로 공급받지 못해 잘 자랄 수가 없게 된다.

마지막으로, 기생의 예로는 기생생물이 숙주에 붙어 영양분을 빨아먹거나 하는 생존방식이 있으며, 곤충이나 균류가 많이 해당한다.

이 중에서도 상리 공생은 생태학적으로 아주 중요하고 유의미한 관계이다. 예를 들어, 70% 이상의 육상 식물의 뿌리에는 균근균이 공생하고 있는데 이들이 교환하는 다양한 산물은 지구 생태계 기능에서 필수적이다.

본 활동에서는 스마트 가드닝의 방식 중 현대 사회에서 새롭게 대두한 아쿠아포닉스(Aquaponics)에 집중한다. 아쿠아포닉스는 물고기와 식물의 상리 공생적 관계 특성에 주목한 농업 양식이다. 아쿠아포닉스를 활용한 농업 양식은 물고기와 식물이라는 두 생물체가 상호 간의 이득이 되는 것을 교환한다는 점에서 다양한 생물의 번식에 긍정적인 영향을 미치며, 이러한 친환경적인 농업 방식이 인간의 삶에까지 크고 작은 나비효과를 불러일으킨다. 아이들은 이를 통해 자연이 갖고 있는 본연의 힘과 더불어서 생물학적 가치를 체감할 수 있을 것이다.

- **함께 다룰 수 있는 관련 교과 지식**
  - 생물의 공생관계
  - 물고기의 생존 방식
  - 식물의 양분과 광합성 과정
  - 아쿠아포닉스의 원리

▶ 활동 전개를 위한 교사의 준비

• 자료 준비

시중에 측우기나 온도계 만들기와 관련된 과학 키트가 판매되고 있다. 그러나 아이들이 직접 온도계나 측우기의 원리를 이해하고 일상에서 쉽게 구할 수 있는 재료를 활용하여 도구를 재연해본다는 데에 의의가 있기 때문에 기성품보다는 폐품과 같이 친숙한 자원을 준비해주는 것이 좋다. 아이들이 직접 기성품 혹은 완제품을 대체할 수 있는 재료가 무엇인지를 탐색하는 것이 선행되면 더욱 효과적인 활동이 될 수 있다.

• 연관 활동

식물과 물고기 외에 다른 공생관계 예시 찾아보기:
꽃과 꿀벌의 상생관계 그려보기

물고기의 생존방식과 구조 이해하기:
물고기 생김새 관찰하여 묘사해보기

▶ 활동 개요

활동명	수생식물이란 무엇인가요? 생태 연못을 만들어봐요
준비물	물고기, 여러 형태의 수생식물, 수조 덮개, 식물 모형, 수조 및 용기, 다양한 자연물 등
활동형태	융합 STEAM 예술 활동
활동내용	수생식물과 물고기가 공존하는 생태계의 원리를 이해해본다.

▶ 활동 계획표

<table>
<tr><td>활동명</td><td colspan="2">수생식물이란 무엇인가요?
생태 연못을 만들어봐요</td><td>주제</td><td>순환형 재배방식 이해하기</td></tr>
<tr><td>대상</td><td colspan="2">만 5세~만 8세</td><td>융합 교과</td><td>기술, 미술, 과학</td></tr>
<tr><td>초등학교 STEAM 교과의 영역과 핵심 개념</td><td colspan="4">• 기술: 기술 시스템: 창조
기술 시스템: 소통
• 미술: 체험: 연결: 미술과 생활
• 과학: 환경과 생태계: 생태계와 상호작용
생명의 연속성: 진화의 다양성: 균류 및 원생생물</td></tr>
<tr><td>누리과정 관련 요소</td><td colspan="4">• 예술경험: 아름다움 찾아보기: 자연과 생활에서 아름다움을 느끼고 즐긴다.
창의적으로 표현하기: 다양한 미술 재료와 도구로 자신의 생각과 느낌을 표현한다.
• 자연탐구: 탐구과정 즐기기: 궁금한 것을 탐구하는 과정에 즐겁게 참여한다.
자연과 더불어 살기: 생명과 자연환경을 소중히 여긴다.</td></tr>
<tr><td rowspan="4">학습목표</td><td colspan="4">내용 목표</td></tr>
<tr><td colspan="4">• 식물와 물고기의 공생관계와 원생생물의 존재 및 역할에 대해 이해할 수 있다.
• 다양한 수생식물을 기르기 위한 방식을 고안해본다.</td></tr>
<tr><td colspan="4">과정 목표</td></tr>
<tr><td colspan="4">• 아쿠아포닉스를 설계하기 전에 물고기와 식물의 공생관계를 이해하고 미생물의 존재 유무를 탐색해볼 수 있다.
• 생태 연못을 만들어보면서 자연 생태계의 순환에 대해 이해해볼 수 있다.</td></tr>
<tr><td rowspan="3">STEAM 학습 준거</td><td>상황제시</td><td colspan="3">• 아쿠아포닉스와 관련된 새로운 농업기술 알아보기
• 식물과 물고기의 공생 방식에 대해 이야기 나누기</td></tr>
<tr><td>창의적 설계</td><td colspan="3">• 문제 해결 과정에서 알아낸 대안 구체화시키기
• 실제 수생식물과 물고기가 함께 사는 생태 연못 만들어보기</td></tr>
<tr><td>감성적 체험 (성공의 경험)</td><td colspan="3">• 생태 연못의 지속가능성을 추적 관찰해보고, 아쿠아포닉스의 실현가능성 확인해보기</td></tr>
</table>

▶ 활동 전개

수생식물이란 쉽게 말해서 물에 사는 식물이다. 수생식물은 크게 4가지로 분류된다. 첫 번째는 물가의 가장자리에 서식하며 뿌리는 물에 잠기고 줄기는 수면 위로 자라는 식물이다. 두 번째는 뿌리는 물가 근처 토양에 자리 잡았지만, 잎은 수면 위에 뜨고 생식기관이 완전히 공기 중에 노출된 식물이다. 세 번째는 뿌리부터 영양기관까지 물에 잠겨 있는 침수성 식물이다. 마지막은 땅속에 뿌리를 내리지 않고 수중이나 수면에 떠다니며 생활하는 부유성 식물이다.

물에 사는 식물은 이렇게 다양한데, 그중에는 해로운 물질을 흡수하고 정화시키는 능력이 뛰어난 것들이 있다. 예컨대, 더러워진 저수지나 오염된 연못에는 질소나 인과 같은 물질이 많은데 부레옥잠이 물속에 늘어뜨린 뿌리로 이런 물질들을 흡수한다. 수생식물은 물고기의 배설물이나 물 속 미생물을 양분으로 삼아 살고, 물고기들은 식물들이 정화한 물에서 생존할 수 있다. 이렇게 수생식물과 물고기 간의 상관관계를 알아보는 것은 아쿠아포닉스와 같은 순환형 재배 방식의

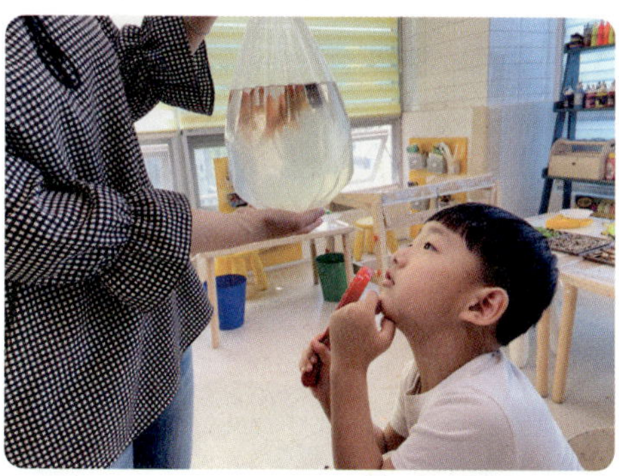

개념을 이해하는 데 필수적이다.

교사는 이를 아이들에게 설명하고 또 이런 자연의 모습을 재연시키기 위해 다양한 종류의 수생식물과 물고기를 준비해 두었다. 아이들은 물고기를 관찰하고, 부유성 식물과 침수성 식물을 비교해보는 등 교사가 준비해 놓은 자원에 큰 흥미를 보이기 시작했다. 물에 잠겨 자라는 식물의 줄기와 잎은 어떻게 생겼고 물 아래에 있으면 광합성은 어떻게 하는지 등에 대한 궁금증을 제기하기도 했다.

이후 우리는 순환형 재배 방식이 착안한 물고기와 식물 간의 공생관계에 대해 이해해보기 위해 우리만의 작은 생태 연못을 만들기로 했다. 아이들에게는 이렇게 만든 생태 연못의 지속가능성이 곧 아쿠아포닉스의 실현가능성을 의미했다. 생태 연못을 만들기 위해서는 먼저 물을 담을 만한 수조가 필요했다. 아이들은 조약돌, 자갈, 수초 모형, 어류를 비롯한 수생생물 모형, 수정토 등을 활용해서

수조 안을 실제 생태 환경처럼 조성했다.

수조를 연못처럼 조성해본 뒤에는 물을 일정량 붓는다. 물은 수조의 절반보다 조금 넘치는 정도로만 담았다. 그런 뒤 아이들은 교사가 준비해 놓았던 각종 수생식물을 수조로 옮기기 시작했다. 침수성 식물은 물에 가라앉는 화분에 심어 수면 아래로 뿌리부터 줄기, 잎이 모두 물에 잠기도록 한다. 그 외에 뿌리는 물에 잠기고 줄기 윗부분은 수면 위에서 자라는 식물들은 수조에 덮개를 만들어 걸쳐 두는 식으로 옮겨 심었다. 마지막으로 부레옥잠과 같은 부엽성 식물은 수면에 띄워주었다.

아이들은 덮개를 물감으로 채색해주고 난 뒤에 뿌리만 물에 잠길 수 있도록 수생식물을 차례로 옮겨 심었다. 아이들이 만든 작은 생태 연못이 농원에 자리 잡게 된 셈이다. 물고기의 배설물과 미생물은 양분이 되어 천연 양액 역할을 하게 되면 식물이 뿌리로 양분을 빨아들이게 된다. 이로써 물은 정화될 것이다. 현대 농업기술에서 각광받는 방식 중 하나인 아쿠아포닉스의 생태 원리가 여기에서 비롯된 것이다.

2) 아쿠아포닉스를 구현해요

▶ 활동의 맥락과 필요성

• 활동 주제와 관련한 사회적 이슈

아쿠아포닉스는 물고기를 양식하는 것과 식물을 수경재배하는 것을 합친 용어로 말 그대로 물고기와 작물을 함께 기르며 수확하는 것을 가능케 한다. 그 원리를 간단히 살펴보면 다음과 같다. 일정량의 물을 순환시켜 식물은 물고기의 배설물과 사료 등의 유기물을 흡수하고 물고기는 식물이 배설물을 흡수하여 개선시킨 수질에서 서식하는 것이다. 이 때문에 아쿠아포닉스는 물 사용량을 크게 줄일 수 있다는 점에서 매우 경제적이며 환경학적으로도 지속가능한 방식이다.

팬데믹과 기후변화 및 크고 작은 냉전과 경제 위기 등의 복합적인 원인들로 인해 인류사회의 폐해 체감도가 점점 커지고 있다. 그중에서도 먹거리 즉, 식자재 가격의 인상만큼 우리에게 크게 와닿는 문제가 또 있을까? 2021년 중국은 역대 최악의 홍수로 채소 가격이 한 달 새 16%나 폭등했고 이 중에서도 시금치는 40%, 오이는 80%까지 오르고 브로콜리 가격도 3배 이상이나 올라 물가 상승이 역대 최고치를 기록했다고 한다. 우리나라 역시 한파와 태풍 등의 기후 문제를 비롯하여 여러 이유로 삼겹살보다 비싼 깻잎이란 말이 생겨나기도 했다.

기후변화가 생태계에 미치는 영향은 너무나 자명하다. 과거 국립농업과학원은 우리나라 농작물 재배한계선이 기온 1℃만 상승해도 81km 북상하고 고도 역시 154m나 상승한다고 밝혔다. 예컨대 최근 인천의 한 농장에서 감귤을 재배하는데 성공했고 안성에서는 바나나가 본격적으로 출하되기도 했다. 과거에는 수입에만 의존했던 열대과일이 이젠 국산이라는 명찰을 달고 버젓이 시장에 유통된다. 아이러니하게도 기후변화가 농작물의 재배에 영향을 미치는 것과 별개로 반대의 차원에서 농작물의 수확 역시 기후변화에 영향을 미친다.

2016년 세계자원연구소의 글로벌 온실가스 배출량 분석에 따르면 농업 분야가 전체의 18.3%나 차지했다. 그중에서도 농식품 산업의 배출량 비중은 최대 37%까지 보고되기도 했는데 토지의 경작과 관개 작업뿐 아니라 각종 화학비료 사용과 토양침식으로 인해 엄청난 양의 온실가스가 배출되기 때문이다. 이에 따라 미래 사회는 식량안보라는 말이 새롭게 대두되고 있다. 미래 사회에서 필요로 하는 식량안보는 온실가스 감축에 기여하는 농업기술 즉, 환경 보호와 식량 생산이라는 두 마리 토끼를 모두 잡아야 하는 것이다. 이런 이유에서 스마트 팜과 같은 신농업 기술은 더할 나위 없이 중요하다. 기후변화 걱정도 없고, 반대로 기후변화에의 영향도 적다.

이와 관련해서 푸드 마일리지라는 개념을 살펴보자. 1994년 영국의 환경운동가 팀 랭(Tim Lang)은 '푸드 마일리지'라는 새로운 개념을 제시하였는데, 이는 식품이 생산된 후 우리 밥상에 오르기까지 이동한 거리에 운반된 식품의 무게를 곱한 값을 의미한다. 즉, 운반 거리가 멀고, 물량이 많을수록 커지는 값이기에 이 과정에서 소비되는 에너지의 양과 환경오염에 끼치는 영향을 간접적으로나마 상징적으로 제시해주는 수치이자 지표인 셈이다. 아쿠아포닉스는 물고기와 식물이라는 서로 다른 식재료를 동시에 한 공간에서 재배할 수 있다는 점에서 매우 경제적이면서도 친환경적인 농업방식이다.

이렇듯 미래사회가 요구하는 농업기술에 적합한 이유에서인지 아쿠아포닉스는 이미 상당 부분 우리 삶에 깊숙이 들어와 있다. 예컨대, 포천시농업기술센터는 아쿠아포닉스 농법으로 생산된 샐러드를 대형 백화점으로 유통해 판매한다고 밝혔고 서울대학교의 한 연구실에서는 비단잉어를 비롯한 민물고기 3종과 잎상추류 및 허브류 55종의 식물 재배에 성공하여 관련 특허를 내기도 했다. 경기 여주시의 한 영세 농가는 아쿠아포닉스 농법으로 메기와 샐러드 채소를 키워 억 단위의 연매출을 기록하고 있다고 한다. 아쿠아포닉스와 관련한 움직임은 사회적 차원의 기여부분에서도 활용되고 있다. 경기도해양수산자원연구소는 취약계층 먹거리 나눔을 위해 '경기 먹거리 그냥 드림 코너'에 아쿠아포닉스를 통해 생산한 상추와 샐러드 등의 엽체류를 무상 공급하고 있다. 본 활동에서는 아쿠아포닉스의 원리를 이해해보고 관련된 물리 및 생물과학적 지식의 탐구와 공학적 설계 과정을 통해 재연하고 현실화시켜 보고자 했다.

- **함께 다룰 수 있는 관련 교과 지식**
  - 생물의 공생관계
  - 미생물과 균류와 물체의 화학적 변화
  - 여과와 거름장치
  - 물고기의 생존 방식
  - 식물의 양분과 광합성 과정
  - 아쿠아포닉스의 원리

▶ 활동 전개를 위한 교사의 준비

• 자료 준비

아쿠아포닉스는 물고기를 기를 공간과 식물을 기를 공간을 어떻게 연결시키는지와 관련된 고민을 충분히 해야 한다. 물과 흙이라는 서로 다른 물리적 속성으로 이뤄진 상이한 공간을 어떻게 유지시키면서 함께 존재시킬지 아이들과 함께 충분히 이야기 나눠본 뒤에 이를 현실화시켜야 한다. 예컨대, 수조 위로 식물 재배 공간이 올라갈지 수조와 나란히 병행하여 비치할지 등을 고민해보고 각각의 경우에서 물이 어떻게 여과되고 순환되며 두 생물 모두에게 공급될지를 설계해본다. 그리고 이를 위해 필요한 공학 부품을 알아보고 이 부품을 어떻게 설치하고 가동시킬지를 현실적으로 이해해보도록 한다. 이를 공학 전문가와 함께 고민해보면 좋겠지만 상황이 여의치 않을 경우에는 유아 혹은 초등 교사만의 힘으로도 충분히 설치가 가능하다. 별도의 아두이노 및 코딩장치 없이 펌프 모터와 호스, 전원 공급 스위치 등을 연결하여 수조의 물을 식물에게 공급하게끔 할 수 있기 때문이다. 전류가 흐르도록 전선과 연결한 각각의 공학장치를 납땜해 두면 공학 부품의 연결이 풀리거나 하는 등의 경우를 방지할 수 있지만, 이 역시 교사와 아이들이 글루건으로 각 연결 부위를 고정시키는 것만으로도 충분하다.

또한 아쿠아포닉스 농법을 설계하기 이전에 배양액의 원리 즉, 미생물과 균류 및 각종 곰팡이류 등과 관련된 탐구를 해보거나 실제 물에서 살아가는 식물을 관찰해보는 등의 활동을 선행해보아도 좋다.

• 연관 활동

물에 사는 미생물의 존재 탐구 전 균류 이해하기:
세균 배지에 곰팡이균 배양하여 관찰하기

부레옥잠 단면 관찰하기

▶ 활동 개요

활동명 아쿠아포닉스를 구현해요

준비물 물고기, 흙, 식물 모종, 화단을 만들기 위한 우드락판, 수조 및 용기, 다양한 자연물, 물고기, 펌프, 호스, 모터, 스위치, 건전지 소켓, 전선, 거름장치를 만들기 위한 용기, 숯, 모래, 자갈, 스펀지, 삽 등

활동형태 융합 STEAM 예술 활동

활동내용 모터와 펌프장치 및 거름장치를 구현하고 다양한 공학 부품을 활용하여 아쿠아포닉스를 현실화시켜 본다.

▶ 활동 계획표

<table>
<tr><th>활동명</th><td>아쿠아포닉스를 구현해요</td><th>주제</th><td>아쿠아포닉스를 구현해요</td></tr>
<tr><th>대상</th><td>만 5세~만 8세</td><th>융합
교과</th><td>미술, 기술, 과학</td></tr>
<tr><th>초등학교
STEAM
교과의
영역과
핵심 개념</th><td colspan="3">• 기술: 기술 시스템: 창조
기술 시스템: 소통
• 미술: 체험: 연결: 미술과 생활
• 과학: 환경과 생태계: 생태계와 상호작용
생명의 연속성: 진화의 다양성: 균류 및 원생생물
물질의 성질: 혼합물의 분리, 거름</td></tr>
<tr><th>누리과정
관련 요소</th><td colspan="3">• 예술경험: 아름다움 찾아보기: 자연과 생활에서 아름다움을 느끼고 즐긴다.
창의적으로 표현하기: 다양한 미술 재료와 도구로 자신의 생각과 느낌을 표현한다.
• 자연탐구: 탐구과정 즐기기: 궁금한 것을 탐구하는 과정에 즐겁게 참여한다.
생활 속에서 탐구하기: 도구와 기계에 대해 관심을 가진다.
자연과 더불어 살기: 생명과 자연환경을 소중히 여긴다.
생활 속에서 탐구하기: 물체의 특성과 변화를 여러 가지 방법으로 탐색한다.</td></tr>
<tr><th rowspan="4">학습목표</th><th colspan="3">내용 목표</th></tr>
<tr><td colspan="3">• 물고기의 배설물에서 나온 미생물이 섞인 양액을 식물에게 주기 위해 펌프장치와 호스를 사용해볼 수 있다.
• 화단에서 흘러내려온 물이 거름장치를 통해 정화되어 수조로 돌아갈 수 있도록 여과장치를 설계해볼 수 있다.</td></tr>
<tr><th colspan="3">과정 목표</th></tr>
<tr><td colspan="3">• 아쿠아포닉스를 현실화시키기 위해 필요한 기술과 공학 부품이 무엇인지 고려해볼 수 있다.
• 아쿠아포닉스의 원리를 통해 자연 생태계의 순환에 대해 이해해볼 수 있다.</td></tr>
<tr><th rowspan="3">STEAM
학습 준거</th><th>상황제시</th><td colspan="2">• 생태 연못을 통한 식물과 물고기의 공생 방식에 대해 이야기 나누기</td></tr>
<tr><th>창의적 설계</th><td colspan="2">• 문제해결 과정에서 알아낸 대안 구체화시키기
• 실제 아쿠아포닉스를 현실화시키기 위해 거름장치 및 펌프장치와 관련된 기술 습득하기</td></tr>
<tr><th>감성적 체험
(성공의 경험)</th><td colspan="2">• 아쿠아포닉스의 유지 및 상태에 대해 장시간 살펴보기
• 아쿠아포닉스의 실패 원인 찾아보기</td></tr>
</table>

아쿠아포닉스는 물고기 양식(aquaculture)과 수경재배(hydroponics)의 합성어로 물고기와 작물을 함께 길러 수확하는 방식을 말한다. 즉, 물고기를 키우면서 발생되는 유기물이 식물의 거름이 되는 수경재배이자 순환형 시스템의 재배이다. 물고기의 배설물은 미생물로 분해되어 수조 속에 있는 식물의 영양분이 되고, 식물이 질소를 흡수하고 남은 깨끗한 물은 수조로 다시 돌아가는 방식으로 이뤄진다.

아쿠아포닉스는 보통 물고기가 살아가는 수조와 식물이 재배되는 공간을 연결한 파이프를 통해 물이 지속적으로 순환되는 시스템이다. 보통 양어장에서는 물고기의 배설물이 많아지면 물이 혼탁해져 물 교체를 자주 해야 하지만 아쿠아포닉스에서는 식물이 이를 분해해주기 때문에 물을 자주 교체해야 하는 번거로움이 없다. 또한, 비료와 농약 대신 배설물의 미생물이 식물의 양분이 되므로 친환경적인 농법이다. 이 방식은 물 소비량이 일반 농장의 10분의

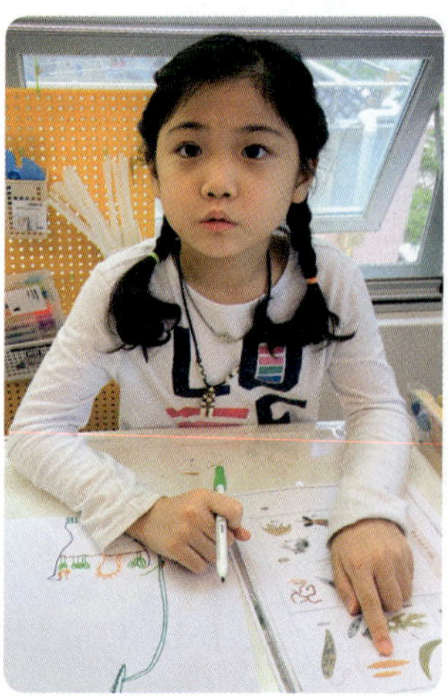

1밖에 되지 않는다는 점에서 친환경적이고 경제적인 농법으로 주목받고 있다.

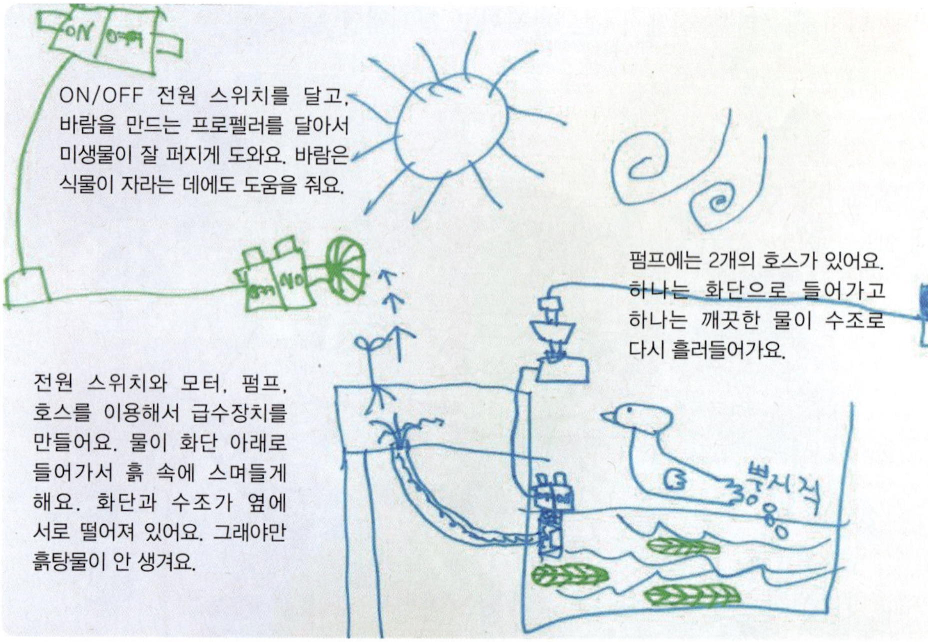

ON/OFF 전원 스위치를 달고, 바람을 만드는 프로펠러를 달아서 미생물이 잘 퍼지게 도와요. 바람은 식물이 자라는 데에도 도움을 줘요.

펌프에는 2개의 호스가 있어요. 하나는 화단으로 들어가고 하나는 깨끗한 물이 수조로 다시 흘러들어가요.

전원 스위치와 모터, 펌프, 호스를 이용해서 급수장치를 만들어요. 물이 화단 아래로 들어가서 흙 속에 스며들게 해요. 화단과 수조가 옆에 서로 떨어져 있어요. 그래야만 흙탕물이 안 생겨요.

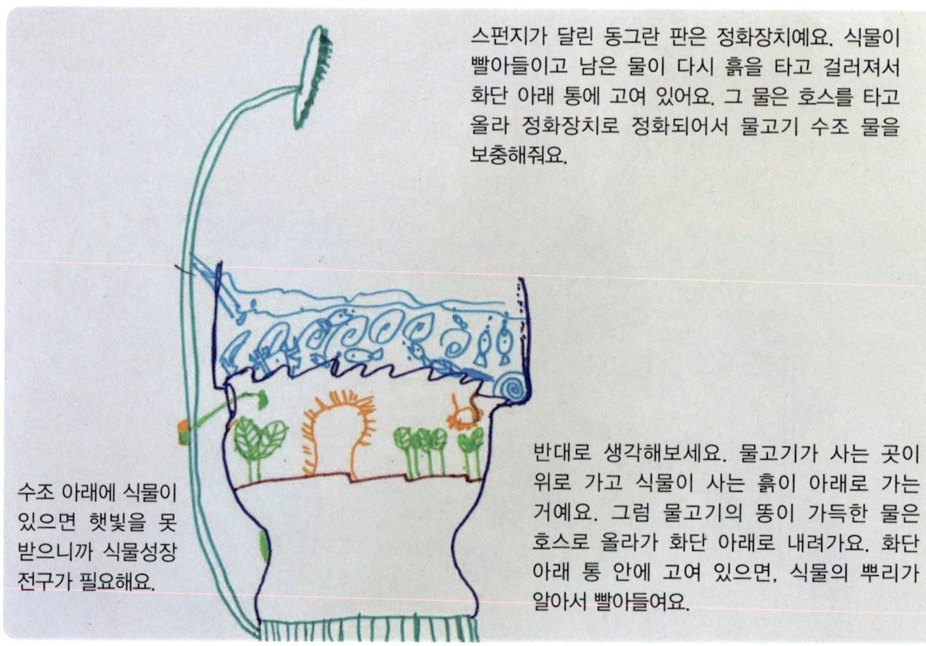

스펀지가 달린 동그란 판은 정화장치예요. 식물이 빨아들이고 남은 물이 다시 흙을 타고 걸러져서 화단 아래 통에 고여 있어요. 그 물은 호스를 타고 올라 정화장치로 정화되어서 물고기 수조 물을 보충해줘요.

반대로 생각해보세요. 물고기가 사는 곳이 위로 가고 식물이 사는 흙이 아래로 가는 거예요. 그럼 물고기의 똥이 가득한 물은 호스로 올라가 화단 아래로 내려가요. 화단 아래 통 안에 고여 있으면, 식물의 뿌리가 알아서 빨아들여요.

수조 아래에 식물이 있으면 햇빛을 못 받으니까 식물성장 전구가 필요해요.

"선생님, 물고기의 배설물이 섞인 물을 식물이 마시고, 식물이 질소를 흡수하고 남은 깨끗한 물이 다시 수조로 간다는 것은 알겠는데요. 원래 수생식물이 물에 사는 거지만 이건 흙에 심은 식물이잖아요. 그럼 흙에서 나온 물은 흙탕물이 되는 거 아닌가요? 흙탕물이 수조로 들어가면 물이 탁해질 것 같은데…"

아이들이 그린 아쿠아포닉스 설계도와 설명을 확인해보면, 아이들은 '흙탕물을 해결하는 것'을 아쿠아포닉스 성공의 주된 열쇠로 생각하고 있는 것을 알 수 있다. 아이들은 아쿠아포닉스를 실현했을 때 일어날 법한 현실적인 한계와 오류를 지적하고 나름대로 다양한 문제해결 방법을 제시하고 있었다. 아이들은 흙탕물의 정화장치를 추가한다거나 혹은 화단과 수조를 층으로 두지 않고 분리한다거나 하는 등의 방안을 제안했다. 이 밖에도 바람을 만들기 위한 프로펠러, 광합성을 위한 식물성장 LED조명, 타이머와 전원공급장치 등 지난 스마트 가드닝 프로젝트를 통해 아이들이 접근해온 과학기술이 반영되어 있음을 알 수 있었다.

이제 우리는 본격적으로 아쿠아포닉스 장치를 만들기 시작했다. 먼저, 물고기가 살아갈 수조를 만들었다. 생태 연못을 만들 때와 같이 수조를 다양한 자연물

로 꾸미고, 금붕어를 풀어줬다. 여러 종류의 수생식물도 함께 넣어줬다.

물고기가 서식하는 수조를 완성한 뒤에는 식물이 뿌리내릴 화단을 만들 차례

이다. 아쿠아포닉스에서 식물이 살아갈 화단은 다음과 같은 구조로 만들어졌다. 수조에서 빨아들인 물이 지나갈 호스가 거치될 수 있도록 천장을 만들어줬고, 천장에 붙어 있는 호스에서 물이 떨어지게 할 계획이었다. 또한, 흙을 담을

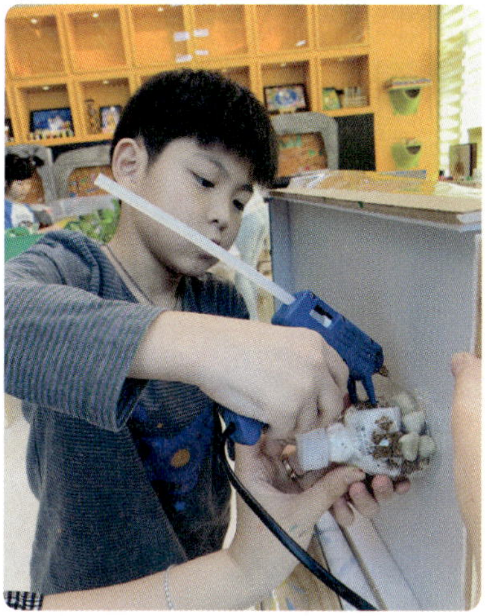

수 있도록 벽이 튼튼해야 했다. 화단의 하단에는 구멍이 뚫려 있어서 식물이 마시고 난 물을 수조 아래로 내려 보내는 역할을 했고, 아이들의 바람대로 정화장치가 부착되었다. 정화장치는 모래, 자갈, 흙, 수조, 솜 등과 같은 여과물을 플라스틱 폐품에 담아 만들었다. 아쿠아포닉스를 만드는 모든 과정은 모두 아이들의 손으로 이뤄졌다.

화단의 전체적인 틀이 완성되고 나서, 급수시스템을 만들었다. 아이들은 호스와 펌프, 모터, 전선, 전원장치, 스위치 등의 기계 부품을 서로 연결했다. 이 과정에서 펌프 내부에 있는 모터가 작동하는 소리를 들어보기도 하고, 부품 간의 연계성에 대해 생각해보기도 했다. 예를 들어, 모터와 펌프의 연관관계, 스위치와

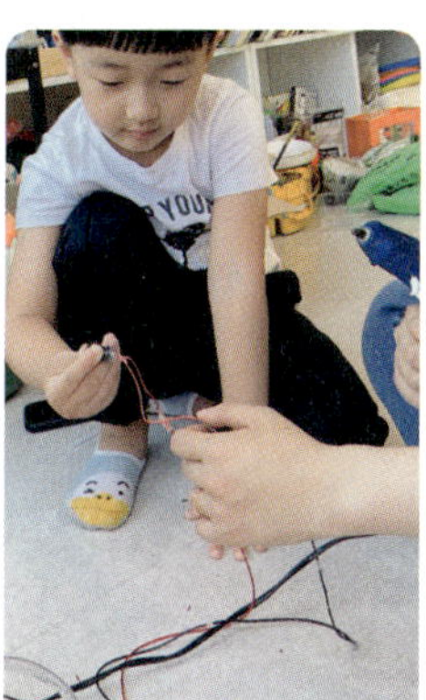

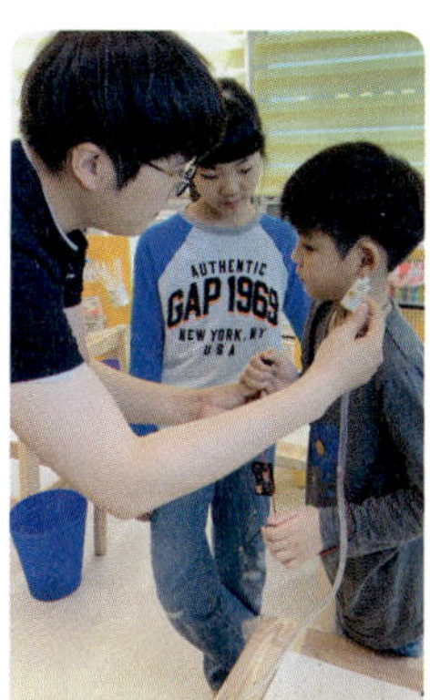

전지의 연관관계 등을 이해해보았다. 이때 아이들은 아쿠아포닉스 장치에 아두이노를 연결하면 사람이 스위치를 구동시키는 것이 아니라 기계가 스스로 작동할 수 있지 않느냐는 의견을 제시하기도 했다.

마지막으로, 아쿠아포닉스 장치에 본격적으로 식물을 심었다. 우리가 현실화시킨 아쿠아포닉스는 물고기와 식물의 공생관계 그리고 인간과 기술의 상호보완관계가 반영되어 있는 그 자체로 지속가능한 미래 세대의 농업이었다.

3) 아쿠아포닉스의 실패 원인을 찾아보고 해결해요

▶ 활동의 맥락과 필요성

• 활동 주제와 관련한 사회적 이슈

현장에서 교육 활동을 계획하고 실시하는 것과 더불어 항상 함께 고려되는 것이 있다. 바로 평가이다. 평가는 아이들이 활동을 통해 무엇을 배웠는지, 어떤 성취 과정을 경험했고 어떤 문제 해결 과정과 애로 상황을 겪었는지 등을 파악하고 이후의 활동을 계획하고 교육과정을 운영하는 데 지표가 된다. 아이들의 활동 참여 및 실행과 관련된 것뿐만 아니라 교육 활동을 준비하고 계획하며 실제 운영한 것과 관련된 교사의 역할 또한 평가하여 현장 교사들의 전문성을 증진시킬 수 있는 양분이 되어준다.

교사들에게 있어서 전형적인 교육과정 평가모형은 랄프 타일러(R. W. Tyler)의 목표 중심 모형이다. 이 평가모형에 따라 교육목표 달성도를 확인하는 실용적인 평가가 현장에 정착하게 되었다. 드러나 현대에는 보다 다양한 대안적 평가모형들이 제안되었다. 의사결정 중심 모형, 판단 중심 모형, 비평 및 전문가 중심 모형, 모니터링 모형, 요구분석 모형 등이 그 예이다. 본 프로젝트에서는 아이들이 직접 자신들의 활동과 프로젝트의 성과에 대해 평가해보고 문제점과 개선 방안을 모색해보는 참여자 중심의 평가 방식을 활용했다.

아이들은 자신들이 만든 아쿠아포닉스 재배기의 문제점으로 식물이 물을 제대로 정화시키지 못하는 것을 지적했다. 수경식물의 경우에는 물에 서식하는 식물이 그 자체로 물고기의 배설물을 정화시켜주지만, 흙에서 걸러지는 물은 흙탕물이 물 아래로 내려오면서 물고기의 서식 환경을 바꿔놓았다. 흙탕물에서 살 수 있는 민물고기와 같은 종을 재배하면 좋았겠지만 우리는 금붕어를 길렀고 흙탕물은 금붕어가 서식하기에 적합한 수질이 아니었기 때문이다. 이와 관련해서 여과기를 필요로 하는 RAS(Recirculating Aquaculture System, 순환여과식) 기반의 아쿠아포닉스 농법을 살펴볼 필요가 있겠다. 이는 순환여과시스템의 물리적 여과장치에서 배출된 사육수로 수질을 개선해 재사용함으로써 배출수를 최소화하는 동시에 물고기와 식물을 함께 생산하는 기술이다. 그러나 우리는 흙, 모래, 자갈, 숯 등을 활용하여 만든 간이 정수기를 여과장치로 활용했기 때문에 여과 기능이 다소 미흡했다.

아이들의 수준에서 설계와 시공이 이뤄진 아쿠아포닉스 재배기였고 성공의 여부와 상관없이 이러한 과정 자체로 의의가 있었지만, 그래도 우리는 평가 과정을 도입하여 제품의 문제를 파악하고 개선안을 작성해보기로 했다. 이를 위해 혼합물과 순물질, 여과 등의 개념에 대해 보다 심도 깊게 이해해보고 관련된 실험을 진행해보았다. 여과란 거름종이나 여과기에 싸서 액체 속에 들어 있는 침전물이나 입자를 걸러내는 일을 말한다(한국 표준국어대사전). 수조 속 미생물이 포함된 물을 식물이 흡수하고 나서 흙 아래로 걸러진 배출수를 여과시키기 위해 아이들은 여과장치를 보다 촘촘히 하기로 했다. 그래야만 입자가 작은 흙먼지도 걸러질 수 있다고 생각했기 때문이다.

그래서 아이들은 여과장치에서 활용한 솜을 실험용 여과종이와 커피 필터용 거름종이, KF마스크 등의 단면으로 대체해보는 실험을 진행했고, 이를 실험 보고서와 새로운 아쿠아포닉스 재배기 설계도를 작성해보는 근거로 활용했다.

- **함께 다룰 수 있는 관련 교과 지식**
  - 순물질과 혼합물
  - 액체의 성질
  - 혼합물과 여과
  - 정수기의 원리와 거름장치

▶ 활동 전개를 위한 교사의 준비

- 자료 준비

아이들이 물체를 여과시키기 전에 혼합물과 순물질, 여과와 거름의 차이 등에 대해 이해하고 비교해보는 과정을 선행하여 이를 실험 과정에 도입해볼 수도 있다. 또한 아이들의 비계 설정 수준보다 높은 또 다른 실험 주제를 교사가 제시하여 활동을 새롭게 발현시켜 전개해나갈 수도 있을 것이다. 예를 들어서 흙탕물에서 물에 녹지 않는 침전물은 여과장치를 이용해 걸러낼 수 있지만, 우리 눈에 보이지 않을 만큼 작아 물에 섞여 있을 수도 있는 입자를 거르기 위해서는 어떤 방법이 필요할까? 이와 관련해서 원심분리기의 원리를 이해하고 제작해보는 활동이 사후 확장될 수 있다. 원심분리기란 원심력을 이용하여 성분이자 비중이 다른 물질들을 분리 및 정제하는 기계를 말한다(네이버 두산백과). 혼합 액체를 시험관에 넣고 원심분리기를 고속으로 회전시키면 입자의 크기와 밀도에 따라 물질을 분리해볼 수 있다. 흙탕물에서 황토가루와 같은 작은 입자들이 분리될 수 있다면 보다 깨끗한 배출액이 수조로 유입될 것이다.

• 연관 활동

아쿠아포닉스의 여과장치를 만들기 위한 선행지식 구성하기: 간이 정수기 만들기

아쿠아포닉스의 여과장치를 만들기 위한 선행지식 구성하기: 원심분리기 활용해보기

아쿠아포닉스의 여과장치를 만들기 위한 선행지식 구성하기: 용해 · 비용해 물질 여과해보기

▶ 활동 개요

활동명 아쿠아포닉스의 실패 원인을 찾아보고 해결해요

준비물 지난 날 제작했던 아쿠아포닉스, 여과장치로 활용할 거름망, KF 마스크, 거름종이, 스펀지, 자갈, 모래, 숯, 흙탕물 등

활동형태 융합 STEAM 예술 활동

활동내용 지난 날 설계했던 아쿠아포닉스의 실패 원인을 찾아보고 문제해결 과정을 통해 새로운 형태의 아쿠아포닉스를 설계해본다.

▶ 활동 계획표

<table>
<tr><td>활동명</td><td>아쿠아포닉스의 실패 원인을 찾아보고 해결해요</td><td>주제</td><td>문제 해결 과정 경험하고 새로운 설계 시도하기</td></tr>
<tr><td>대상</td><td>만 5세~만 8세</td><td>융합 교과</td><td>기술, 과학</td></tr>
<tr><td>초등학교 STEAM 교과의 영역과 핵심 개념</td><td colspan="3">• 기술: 기술 시스템: 창조
기술 시스템: 소통
• 과학: 환경과 생태계: 생태계와 상호작용
물질의 성질: 혼합물의 분리, 거름</td></tr>
<tr><td>누리과정 관련 요소</td><td colspan="3">• 예술경험: 창의적으로 표현하기: 다양한 미술 재료와 도구로 자신의 생각과 느낌을 표현한다.
• 자연탐구: 탐구과정 즐기기: 궁금한 것을 탐구하는 과정에 즐겁게 참여한다.
생활 속에서 탐구하기: 도구와 기계에 대해 관심을 가진다.
자연과 더불어 살기: 생명과 자연환경을 소중히 여긴다.
생활 속에서 탐구하기: 물체의 특성과 변화를 여러 가지 방법으로 탐색한다.</td></tr>
<tr><td rowspan="4">학습목표</td><td colspan="3">내용 목표</td></tr>
<tr><td colspan="3">• 지난 날 제작했던 아쿠아포닉스 결과물의 문제점을 확인하고 문제 해결 과정을 경험할 수 있다.
• 여과장치를 설계하기 위한 여러 가지 변인을 설정해보고 실험 결과를 확인해볼 수 있다.</td></tr>
<tr><td colspan="3">과정 목표</td></tr>
<tr><td colspan="3">• 실패한 아쿠아포닉스에서 추가적으로 필요한 기술과 장치가 무엇인지 고려해보고 이를 바탕으로 새로운 형태의 아쿠아포닉스를 설계할 수 있다.</td></tr>
<tr><td rowspan="3">STEAM 학습 준거</td><td>상황제시</td><td colspan="2">• 여과장치에서 흙탕물이 내려와 수조가 오염되었던 문제점 인식하기</td></tr>
<tr><td>창의적 설계</td><td colspan="2">• 문제 해결 과정에서 알아낸 대안 구체화시키기
• 여과장치를 재설계하기 위한 실험 설계해보기
• 실험 결과를 토대로 문제 해결 과정 시도하기</td></tr>
<tr><td>감성적 체험 (성공의 경험)</td><td colspan="2">• 경험했던 문제 해결 과정을 바탕으로 새로운 아쿠아포닉스의 형태 설계해보기
• 구체적인 글과 그림으로 설계도안 만들어보기</td></tr>
</table>

▶ 활동 전개

아쿠아포닉스를 설계하고 제작한 지 2주 정도의 시간이 흘렀다. 그 사이 식물은 얼만큼 성장했고, 물고기는 얼마나 살아남았을까? 우리가 제작한 아쿠아포닉스 장치가 얼마나 지속가능하고 효용성이 있는지를 평가하는 자리를 만들었다. 우리는 아쿠아포닉스에 아두이노 장치와 먹이 급수 장치를 시스템화하지 않았기 때문에 아이들이 이틀에 한 번씩 스위치를 작동시켜 식물에 물을 주었고, 물고기에게 먹이를 주었다. 그러나 이런 아이들의 노력에도 불구하고 안타깝게도 식물 모종은 3개 정도만 살아남아 있었다. 애초에 아이들이 6개의 모종을 심었으니 반이 죽은 셈이다. 물고기 역시 커다란 금붕어 2마리와 작은 구피 6마리 중 금붕어 1마리와 구피 4마리만이 생존해 있었다. 물은 흙탕물로 변질되어 물고기를 다른 어항에 옮겨 기르던 상태였다.

아이들은 실패의 원인을 여과장치가 미흡했기 때문이라고 판단했다. 즉, 식물 화단에서 계속해서 흙탕물이 내려와 물을 오염시키고, 물고기가 생존하기 어려워 미생물이 제대로 번식되지 않았다고 추측했다. 또한 생존해 있는 3개의 식물 모종은 오히려 전보다 성장해 있는 상태로 말미암아, 수조 속 물이 미생물을 포함한 양분 역할을 어느 정도는 했으리라 생각했다. 다만, 화단의 크기나 흙의 양, 공급되는 물의 양에 비해 식물 모종이 지나치게 많아 성장하기 어려웠던 것이라

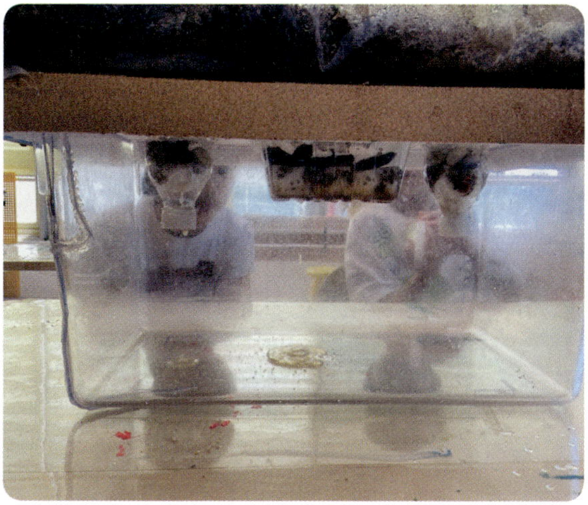

고 추측했다.

이를 확인하기 위해 화단에 물을 줘 보았다. 일정 시간이 흐르자 이내 곧 수조 속으로 흙탕물이 떨어지기 시작했다. 여과장치가 제 기능을 다하지 못하고 있음이 확인되는 순간이었다. 아이들은 여과장치가 왜 실패했는지에 대해 고민해보았다. 왜냐하면 이 여과장치는 이미 간이정수기를 만들어 본 학습경험이 있기에 어느 정도 효과가 있으리라 판단했던 장치였기 때문이다.

아이들은 여과장치의 실패 원인이 자신들이 깔아 놓은 솜이 제대로 된 거름망의 역할을 못했기 때문이라고 생각했다. 지난 날 성공했던 간이 정수기와 비교해 보면, 돌과 자갈, 숯 등의 재료는 같았지만 가장 하단부에 깔아두었던 재료인 거름종이와 솜이 서로 달랐기 때문이다.

그래서 교사는 아쿠아포닉스를 성공시키기 위해서는 여과장치의 거름망 역할을 할 수 있는 대체 자원을 찾아내는 것이 중요하다며 여과장치 실험을 제안했다. 이후 아이들은 KF마스크와 스펀지, 여과종이를 실험 변인으로 선정해서 비교해보았다. 그 결과, KF마스크에서 여과된 물이 가장 시간이 오래 걸리지만 가장 깨끗한 물을 내린다는 사실을 알게 되었다. 이 실험 결과는 다음과 같이 실험 보고서로 정리 및 작성되었다.

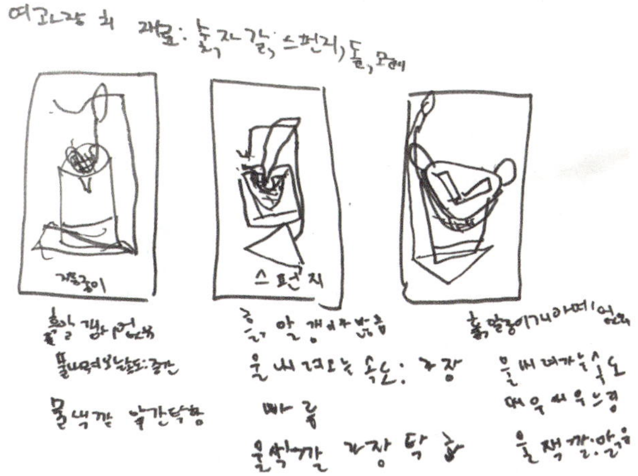

그리고 아이들은 다음과 같은 제언을 하였다. 아이들은 아쿠아포닉스의 실패 원인과 이를 해결하기 위한 대안, 아쿠아포닉스라는 농경 기술의 장단점에 대해 정리했다. 이 과정은 아이들이 자신들의 탐구 과정을 회고하고 그 결과를 평가하며 오류에 대한 문제해결력을 기를 수 있는 계기가 되었다. 또한 새로운 발명을 제시할 수 있는 혜안이 되어주기도 했다.

이 결과 아이들은 화단에서 내려온 흙이 섞인 배출액이 2단 여과장치로 걸러지

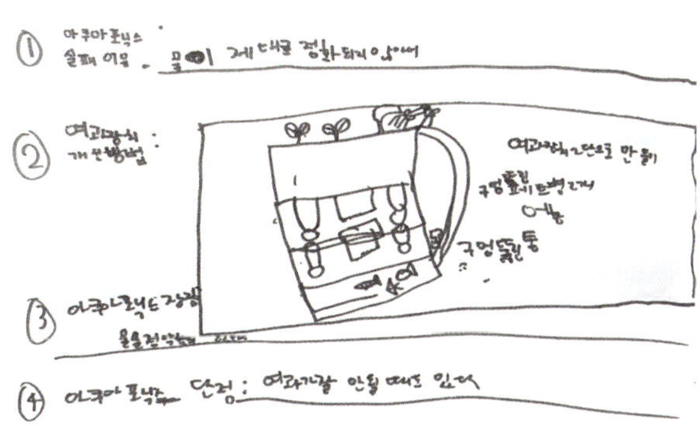

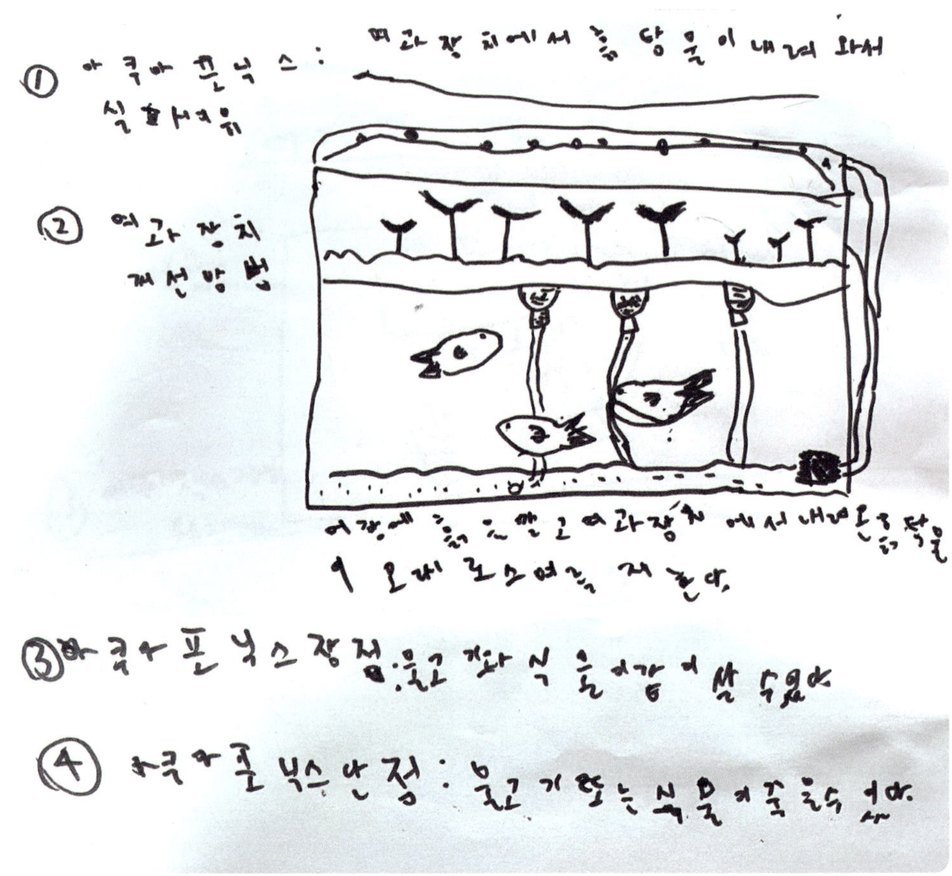

고, 연결된 호스를 통해 수조의 물이 아닌 바닥에 깔린 모래 속으로 유입되는 방식의 새로운 아쿠아포닉스 재배기를 제안해냈다. 교사는 아이들의 설계도를 보면서 말했다.

"재미있으면서도 기발한데?"

이날 교사가 기발하다고 말한 이 장치들이 언젠가 미래 사회에서 보편적으로 사용되는 농업 기계가 될 수도 있다. 교사는 스마트 가드닝 프로젝트를 이끌어온 아이들에게 기대하고 소망한다. 미래를 살아갈 이들이 앞으로는 어떤 기술이 어떻게 활용되어 인간의 삶에 영향을 미칠지를 예측해볼 수 있는 혜안을 가질 수 있기 바란다.

스마트 가드닝 프로젝트의 시작은 단순했다. 교육 현장에 비치되어 있던 작은 온실과 관련하여 아이들이 제안한 두 가지 질문으로부터 모든 것이 시작된 셈이다.

"실내 농원에서 할 수 있는 재미있는 놀이로는 어떤 것들이 있을까?"
"한겨울에도 손쉽게 맛있는 토마토를 기를 수 있는 방법은 없을까?"

이 사소한 요구에 응하기 위해 노력한 교사와 그 누구보다 한바탕 재미나게 놀아주었던 아이들, 우리가 함께 해온 '온실에서 즐길 수 있는 생태놀이 활동'과 '스마트 가드닝 농원을 조성하기 위한 융합 예술 활동'이 본 프로젝트의 기나긴 대장정을 이끌어나간 셈이다. 아직도 이때 아이들의 열정으로 빛나던 두 눈들을 교사는 잊지 못한다.

참고문헌

강경희 (2018). **과학중심 유아 STEAM교육 프로그램 개발 및 적용**. 가천대학교 일반대학원 박사학위논문.

강수현 (2013). **초등 교사의 STEAM 교육에 대한 교육적 요구**. 한국교원대학교 교육대학원 석사학위논문.

강영식 (2017). 유아의 숲 체험 자연친화적 활동에 대한 "Borich 요구도"를 이용한 학부모의 인식과 요구도 연구. **아동교육 26**(4), 57–67.

강정찬 (2015). 창의 · 융합 교육을 위한 수업설계원리 개발. **교육방법연구, 27**(3), 275–305.

교육과학기술부 (2010.12.17). 업무 보고 자료.

교육과학기술부 (2011). 과학기술 · 예술 융합(STEAM) 교육 활성화 방안.

교육부 (2015). 2015 개정 초등교육과정 총론 해설서.

교육부 (2015). 2015 개정 초등학교 창의적 체험활동 교육과정 해설서.

교육부 (2016.12). 지능정보사회에 대응한 중장기 교육정책의 방향과 전략 시안 발표.

교육부 (2020). 2019 개정 누리과정 현장지원자료(고시문, 해설서).

국립대구과학관(2019). [과학이야기] 세계 최초의 우량 관측기기–측우기를 다시 만나다(https://m.blog.naver.com/dnsmking/221453216444)

국제미래학회, 한국교육학술정보원 (2017). **(제4차 산업혁명시대) 대한민국 미래교육 보고서**. 경기: 광문각.

권진희, 이성희, 이상원 (2017). 전통생태지식을 활용한 초등 STEAM 환경교육 프로그램 개발 및 적용. **학습자중심교과교육연구, 17**(21), 99–119.

김경철 (2019). **서울특별시교육청유아교육진흥원 제5주기 유치원 평가지표 개발.**

서울: 서울특별시교육청유아교육진흥원.

김남희 (2015). STEAM교육 접근에 의한 발명활동이 유아의 창의성 및 과학적 문제해결력에 미치는 영향. **정기학술대회 논문집 2015**(1), 495-495.

김진수 (2011). STEAM 교육을 위한 큐빅 모형. **한국기술교육학회지, 11**(2), 124-139.

김진수 (2015). 기술 교육에서 아두이노를 활용한 SW 교육 및 STEAM 교육 방안. **한국기술교육학회지, 15**(1), 22-48.

김진수, 김방희, 김진옥 (2021). **융합 STEAM 교육의 이해**. 서울: 공감북스.

남효창 (2006). **얘들아 숲에서 놀자**. 서울: 추수밭.

문혜정 (2019). **STEAM(융합인재교육) 기반의 미술교육이 유아의 창의성에 미치는 영향 연구: 만 6세 유아를 중심으로**. 부산대학교 일반대학원 석사학위논문.

박창현, 김근진 (2019). 서울특별시교육청유아교육진흥원의 발전방안에 관한 정책우선순위 분석: 전문가 델파이 조사를 중심으로. **육아정책연구, 13**(3), 27-51.

백윤수, 박현주, 김영민, 노석구, 박종윤, 이주연, 정진수, 최유현, 한혜숙 (2011). 우리나라 STEAM 교육의 방향. **학습자중심교과교육연구, 11**(4), 149-171.

백윤수, 박현주, 김영민, 노석구, 이주연, 정진수, 최유현, 한혜숙, 최종현 (2012). **융합인재교육(STEAM) 실행방향 정립을 위한 기초연구**. 연구보고 2012-12. 한국과학창의재단.

안증애 (2006). **유아들의 자연생태체험교육이 인격형성에 미치는 영향에 관한 연구**. 가야대학교 행정대학원 석사학위논문.

이성희, 이미연 (2022). 놀이중심교육과정에서 지속가능발전교육(ESD)을 실천하기 위한 실행 연구. **한국어린이미디어학회 학술대회 자료집 2022**(6), 124-131.

이세진 (2021). **유아 STEAM 교육 프로그램이 만5세 유아의 과학적 태도 및 과학적 문제해결력에 미치는 영향**. 중앙대학교 교육대학원 석사학위논문.

이연승 (2014). 누리과정에서 STEAM(융합인재교육)의 방향. **유아교육연구, 34**(1), 327-341.

이주호 (2016). **프로젝트 학습을 통한 교육개혁**. 한국개발연구원 연구보고서 2016-01.

임재택 (2005). **생태유아교육개론**. 경기: 양서원.

임재택 (2010). 생태유아교육의 교육내용에 대한 뇌과학적 고찰. **생태유아교육연구, 9**(3), 81-108.

임재택 (2010). 이제는 숲이다: 숲과 아이들의 만남. **(사)한국숲유치원협회 국제 세미나 자료집.**

임재택 (2012). **생태유아교육의 사상: 아이를 주체적 생명인으로 키우는 생태유아교육**. 경기: 공동체.

임재택, 이소영, 김은주 (2012). 숲유치원 운영실태 및 운영방안에 대한 연구. **생태유아교육연구, 11**(2), 57-85.

임재택, 하정연, 신주연 (2016). **유치원 · 어린이집에서 실천할 수 있는 숲유치원 운영 매뉴얼**. 경기: 공동체.

임태영 (2017). **숲에서의 자연체험활동이 유아의 창의성에 미치는 효과**. 숭실대학교 교육대학원 석사학위논문.

장미경 (2016). **STEAM(융합) 교육을 활용한 수 교육이 유아의 수학적 소양에 미치는 효과**. 총신대학교 교육대학원 석사학위논문.

정미경, 이재덕, 박균열, 박민구, 고호경, 안현아, 신가람 (2014). **초 · 중등학교 융합형 교육프로그램 개발 연구**. 한국교육개발원 연구보고 RR 2014-34.

정우란 (2021). **4, 5세 혼합연령의 생태놀이활동이 혼합연령 유아간 상호작용 및 5세 유아의 리더십 향상에 미치는 영향**. 동국대학교 교육대학원 석사학위논문.

정은우, 최경희 (2013). 생태놀이를 활용한 유아환경교육 프로그램이 유아의 환경 친화적인 태도에 미치는 효과. **교과교육학연구, 17**(4), 1441-1457.

최석진 (2000). **우리나라와 외국의 학교 환경 교육: 교과교육을 통한 환경교육 강화 방안**. 연구보고 RRC 200-5. 한국교육과정평가원.

홍승은 (2014). **융합인재 양성을 위한 STEAM기반 미술교육프로그램 개발과 효과성에 관한 연구**. 한양대학교 대학원 박사학위논문.

홍현미 (2017). **융합인재교육(STEAM)을 위한 플립러닝 수업설계원리 개발 연구**.

서울대학교 대학원 박사학위논문.

Cornell, J. B. (2002). **아이들과 함께 나누는 자연체험 1, 2** [*Sharing nature with children*]. (장상욱 역). 서울: 우리교육. (원저 1998년 출판)

Erkert, A. (2004). **자연체험놀이** [*Kinder entdecken die Natur*]. (이태영 역). 서울: 가야넷. (원저 2002년 출판)

Holt, P., Elsom-Cook, M., Greer, J., & Kay, J. (1993). Distance Education. *ARTIFICIAL INTELLIGENCE IN EDUCATION-WORLD CONFERENCE, 8,* 608.

Mark Sanders, 권혁수, 박경숙, 이효녕 (2011). 통합적 STEM 교육: 최근 동향 및 쟁점. **중등교육연구, 59**(3), 729-762.

Sharapan, H. (2012). From STEM to STEAM: How Early Childhood Educators Can Apply Fred Rogers' Approach. *Young Children, 67*(1), 36-41.

Zigler, E. (1996). *Children, families, and government*. New York(State): Cambridge University Press.

저자약력

김 혜 림

이화여자대학교 유아교육학 석사

현, 상상모아 유아창의융합교육연구소 소장

〈저서〉

「지속가능에너지로 세상 밝히기」

유아교육현장에서 교사들이 접근하기에 가장 난해한 교과 중 하나가 과학이라고들 한다. 눈에 보이지 않는 과학의 원리를 이해하는 것은 어린 영유아뿐만 아니라 어른들에게도 쉽게 와닿지 않는 미지의 세계일 것이다. 인간에게 있어서 그 무엇보다도 직감적이며 또 감각적인 예술의 힘을 빌린다면 과학은 어렵기보다는 매력적일 것이다.

본 책은 유아교육현장에서 과학과 미술의 융합방식을 고민해 온 저자가 아이들과 함께 실천한 다양한 예술 활동의 실제를 담고 있다.

4차 산업혁명 시대에 각광받는 현대 과학기술을 교육현장으로 끌어온 것은 덤이다.

창의 쑥쑥! 유아생태놀이와 함께하는

스마트 가드닝 프로젝트

1판 1쇄 인쇄　2022년 12월 20일
1판 1쇄 발행　2022년 12월 30일

지 은 이 | 김혜림
발 행 인 | 박철용
발 행 처 | 양서원
주　　소 | 경기도 파주시 직지길 522 파주출판도시
전　　화 | 031-955-8000(代)
팩　　스 | 031-955-8005
홈페이지 | www.yswpub.co.kr
이 메 일 | yswgroup@naver.com
출판등록 | 1987년 11월 24일 제406-2003-037호

ISBN 978-89-994-1303-2

정가 22,000원